职业技能等级认定学练丛书

铁路线路工（高速）

中国铁路呼和浩特局集团有限公司　编

中国铁道出版社有限公司

2024年·北　京

内容简介

本书为“职业技能等级认定学练丛书”之一，适用于铁路线路工（高速）岗位初级工、中级工、高级工、技师和高级技师五个等级日常培训和考试，每一等级包含100道问答题和10道实操题。本书内容具有理论性和实践性，现场实用性强，对铁路线路工（高速）岗位各等级职业技能认定具有指导意义。

本书可作为铁路线路工（高速）岗位培训用书，也可供相关专业人员学习参考。

图书在版编目（CIP）数据

铁路线路工. 高速/中国铁路呼和浩特局集团有限公司编. —北京：中国铁道出版社有限公司，2024.5
（职业技能等级认定学练丛书）
ISBN 978-7-113-31236-7

Ⅰ.①铁… Ⅱ.①中… Ⅲ.①高速铁路-铁路线路-职业技能-鉴定-教材 Ⅳ.①U21

中国国家版本馆CIP数据核字(2024)第092497号

书　　名： 铁路线路工（高速）
作　　者： 中国铁路呼和浩特局集团有限公司

责任编辑： 张　婕　　**编辑部电话：**（010）51873656
编辑助理： 李　昕
封面设计： 刘　莎
责任校对： 安海燕
责任印制： 樊启鹏

出版发行： 中国铁道出版社有限公司（100054，北京市西城区右安门西街8号）
网　　址： http://www.tdpress.com
印　　刷： 北京联兴盛业印刷股份有限公司
版　　次： 2024年5月第1版　2024年5月第1次印刷
开　　本： 787 mm×1 092 mm　1/16　**印张：** 16.5　**字数：** 372千
书　　号： ISBN 978-7-113-31236-7
定　　价： 100.00元

编 委 会

前　　言

为进一步提高铁路职工教育培训的针对性和实效性，大力促进全局职工队伍岗位技能达标，2015 年劳动和卫生部组织专业技术人员编写了“铁路特有工种操作技能鉴定学练丛书”。该丛书为同期职业技能鉴定培训提供了有力的支撑，在铁路高技能人才培养选拔、落实全员持证上岗制度和确保运输生产安全稳定发展方面发挥了重大的作用。

随着我国铁路建设的持续发展，新技术、新设备不断更新应用，铁道行业标准、《铁路技术管理规程》等规章标准相应提升变化，丛书的范围和内容已经不能适应新时代铁路职工职业技能等级认定培训学习需求，急需进行修订完善和扩充拓展。

党的二十大报告要求，深入实施人才强国战略。为落实二十大精神，集团公司在技能人才队伍培养方面推出了一系列的新举措。其中，丛书修订完善作为一项重要工作进行落实，在对 62 个铁路特有工种进行修订完善的基础上，将丛书拓展为 90 个铁路特有工种和 8 个通用工种，并更名为“职业技能等级认定学练丛书”。

“职业技能等级认定学练丛书”在编写内容上力求体现以“优化职业活动为导向，提升职业技能为核心”为指导思想，以“国家职业标准”“铁路特有工种技能培训规范”“高速铁路岗位培训规范”等为标准，以客观评价职工操作技能水平为目标，力求知识的系统性、连贯性和精炼性，突出针对性、典型性和适用性。

“职业技能等级认定学练丛书”是铁路职工职业等级认定操作技能考试前培训和自学教材，对职工各类在职教育和考试也有重要的参考价值。

“职业技能等级认定学练丛书”的编写是一项系统性、全面性的工作，工作难度比较大。在丛书的编写和审定过程中得到了集团公司职培部、各业务部及有关单位的大力支持和帮助，在此表示感谢！由于编写水平有限，加之时间仓促，恳请读者提出宝贵意见和建议。

中国铁路呼和浩特局集团有限公司

2023 年 9 月

目　录

第一部分　初　级　工

第二部分 中 级 工

第三部分 高 级 工

第四部分 技 师

第五部分　高级技师

第一部分　初　级　工

1. 简述高速铁路有砟轨道弹条Ⅳ型扣件系统的主要技术要求。

答:(1)钢轨与绝缘轨距块、绝缘轨距块与预埋铁座单边间隙之和不应大于 1 mm。(2)弹条初装扣压力不应小于 9 kN,日常保持弹条扣压力不应小于 8 kN,夹板位置弹条扣压力应符合设计要求。(3)弹条小圆弧内侧与预埋铁座端部距离为 8～10 mm。(4)轨距调整量:－8～＋4 mm,通过更换不同号码的绝缘轨距块实现轨距和轨向的调整。(5)高低调整:扣件不能进行高低调整,不得垫入调高垫板。

2. 高速铁路区段,作业人员在站内其他线路上避车应遵守哪些规定?

答:(1)距钢轨头部外侧不小于 2 m。(2)在站内其他线路检查或作业,躲避本线列车时,下道距离不少于 500 m。(3)与本线相邻的正线来车时,检查或作业人员避车下道距离不小于 800 m。(4)与本线相邻的其他站线来车时可不下道,但必须停止作业。列车进路不明时必须下道避车。

3. 高速铁路区段上施工或维修时,严禁在哪些地点卸车?

答:(1)有可能损坏线桥、信号、供电、超偏载和限界检查仪、车辆运行安全监测设备处所。(2)站台处靠站台一侧。(3)区间线路的道床有积雪覆盖超过轨面处所。(4)V 形天窗地段,卸料有可能侵入邻线限界的地段。(5)邻线来车时,靠邻线的一侧。特殊情况由施工单位制定有针对性的安全措施,应经铁路局集团公司审批。

4. 简述高速铁路有砟轨道弹条Ⅳ型扣件系统的组成。

答:(1)弹条Ⅳ型扣件系统由弹条、绝缘轨距块、橡胶垫板和预埋铁座组成。(2)弹条分三种,即:一般地段安装的 C4 型弹条(直径为 20 mm)和夹板处安装的 JA、JB 型弹条(直径为 18 mm)。(3)绝缘轨距块分为两种,即:一般地段使用的绝缘轨距块和夹板处使用的绝缘轨距块,每种绝缘轨距块各有 7 号～13 号七个规格。标准轨距时,外侧采用 9 号,内侧采用 11 号。轨道精调时,可增设 0.5 mm 级别的绝缘轨距块。

5. 客专线系列高速道岔心轨采用哪几种防跳措施?

答:客专线系列高速道岔心轨采用顶铁扣压尖轨或心轨轨底、在翼轨上设置防跳卡铁、将心轨前端伸到间隔铁下三种防跳措施。

6. 客专线系列高速道岔尖轨跟端的传力结构有哪几种方式?

答:

有三种方式:一种是设间隔铁,一种是设限位器,还有一种是不设任何传力结构,只用扣件固定。

7. 简述现场打磨作业对高速铁路钢轨的作用。

答:通过对高速铁路钢轨的打磨,一方面可改善轮轨作用关系,提高列车运行品质和旅客舒适度;另一方面可阻止钢轨病害的发展,延长钢轨使用寿命。

8. 简述对高速铁路正线道岔与曲线间夹直线长度的规定。

答:

高速铁路正线道岔与曲线间夹直线长度:高速铁路一般条件下不应小于 $0.6v_{max}$、困难条件下不应小于 $0.5v_{max}$;客货共线铁路应符合设计要求。

9. 工务系统安全红线有哪些?

答:

根据中国国家铁路集团有限公司(以下简称国铁集团)工电部《工务、房建系统安全红线管理办法》(工电函〔2018〕97 号),工务系统安全红线有:(1)不设防护上道作业。(2)高速铁路作业后遗留工机具。(3)未按规定处置伤损钢轨(道岔)。(4)作业人员当班饮酒。(5)擅自关闭工务机械车运行控制设备或列车无线调度通信设备。(6)防护员漏报、错报本线列车。

10. 高速铁路有砟轨道精调应具备什么条件?

答:(1)精密测量控制网已经建成并经过评估,符合《高速铁路工程测量规范》(TB 10601—2009)相关要求。(2)根据设计或现场实际测量和优化,计算确定起、拨道量,制定合理的作业方案,储备并预卸足够的道砟,满足线路起道、拨道需求。(3)配置适当数量的大型养路机械机组。

11. 轨道动态检测分析的分析资料包括哪些内容?

答:轨道动态检测资料有轨道Ⅰ级、Ⅱ级、Ⅲ级、Ⅳ级超限报告表、公里小结报告表、TQI指数、波形图以及动力学报告等。

12. 高速铁路大型养路机械为保证捣固作业质量,对薄弱处所应如何捣固?

答:高速铁路大型养路机械捣固作业,为保证捣固作业质量,对薄弱处所应增加捣固次数或采用两次插镐捣固。

13. 简述高速道岔、钢轨伸缩调节器和胶接绝缘接头用轨规定。

答:(1)高速铁路、客货共线铁路道岔用基本轨、尖轨、心轨、翼轨(特种断面翼轨 TY1 除外)

和导轨应分别选用 U71MnHG、U75VHG 对称及非对称断面钢轨。(2)钢轨伸缩调节器用钢轨应选用在线热处理对称及非对称断面钢轨。(3)厂制胶接绝缘接头应选用与相邻钢轨相同材质的在线热处理钢轨。(4)CN 道岔、CZ 道岔和 CN 钢轨伸缩调节器用钢轨应符合设计要求。

14. 整修高速道岔各部轮缘槽宽度要符合什么要求?

答:应符合设计图或标准图要求。(1)护轨平直部分轮缘槽标准宽度为 42 mm,容许误差为$^{+3}_{-1}$ mm;缓冲段末端轮缘槽宽度不小于 65 mm。(2)斥离尖轨非工作边与基本轨工作边的最小距离不小于 65 mm 与轨距加宽值之和。

15. 简述高速铁路钢轨折断紧急处理方法。

答:当断缝不大于 30 mm 时,可在断缝处上夹板或臌包夹板,用急救器加固,拧紧断缝前后各 50 m 范围内的扣件,并派专人看守,按不超过 45 km/h 速度放行列车,且邻线限速不超过 160 km/h。紧急处理后,应在断缝两侧轨头非工作边做出标记(标记间距一般为 26 m),并准确测量两标记间距离和轨头非工作边一侧断缝值,做好记录。

16. 高速铁路直线与圆曲线间应采用缓和曲线连接,缓和曲线采用哪种线形?

答:缓和曲线采用三次抛物线线形。

17. 高速道岔扣件系统及其零部件应满足哪些要求?

答:(1)高速道岔扣件系统安装与调整应符合铺设图或设计图要求,各零部件应保持齐全,作用良好。(2)应定期对螺栓涂油,油脂性能应符合相关规定。(3)不得对转辙器滑床台涂油,辙叉滑床台可涂固体润滑剂。各部位螺栓涂油时不得污染橡胶垫板、弹性铁垫板(弹性基板)和岔区道床。

18. 简述高速铁路公里标和半公里标安设要求。

答:公里标和半公里标式样应符合规定,安设应牢固、可靠。有接触网支柱的地段可采用反光图案粘贴或喷涂标注方式设置在距实际位置最近的接触网支柱上,隧道地段设置在边墙上,站内无接触网支柱地段按标准式样标注在站台侧面。公里标和半公里标实际位置应在钢轨轨腰、轨枕或无砟道床上标注,标识位置应正确。

19. 简述 CPⅢ测量作业程序前期准备阶段工作。

答:(1)CPⅢ测量前,应对 CPⅠ、CPⅡ和高程网进行一次复测,编写复测报告,并进行评估。(2)根据复测评估报告,对于点位的位置和密度不能满足 CPⅢ测量要求的平面、高程控制点,按插点或插网的方法进行同精度加密。(3)在隧道贯通后应进行隧道洞内 CPⅡ控制网和水准高程的贯通测量。(4)CPⅢ测设单位结合轨道的结构类型及施工工艺,对 CPⅢ的测量方案进行技术设计。(5)建设单位组织评估并审批 CPⅢ测量实施方案。

20. 高速道岔尖轨、心轨、叉跟尖轨肥边大于多少时,应进行修理或更换?

答:高速道岔尖轨、心轨、叉跟尖轨肥边大于1 mm时,应进行修理或更换。

21. 高速铁路线路维修中临时补修的主要内容有哪些?

答:(1)轨道几何不平顺超过临时补修容许偏差管理值处所的整修。(2)折断、重伤钢轨及焊接接头更换或处理。(3)不良胶接绝缘接头处理。(4)折断道岔护轨螺栓、可动心轨咽喉和叉后间隔铁螺栓、长心轨与短心轨联结螺栓等更换。(5)失效或伤损扣件、道岔及钢轨伸缩调节器等轨道部件更换。(6)引起动车组异常振动等轮轨匹配状态不良的钢轨处理。(7)损坏的无砟道床整治或更换。(8)冻害整治。(9)线路故障处理。(10)其他需要临时补修的工作。

22. 高速铁路、客货共线铁路现场维修对曲线超高顺坡率有何规定?

答:高速铁路、客货共线铁路曲线超高顺坡率一般条件下不应大于$1/(10v_{max})$;困难条件下不得大于$1/(9v_{max})$;城际铁路一般条件下不应大于$1/(10v_{max})$,困难条件下不得大于$1/(8v_{max})$。

23. 现场检查,发现高速道岔基本轨、翼轨、导轨出现哪些不良状态或伤损,应及时修理或更换?

答:(1)弯折点位置或弯折尺寸不符合要求。(2)高锰钢摇篮出现裂纹。(3)道岔钢轨轨底上表面压痕深度大于等于0.5 mm。(4)基本轨、翼轨、导轨头部磨耗达到重伤标准,其他伤损达到钢轨轻伤标准。

24. 简述高速铁路线路设备的巡检要求。

答:(1)应根据线路速度等级、设备条件、列车对数等情况,合理确定线路设备人工巡检要求,应加强对道岔、钢轨伸缩调节器、大跨度桥梁、过渡段和沉降等重点地段的线路设备巡检,具体办法由铁路局集团公司规定。(2)正线及到发线道岔人工巡检,每10天不少于1遍,其他道岔每月不少于1遍。钢轨伸缩调节器人工巡检每月不少于2遍,当人工巡检与周期性检查时间重叠时,按周期性检查办理。

25. 与施工单位签订安全协议,其安全协议书包括哪些基本内容?

答:(1)概况(施工或维修项目、作业内容、地点和时间、影响范围)。(2)施工责任地段和期限。(3)双方所遵循的技术标准、规程和规范。(4)安全防护内容、措施及专业结合部安全分工(根据工点、专业实际情况,由双方制定具体条款)。(5)双方安全责任、权利和义务(包括共同安全职责和双方各自安全职责)。(6)违约责任和经济赔偿办法(包括发生铁路交通责任事故时双方所承担的法律责任)。(7)安全监督检查和配合费用。(8)法律法规规定的其他内容。

26. 简述隧道地段CRTS双块式无砟轨道主要技术要求。

答:(1)隧道地段道床结构由双块式轨枕、道床板等部分组成。曲线超高在道床板上设置。

(2)道床板混凝土不得有横向或竖向贯通裂缝。双块式轨枕和道床板混凝土间应密贴。(3)支承层或底座不得有竖向贯通裂缝(不含假缝),支承层或底座与道床板、路基基床表层间应密贴。(4)排水通道应保持通畅,道床板表面不得积水。

27. 简述 CRTS Ⅲ型板式无砟轨道定义。

答:在现场浇筑的钢筋混凝土底座上铺装预制轨道板,通过自密实混凝土进行调整,通过底座和自密实混凝土层设置的凹槽和凸台进行限位,并适应 ZPW-2000 轨道电路要求的无砟轨道结构形式。

28. 简述检查道岔支距的操作方法。

答:(1)对点看数,一手扶住尺头,用支距尺滑块带钩的一侧的尺头(或有路徽的一侧)对准支距点,侧头看计划支距数值。(2)后手轻摇:后手轻轻地前后摇动,使支距尺的两个触点靠紧钢轨作用边。(3)推动滑块、读数:推动滑块,读取游标上 0 刻度所对的主尺数值,并记录。(4)起身拉块:起身,拉出滑块为测量下一点做准备。

29. 简述 WJ-7 型扣件轨下垫板类型。

答:轨下垫板分 A 类(厚度为 12 mm)和 B 类(厚度为 14 mm)两种,A 类用于兼顾货运或有普速旅客列车运行的线路,B 类用于仅运行动车组的线路。每类又分橡胶垫板和桥上采用小阻力扣件时配套使用的复合垫板。

30. 简述 GW 型外锁闭装置密贴检查方法。

答:(1)用塞尺检查宏观密贴,尖轨、心轨尖端至第一牵引点密贴缝隙不大于 0.5 mm,其余密贴段不应大于 1.0 mm。(2)锁钩、锁闭杆应能左右适度摆动,锁钩与锁闭铁锁闭斜面应自然吻合,间隙不大于 0.5 mm;用长度 350～450 mm 的工具向上撬动锁钩尾部,锁钩与锁闭杆凸台锁闭平面间有不小于 0.2 mm 的间隙,松手后自动落下。

31. 简述整治岔后连接曲线的作业程序。

答:(1)拨正岔后主股方向。(2)拨正或改正曲线头尾方向。(3)调查连接曲线轨缝、线间距、曲线半径。(4)计算连接曲线拨正量。(5)在线路上定出曲线起终点位置和支距点及支距、拨道量。(6)拨正连接曲线方向,用 10 m 弦测量正矢,达到正矢不超过作业验收标准。(7)找平连接曲线线路高低、水平,改正轨距。

32. 高速铁路区间正线最大坡度、线路所的正线坡度有何要求?

答:高速铁路区间正线最大坡度不宜大于 20‰,困难条件下不应大于 30‰。线路所的正线坡度不宜大于 15‰;困难条件下,不应大于 20‰。特殊困难条件下,应经技术经济论证后确定。客货共线铁路应符合设计要求。

33. 简述高速有砟轨道混凝土枕严重伤损标准。

答:(1)轨枕横裂或斜裂的裂缝长度达到枕高1/2。(2)轨枕纵向裂缝:两预埋件(或两螺栓孔)间纵裂;挡肩顶角裂缝,宽度大于0.5 mm;纵向水平贯通裂缝。(3)挡肩缺损,缺损面积达到1/3。(4)严重网状龟裂,裂缝宽度不大于0.5 mm。(5)预埋件周围的混凝土裂缝宽度大于0.5 mm。(6)承轨面伤损,深度超过2 mm。(7)掉块造成预应力钢丝外露(长度超过100 mm)。

34. 高速铁路最小坡段长度如何规定?

答:高速铁路最小坡段长度一般条件下不应小于900 m,且不宜连续使用;困难条件下不应小于600 m,且不应连续使用;列车全部停站的车站两端坡段长度不应小于400 m。客货共线铁路正线最小坡段长度一般条件下不宜小于600 m,且不宜连续使用;困难条件下不应小于400 m,且不应连续使用。

35. 简述弹条Ⅱ型和Ⅲ型扣件安装时的标准要求。

答:弹条Ⅱ型扣件安装时,使弹条中部前端下颚与轨距挡板接触,离缝不应大于1 mm,参考扭矩为100～120 N·m;日常保持离缝不应大于2 mm,扣件松弛时应及时复拧。弹条Ⅲ型扣件小圆弧内侧与预埋铁座端部相距8～10 mm,弹条初装扣压力不应小于9 kN,日常保持弹条扣压力不应小于8 kN。

36. 250 km/h≤v≤300 km/h 高速铁路有砟轨道正线道床断面应符合哪些要求?

答:

正线有砟道床断面尺寸:(1)道床顶面宽度为3.6 m,道床厚度350 mm,边坡坡率1∶1.75,砟肩堆高100 mm。(2)道床顶面位置:轨枕中部及端部与轨枕顶面平齐,轨底处与轨枕承轨面以下40～50 mm。道岔区岔枕顶面以下40～50 mm。(3)铺设桥枕地段的道床顶面应低于轨枕承轨面30 mm。桥梁地段砟肩至挡砟墙间、隧道地段砟肩至边墙(或高侧水沟、电缆槽壁)间应以道砟填平。(4)正线双线并行地段,除隧道检查井外,两线间宜采用道砟填平,填平地段两线间道床砟间不再堆高。

37. 简述高速铁路综合检测列车检查报告规定。

答:(1)检查发现Ⅲ级及以上偏差或车辆动力学指标超限时,铁路基础设施检测中心应立即通知铁路局集团公司。(2)铁路基础设施检测中心应于检测结束后24 h内将电子版综合检测日报提交被检单位,并报送国铁集团工电部。(3)铁路基础设施检测中心对检查发现的Ⅲ级及以上偏差、车辆动力学指标超限、轨道短波状态车辆动态响应超限应进行跟踪分析,纳入月度检测分析报告。综合检测列车检查结果应分线、分集团公司统计汇总。(4)铁路基础设施检测中心应于15日前、1月底前向国铁集团提交上月和上年度检测分析报告。(5)铁路基础设施检测中心应对典型和共性问题进行专项分析,并形成分析报告报国铁集团工电部。

38. 无砟道床伤损等级分几级,分别如何处理?

答:无砟道床伤损等级分为Ⅰ级、Ⅱ级。对无砟道床Ⅰ级伤损应做好观测、记录、分析。对Ⅱ级伤损及无砟道床混凝土、水泥乳化沥青砂浆充填层、自密实混凝土层等缺损掉块应列入维修计划并适时进行修补。

39. 哪些作业应办理临时封锁手续,设置停车手信号防护?

答:(1)危及行车安全的突发性灾害的紧急抢修。(2)钢轨、辙叉或夹板折断后的紧急处理。(3)线路胀轨的紧急处理。(4)更换重伤钢轨、辙叉或联结零件。(5)轨道几何尺寸超过临时补修标准的病害整修。(6)其他影响行车安全的故障处理。

40. 简述 WJ-7 型扣件调高垫板规格和种类。

答:调高垫板分轨下调高垫板和铁垫板下调高垫板两种,分别放置于轨下垫板与铁垫板之间和铁垫板与绝缘缓冲垫板之间。轨下调高垫板按厚度分为 0.5 mm、1 mm、2 mm、5 mm、8 mm 五种;铁垫板下调高垫板每片厚度为 8 mm。

41. 简述高速铁路有砟轨道混凝土枕及混凝土岔枕伤损判定为严重伤损的情况。

答:(1)折断。(2)轨枕横裂或斜裂(裂缝宽度超过 0.5 mm 且长度超过 2/3 枕高);轨枕环裂。(3)轨枕纵向裂缝:挡肩顶面裂缝,宽度大于 1.5 mm;纵向水平贯通裂缝,裂缝宽度大于 0.5 mm。(4)挡肩缺损,缺损面积超过 1/2。(5)严重网状龟裂(裂缝宽度超过 0.5 mm),或由网状龟裂导致轨枕掉块。(6)扣件预埋铁座损坏。(7)预埋件周围的混凝土裂缝宽度大于 1.5 mm。(8)承轨面伤损,深度超过 5 mm,且面积超过 1/3 垫板面积。(9)严重掉块造成预应力钢丝外露(长度超过 150 mm)。

42. 简述高速铁路故障处理后需要现场看守时,设备管理单位应采取的处理措施。

答:故障处理后需要现场看守时,设备管理单位应在“行车设备检查登记簿”内登记,提出本线及邻线行车限制条件。如需在路肩、桥梁作业通道、隧道救援通道看守检查时,应设现场防护员,本线列车限速 160 km/h 及以下,看守检查人员可在本线一侧路肩、桥梁作业通道、隧道救援通道检查,且不得侵入铁路建筑限界。如需上道检查或作业时应办理本线封锁、邻线列车限速 160 km/h 及以下手续。

43. 简述钢轨机械钻孔作业的技术标准。

答:(1)螺栓孔径误差:$^{+1.0}_{0}$ mm。(2)螺栓孔壁粗糙度 *Ra* 值:25 μm。(3)螺栓位置(中心螺栓孔中心位置上下、接头螺栓孔至轨端距离、两相邻螺栓孔中心距离)误差:±1.0 mm。(4)钢轨螺栓孔边缘应予倒棱:尺寸为 0.8～1.5 mm,角度为 45°。

44. 简述使用双头内燃扳手作业的要求。

答:(1)使用时扳动换向手柄至所需要的旋向(紧、松),扶持操作把,对准并套牢螺母,即对螺母进行冲击式的拧紧和松开。(2)在旋紧时,听见嗒嗒声即可松开操作把,如扭矩不够,可多冲击几次。(3)换向时注意必须先减小开油,使汽油机处于怠速状态,再进行松、紧换向。(4)作业时预留辅助人员,以便紧急时刻随时撤出线路。

45. 钢轨焊接应满足哪些要求?

答:

钢轨焊接应按照《钢轨焊接》(TB/T 1632)执行,并满足:(1)焊接宜采用具有拉伸、保压功能的焊接设备。(2)焊接作业轨温应不低于 5 ℃,且应避免大风和雨雪等不良天气。必须在不良天气进行焊轨作业时,应采取相应措施,并使环境温度高于 5 ℃;推凸后应采用石棉或其他材料覆盖直至轨温降至 300 ℃以下。(3)钢轨焊接后应对焊缝进行探伤检查。(4)焊接作业结束后,应测量原标记间距离,计算焊接作业范围内锁定轨温。

46. 扣件预埋套管失效时应及时采用相同型号套管进行修复,修复时应满足哪些要求?

答:(1)取出失效套管时,不得伤及套管周围钢筋,且油渍或油脂不得污染孔壁。(2)失效套管取出后,应清除混凝土枕孔内残渣,并用高压风吹净。(3)应在孔内注入或在新套管外壁涂敷适量的锚固胶。(4)植入的新套管定位应准确。(5)新套管锚固强度应达到抗拔力要求后方可安装扣件。(6)采用的修复方案及锚固胶应提前进行试验,确定修复工艺参数。

47. 高速铁路区段在哪些地点应设置警示、保护标志?

答:(1)在铁路桥梁跨越河道上下游规定的地点,设严禁采砂标。(2)在铁路信号、通信光(电)缆埋设、铺设地点,设电缆标。(3)在电气化铁路接触网、自动闭塞供电线路和电力贯通线路等电力设施附近易发生危险的地方,设严禁进入标。

48. 简述使用内燃捣固镐的操作步骤和安全注意事项。

答:

操作步骤:(1)使用内燃捣固镐捣固时,前脚站在被捣固轨枕上,不得伸出轨枕边缘,并与钢轨平行,后脚站在枕盒内,身体弯直程度根据需要调整,两手握把。捣固时,首先使捣镐与轨枕垂线成 45°角。以后逐渐增大,到结束时成 80°角。在捣固中还必须将冲击镐沿中心线向四周摆动和左右倾斜约 20°,这样可以使镐头进入道床,提高捣固质量。(2)捣固后将捣窝道砟整理平整,线路几何形位在容许偏差范围内。(3)岔区作业,或起道量过大时,应联系相关单位配合作业。

安全注意事项:(1)按规定穿戴劳动保护用品。(2)按规定设置防护。(3)作业过程当中防止滑倒摔伤、磕手碰脚等人身伤害事故。(4)机具上道前,应认真检查紧固件、安全附件、燃油、机油等,出现故障严禁上道使用。(5)机具在使用中出现故障时,应停机下道,撤出建筑限界以外，查明原因，故障未得到彻底修复，不得再次上道使用。(6)雨天及恶劣天气捣固机严禁上道，防止发生触电、连电事故。(7)在电气化区段起、拨道量超过 30mm 时，须事先通知接触网工区予以配合。

49. 高速铁路的信号标志包括哪些？

答：警冲标、预告标、电力机车禁停标和断电标、合电标、接触网终点标、减速地点标、轨道电路调谐区标志、动车组列车停车位置标、中继站标、区间信号标志牌、级间转换标、通信模式转换标，以及除雪机用的临时信号标志等。

50. 简述鉴别钢轨硬弯采用的"一看、二查、三量、四照、五判断"方法的内容。

答：(1)一看：距钢轨弯曲处 10～15 m，背向阳光，采取立、蹲、俯三种姿势，反复观察，确认硬弯。(2)二查：凡用拨道、改道方法不能彻底整治的钢轨弯曲为钢轨硬弯。(3)三量：在弯曲处用 1 m 直尺测量矢度大于 0.5 mm 的为钢轨硬弯。(4)四照：对照工长检查记录，看轨距、方向变化情况，如变形次数多且有规律，可认定为钢轨硬弯。(5)五判断：目视确定硬弯的始终点，用拉弦线或钢直尺测定硬弯的最大矢度及位置，用油漆或石笔标明范围，用箭头标明矫正方向。

51. 简述高速铁路精测网复测的周期。

答：CP 0、CPⅠ、CPⅡ、CPⅢ平面控制网复测周期不宜超过 3 年，具体复测周期由铁路局集团公司根据线路沉降、地质条件等情况确定。复测单位应具备相应的精密工程测量资质。

52. 简述 WJ-8 型扣件弹条技术要求。

答：(1)弹条安装标准：弹条中部前端下颚与绝缘轨距块不宜接触，两者间隙不应大于 0.5 mm；螺旋道钉参考扭矩，W1 型弹条为 140～180 N·m，X2 型弹条为 90～120 N·m。(2)日常保持弹条中部前端下颚与绝缘轨距块不宜接触，两者间隙不应大于 1 mm；螺旋道钉参考扭矩，W1 型弹条为 140～180 N·m，X2 型弹条为 90～120 N·m。轨距挡板应与轨枕或轨道板承轨槽挡肩和承轨面密贴，间隙不应大于 1 mm；钢轨与绝缘轨距块、绝缘轨距块与铁垫板挡肩间单边间隙之和不应大于 1 mm。

53. 简述高速有砟轨道大机捣固作业质量差的主要原因。

答：(1)捣固车 ALC 录入数据不完整。通常捣固车 2 号位操作人员只录入平面曲线数据，没有录入纵断面数据，纵断面没有线形依据，造成线路纵断面边坡点位移、竖曲线线形不良。(2)捣固车控制数据存在人为操作误差。捣固车作业时起、拨道控制数据由前司机室 2 号位同步给定，由于提供数据密度不够而需进行内插计算，在捣固车行进时内插计算起、拨道数据，会造成人为操作误差。(3)捣固车在长大直线激光准直作业时，激光发射、接收的对位、转点过程中,因基准点频繁变动引起数据误差。(4)捣固车控制数据精度、密度不够,不能满足捣固车作业步进量需求,09-32 捣固车为 2 根枕,捣稳联为 3 根枕,为捣固车提供的每 2.5 m 或 5 m 的平、纵断面数据为内插数据,内插数据存在误差。

54. 简述高速铁路红光带故障处理。

答:任何情况下接通知后,工务检查人员带上通信工具、回流线(3 根)、道钉锤、450 mm 活口扳手(1 把)、信号备品、照明工具、按照规定的故障检查处理程序配合电务部门进行巡查,当查明故障原因为电务问题时,按规定配合登记处理;当工电部门双方均未发现问题时,工务人员应继续巡查故障影响的整个轨道电路闭塞分区,特别对胶接绝缘失效、扣件连电及断轨进行重点排查,直到任何一方发现问题时再登记按预案处理。

55. 简述道岔密贴检查器的日常养护内容。

答:(1)检查设备有无外界妨害,加锁是否良好,防护罩是否可靠、齐全。(2)保持螺栓销、接头等运动部件的动作灵活,及时对运动部件及螺纹部分添加润滑油脂。(3)注意密贴检查器缺口的变化,发现超标及时调整。(4)螺栓、螺母及开口销安装情况良好。(5)密贴检查器表示杆移位标位置准确,刻线清晰。

56. 简述钢轨切割机的切割方法。

答:首先切割钢轨头部,由于新砂轮片圆周不规矩,所以初切时应使砂轮片与钢轨轻微接触,待砂轮片磨圆后再逐渐加大切割力。切割时手握持操纵杆(柄)要不停顿地往复摆动,摆动频率为 60 次/min 左右,摆动幅度 150～200 mm,使砂轮片在轨头范围内来回移动。绝对不可停留在某一处,否则极易烧损砂轮片。切割轨腹时,摆动幅度可小一些,频率快一些。切割轨底时,将切割机扳至操作者一侧进行。

57. 简述使用电子(数显)轨距尺注意事项。

答:(1)测量仪是重要的线路测量设备,非专业人员严禁拆卸仪器。(2)为保证测量精度的长期稳定,不要快速拉动活动测头。(3)使用中应轻拿轻放,避免碰撞。(4)完成测量后,及时关闭电源。(5)校准完毕后将校准开关拨动到“OFF”状态,并重启电源。(6)严禁将该仪器放入水中浸泡,浸水后无法保证其正常工作。

58. 简述线下锯轨的作业程序。

答:(1)作业前备齐锯轨工具及量具。(2)按指定的尺寸在钢轨上标明,并画至轨底。(3)将应锯的钢轨放在枕木头上固定好,拨正、垫平。(4)锯轨:①安装新砂轮片,检查护罩。②锯轨机上轨,扶正并紧固。③发动锯轨机,试转 30 s 再锯轨。④先从轨头侧面上棱下锯,接近轨底。⑤锯轨时不宜用力过猛,不宜长时间接触钢轨。⑥锯轨完毕,停机,卸掉锯轨机。(5)清理场地,清点工具。

59. 简述 NJB-600-I/A 型、NJB-600-I/A2 型内燃机动螺栓扳手操作方法。

答：(1)将汽油机油门开启至额定转速正常运转(安装油门自动加速装置除外)。(2)旋松螺母的操作方法：将换向操纵杆下压，当工作套筒反向旋转后即可将套筒操纵杆套入螺栓螺母，旋松螺母。(3)拧紧螺母时操作方法：将换向操纵杆上抬，当工作套筒正向旋转后即可将套筒操纵杆下压套入螺栓螺母，拧紧螺母。

60. 高速道岔扣件系统及零配件有哪些伤损情况时应及时更换?

答：(1)岔枕螺栓、T 形螺栓折断或严重锈蚀。(2)调高垫板损坏。(3)弹性铁垫板(弹性基板)的底部橡胶与铁件严重开裂。(4)弹条、弹性夹、拉簧、弹片等损坏或不能保持应有的扣压力。(5)轨距块、挡板、缓冲调距块、偏心锥等严重磨损。(6)套管失效。(7)垫板、滑床板、护轨垫板折断或焊缝开裂。(8)滑床板损坏、变形或滑床台磨耗大于 3 mm。(9)橡胶垫板、弹性铁垫板(弹性基板)压溃、变形或作用不良。(10)无砟道岔弹性铁垫板(弹性基板)静刚度超过 60 kN/mm、有砟道岔弹性铁垫板静刚度超过 120 kN/mm。

61. 简述高速铁路钢轨打磨作业的技术要求。

答：钢轨打磨目标廓形。直线及大半径曲线地段一般采用 60N 廓形。设计速度 350 km/h 线路曲线半径小于或等于 7 000 m 地段、设计速度 300 km/h 线路曲线半径小于或等于 5 000 m 地段、设计速度 250 km/h 及以下线路曲线半径小于或等于 3 500 m 地段，可采用 60N 廓形或根据轮轨匹配关系单独设计打磨廓形。钢轨修理性打磨应先在消除病害的同时修正轨头廓形。钢轨应严格按目标廓形打磨，同一线路的钢轨打磨目标廓形(除单独设计区段外)应一致。

62. 简述现场作业对高速铁路声屏障修理的重点工作。

答：(1)基础砂浆或底部重力式流动砂浆裂缝、破损、空洞等修补。(2)插板式声屏障立柱、单元板等变形、失效更换，立柱加固，单元板松动、插入深度调整。整体式声屏障单元板变形更换，局部拆除、整修。(3)螺栓补齐、除锈、涂油、复拧。(4)T 形梁声屏障焊接部位及金属部件的除锈、防腐。(5)橡胶垫、橡胶条、解耦装置等橡胶制品整修或更换。(6)安全通道门(作业门)的修理。

63. 简述 60 kg/m 钢轨用冻结接头安装前准备工作。

答：(1)要求熟练作业人员不得少于 3 人，并需要专业防护人员配合作业。安装工具准备齐全，使用状态良好，现场有供电设备，打开包装清点配件(接头夹板 2 块、高强度螺栓及防松螺母 6 套，配套平垫圈 6 个)。(2)螺栓头部固定扳手或套筒规格为 46 号，防松螺母对应套筒规格为 41 号。扭矩扳手量程不小于 1 500 N·m。(3)钢轨状态完好，接头无损伤、无掉块、无飞边、无大于 0.3 mm 的波浪形磨耗，接头错牙不大于 0.3 mm。

64. 简述高速铁路无砟轨道 WJ-8 型扣件组成。

答:(1)WJ-8 型扣件由螺旋道钉、平垫圈、弹条、绝缘轨距块、轨距挡板、轨下垫板、铁垫板、铁垫板下弹性垫板和预埋套管等组成,还包括钢轨高低位置调整用的轨下微调垫板和铁垫板下调高垫板。(2)弹条分两种,即:W1 型弹条(直径为 14 mm)和 X2 型弹条(直径为 13 mm),其中桥上采用小阻力扣件时使用 X2 型弹条。(3)轨距挡板分为两种,即一般地段用轨距挡板和夹板处用接头轨距挡板。每种轨距挡板分 4 号、7 号、10 号三种规格,正常情况使用 7 号,根据钢轨左右位置情况可调换使用。(4)铁垫板下弹性垫板分为 A 类和 B 类两种(厚度均为 12 mm)。A 类用于兼顾货运或有普速旅客列车运行的线路,B 类用于仅运行动车组的线路。(5)螺旋道钉分为 S2 型和 S3 型两种,在扣件正常状态安装或钢轨调高量不大于 15 mm 时用 S2 型螺旋道钉,调高量大于 15 mm 时用 S3 型螺旋道钉。(6)轨下垫板分橡胶垫板和复合垫板两种,一般地段采用橡胶垫板,小阻力地段采用复合垫板。轨下垫板厚度分为 2 mm、3 mm、4 mm、5 mm、6 mm 五种,正常安装 6 mm 厚垫板,根据钢轨高低位置情况可更换不同厚度垫板。(7)绝缘轨距块分 7 号、8 号、9 号、10 号、11 号五种规格,正常情况使用 9 号,根据钢轨左右位置情况可调换使用。夹板处采用接头绝缘轨距块。轨道精调时,可增设 0.5 mm 级别的绝缘轨距块。(8)调高垫板分轨下微调垫板和铁垫板下调高垫板两种,分别放置于轨下垫板与铁垫板之间和铁垫板下弹性垫板与轨枕或轨道板承轨面之间。轨下微调垫板按厚度分为 0.5 mm、1 mm、2 mm、5 mm 四种;铁垫板下调高垫板按厚度分为 10 mm 和 20 mm 两种,铁垫板下调高垫板由两片组成,成副使用。

65. 高速铁路钢轨修理有哪些项目?

答:(1)为预防和整治钢轨病害,改善轮轨匹配关系,延长钢轨使用寿命,应做好钢轨修理工作。(2)当钢轨出现轻伤及其他表面伤损时,应及时进行整修。(3)当探伤发现焊缝轻伤时,可采用无损加固处理。无损加固装置应满足疲劳性能、纵向阻力和绝缘性能的要求。(4)钢轨加固时,应尽量使伤损部位处于夹板中部,严禁夹板与焊筋接触。(5)钢轨钻孔位置应在螺栓孔中心线上,且必须倒棱。两螺栓孔净距不得小于大孔径的两倍。其他专业需在钢轨上钻孔或加装设备时,必须经铁路局集团公司工务部门同意,并在工务设备管理单位配合下实施。(6)严禁焊补钢轨,严禁在钢轨的任何部位进行引弧、电弧焊、电阻点焊、黄铜钎焊等作业,严禁使用火焰切割钢轨或烧孔,严禁使用剁子和其他工具强行截断锯轨及冲孔,严禁锤击轨底。

66. 简述桥梁地段双块式无砟轨道主要技术要求。

答:桥梁地段道床结构由双块式轨枕、道床板、隔离层、底座(或钢筋混凝土保护层)、凹槽(或凸台)周围弹性垫层等部分组成。道床板和底座沿线路纵向分块设置。道床板与底座(或保护层)间设置隔离层,底座凹槽(凸台)侧立面粘贴弹性垫层。曲线超高在底座上设置。

67. 高速铁路安全线设置条件应符合哪些规定?

答:(1)联络线、动车组走行线与正线接轨时应设置安全线,与到发线接轨时可不设安全线。(2)维修工区(车间)等线路与到发线或其他站线接轨时,应在接轨处设置安全线。(3)有折返列车作业的中间站,有动车组长时间停留的到发线两端应设置安全线。(4)接车线末端、接轨处能利用其他站线及道岔作为隔开设备并有联锁装置时,可不另设安全线。(5)安全线的设计应符合相关设计规范的要求。

68. 简述高速道岔结构及联结零件巡视作业项目、内容及流程。

答:(1)封锁命令下达后,人员进入作业门,至作业地点。进入作业门前要清点人员、工具数量并记录。(2)钢轨检查:大轨件状态检查;尖轨与基本轨、可动心轨与翼轨、短心轨与叉跟尖轨尖端密贴情况,顶铁密贴情况,尖轨、可动心轨与滑床台密贴情况;尖轨、心轨轨端肥边、尖轨非工作边或基本轨工作边钢轨肥边、剥离掉块,尖轨是否存在硬弯等影响道岔转换的病害。(3)联结零件检查:各部螺栓、垫板是否齐全、作用良好;滑床板、轨撑是否开焊、折断、脱落、失效;尖轨防跳轮是否齐全作用良好;辊轮是否作用良好等。(4)绝缘接头检查:检查绝缘接头是否掉块、折断、拉开、轨端肥边等;检查绝缘接头处扣件是否封联夹板。(5)检查警冲标安装是否齐全正确。(6)做好检查记录。(7)作业完毕后,清点人员、工具,确认无误后,锁闭作业门后,作业负责人通知驻站联络员作业完毕销记,驻站联络员办理销记手续。

69. 钢轨疲劳裂纹扩展速率试验是如何规定的?

答:采用三点弯曲、单边缺口试样进行疲劳裂纹扩展速率试验,取样部位及试样尺寸按规定要求。

在每根样轨上至少取 3 个试样,在下述条件下进行试验:(1)试验温度:15～25 ℃。(2)最小循环荷载/最大循环荷载:0.5。(3)三点弯曲试样加载跨距为 180 mm。(4)循环加载频率:15～40 Hz。(5)试验环境:试验室内大气环境。其他规定符合标准。

70. 简述Ⅴ型扣件改道作业项目、内容及流程。

答:(1)封锁命令下达后,人员进入作业门,至作业地点。进入作业门前要清点人员、工机具、材料数量并记录。(2)确定基准股。直线地段以轨向较好的一股为基准股。曲线地段以曲线外股为基准股。(3)工作量复查确认(含确认作业轨温)、划撬。(4)改正基准股:①安装弦线,按无缝线路管理规定,卸掉适量螺旋道钉。②清理承轨台脏污,按方案更换轨距挡板。③螺旋道钉涂油。④拧紧扣件。(5)调整对股。测量轨距偏差,根据轨距偏差,调整对股。(6)作业质量回检。(7)作业完毕后,清点人员、工机具、材料,确认无误后,锁闭作业门后,作业负责人通知驻站联络员作业完毕销记,驻站联络员办理销记手续。

71. 简述高速铁路钢轨焊缝打磨作业安全控制措施。

答:(1)作业人员按规定穿戴、使用劳动保护用品,人员和工机具与接触网必须保持 2 m

以上距离。(2)严格执行进出作业门管理制度。作业人员统一路径行走。作业过程中严禁依靠桥梁栏杆,防止高空坠落。(3)轨道车运行严格执行相关规定,加强出乘前的检查,不准带病运行。(4)机具使用执行相关操作规程,防止造成事故。(5)作业时,不得碰扎连接线、电容线、接地线、吸上线等。(6)双线地段严禁在两线间摆放工机具、材料。(7)作业中,严禁跨越未封锁线路。如必须跨越时,设置专人防护,按"手比、眼看、口呼"制度,确认无车时,方可通过。(8)距离打磨机砂轮转动前方 30 m 内,禁止人员站立或走动,以免砂轮碎裂飞出伤人。铁屑飞溅之处严禁站人,防止火花灼伤。(9)刚打磨后的焊缝不得用手直接触摸,防止烫伤。(10)使用燃油发动机,加油时必须停机、严禁吸烟、避开明火。加油后及时上紧油箱盖。

72. 高速有砟道岔改道作业条件和准备工作有哪些?

答:

作业条件:(1)作业负责人由工班长及以上职务人员担任。(2)利用维修天窗作业,车站设驻站联络员,现场设现场防护员,使用对讲机或 GSM-R 手机联控。(3)办理封锁手续,设置停车手信号防护。(4)满足无缝线路作业轨温条件。

准备工作:(1)编制、审核作业方案。(2)打印作业派工单,核对作业地点、作业项目及工机具。(3)作业工机具准备。数显道尺、支距尺、钢卷尺、扭矩扳手、电动扳手、撬棍、弦线、轨温表、石笔、照明灯具等。(4)领取作业门钥匙。

73. 简述钢轨焊缝打磨作业项目、内容及流程。

答:(1)封锁命令下达后,人员进入作业门,至作业地点。进入作业门(或乘坐轨道车)前清点人员、工机具、材料数量并记录。(2)将打磨机置于钢轨上,砂轮与轨面间隙不小于 3 mm。(3)按照测量数据确定打磨深度,确定单次磨削量。(4)从钢轨焊缝高点逐步向两端推拉,同步观看磨削火花情况。进行焊缝平直度测量,保证打磨质量。(5)每进刀一次,整个轨面打磨一遍,循序打磨。(6)打磨作业后,提起砂轮关机,打磨机下道。(7)测量打磨作业质量。(8)作业完毕,清点人员、工机具、材料,确认无误后,锁闭作业门,作业负责人通知驻站联络员作业完毕销记,驻站联络员办理销记手续。

74. 简述现场胶接绝缘接头作业内容流程。

答:(1)核对轨温,拆除既有绝缘接头夹板,同时拆除夹板前后轨枕扣件。检查轨腹、轨端及螺栓孔有无伤损,否则应更换。(2)打磨除锈:用角磨机打磨钢轨端面,打磨平整。距轨端 600 mm 粘接范围彻底除锈,粘接面完全露出金属光泽。轨端、螺栓孔倒棱,倒棱宽度 1~2 mm,角度 45°对轨。插入轨端片(绝缘接头轨缝 8 mm),并用液压钢轨拉伸器张拉钢轨,将轨端片顶紧。(3)预安装新绝缘夹板:清洗、配胶。用丙酮清洗粘接面;把 A、B 胶调和均匀。涂胶、安装绝缘夹板。用平铲在钢轨和夹板的粘合面上涂胶,厚度均匀约 1 mm;螺栓套上绝缘套管依次交叉穿入。(4)紧固螺栓。按接头螺栓编号 3、4、2、5、1、6 的顺序用测力扳手拧紧螺栓,要求扭矩全部达到 1 400 N·m,并用道钉锤敲打夹板下沿,再复紧螺栓,复紧 3 次。从和胶到紧完螺栓时间不超过 16 min。(5)打磨。使用角磨机将高出轨顶面的绝缘端板打磨平整。钢轨间的绝缘端板顶面不得高于钢轨顶面。(6)电阻测试。测量绝缘接头电阻,钢轨与钢轨、钢轨与夹板之间的电阻应大于 1 000 Ω;安装、紧固扣件。(7)作业质量回检。作业完毕,作业负责人对作业地点全面检查,并做好记录。(8)作业完毕后,清点人员、工机具、材料,确认无误后,锁闭作业门后作业负责人通知驻站联络员作业完毕销记,驻站联络员办理销记手续。

75. 简述电子轨距尺的操作步骤。

答:(1)作业前:安排领取工具及劳动保护用品,做好出入库登记工作,检查电子轨距尺。①长按电源键开机检查电子轨距尺电量是否充足。②在电子轨距尺尺身检查检验日期是否在有效期之内。③检查电子轨距尺结构是否有所损坏。④检查电子轨距尺两测头有无锈蚀或磨耗。按照作业标准穿戴劳动防护用品,进网前确认调度命令,掌握封锁起止时间;确认驻站联络员、现场防护员到位,备品齐全有效,执行"三确认"制度。(2)作业中:①校准电子轨距尺:校准电子轨距尺时尽量将电子轨距尺放置在直线地段上,找出两股钢轨垂直距离,用石笔在电子轨距尺活动端与固定端两侧左右画出标记,进行校准。a. 长按电源键开机,在测量显示状态下,同时按下"确定"键和"跳尺"键 1 s 以上,进入到现场校准输入密码界面,按"加尺"键或"跳尺"键选择位数,按"查/护"键或"<>"键选择数字,输入密码 10000。b. 按"确定"键进入现场校准状态,显示屏会弹出提示。3 s 后显示待 AD 显示值稳定后,且跳动范围小于±1AD 字时,按"存储"键,将检测尺当前所在的水平值存储下来,显示屏会弹出提示,进入到掉头校准 1 步骤。c. 将检测尺掉转 180°再放到同一位置处,3 s 后显示,待 AD 显示值稳定后,且跳动范围小于±1AD 字时,按"存储"键后,显示屏会弹出提示,进入到正向校准 2 步骤。d. 进入到正向校准 2 步骤时,3 s 后显示,待 AD 显示值稳定后,且跳动范围小于±1AD 字时,按"存储"键,将检测尺当前所在的水平值存储下来,进入到掉头校准 2 步骤。e. 将检测尺掉转 180°再放到同一位置处,保证测量点为同一点,3 s 后显示,待 AD 显示值稳定后,且跳动范围小于±1AD 字时,按"存储"键保存,若听到一声鸣响,表明现场校准成功。若听到三声鸣响,显示屏同时提示,表明校准操作有误,请再校准一次。f. 进入到正向校准 3 步骤时,3 s 后显示,待 AD 显示值稳定后,且跳动范围小于±1AD 字时,按"存储"键,将检测尺当前所在的水平值存储下来,进入到掉头校准 3 步骤。g. 将检测尺掉转 180°再放到同一位置处,保证测量点为同一点,3 s 后显示,待 AD 显示值稳定后,且跳动范围小于+1AD 字时,按"存储"键保存,若听到一声鸣响,表明现场校准成功。若听到三声鸣响,显示屏同时提示,表明校准操作有误,则说明该测量点水平超差,应更换一点,重新进行校准。电子轨距尺校准后进行人工复核:水平误差不大于 0.3 mm。②线路测量:a. 测量轨距:首先将固定测头一端紧贴基准股作用边,然后再放移动测头在另外一股钢轨,基本保证电子轨距尺和钢轨垂直,握动调节把手,移动活动测头位置,使读数最小时,待显示数据稳定后,读取轨距值。b. 测量水平或超高:将两端测座搭在两股钢轨待测点上,待显示数据稳定后,读取水平值或超高值。(3)作业后:①长按电源键关机。②下道清点人员、工机具,撤除防护。③工具入库,按定置标准摆放整齐。

76. 简述高速铁路有砟轨道钢轨铝热焊接作业安全控制措施。

答:(1)作业人员按规定穿戴、使用劳动保护用品,人员和工机具与接触网必须保持 2 m 以上距离,不得坐靠接触网支柱拉线及基础。(2)严格执行进出作业门管理制度。作业人员统一路径行走。作业过程中严禁倚靠桥梁栏杆,防止高空坠落。(3)汽车(轨道车)运行严格执行相关规定,加强出乘前的检查,不准带病运行。(4)机具使用执行相关操作规程,防止造成事故。(5)作业轨温条件严格遵守相关规定。(6)作业时,不得碰轧连接线、电容线、接地线、吸上线等。(7)双线地段严禁在两线间摆放工机具、材料。(8)作业前、作业中,严禁跨越未封锁线路。如必须跨越时,设置专人防护,执行“手比、眼看、口呼”制度,确认无车时,方可通过。(9)涉及电务、供电设备时,需电务、供电配合。必须在配合部门人员的配合下进行。(10)放行列车时,轨温应在 300 ℃以下。(11)乙炔瓶不得靠近热源和电器设备。乙炔瓶与明火的距离不得小于 10 m,与氧气瓶间距离不得小于 5 m。(12)高温反应时,人员站在坩埚 3 m 以外。(13)废弃坩埚、灰渣高温时不得放置在电缆附近,温度降低后就近掩埋,严禁放置在易燃品附近。(14)焊接时坩埚下应设有托盘。(15)需翻动或拨动钢轨时,要指派业务熟悉人员进行,其他人不能站在钢轨附近,防止钢轨及撬棍伤人。

77. 简述高速铁路有砟轨道道岔更换折断轨枕螺钉及尼龙套管作业前的准备工作。

答:

作业条件:(1)作业负责人由工班长及以上职务人员担任。(2)利用维修或施工天窗作业,车站设驻站联络员、现场设现场防护员,使用对讲机或 GSM-R 手机联控。(3)办理封锁施工手续,设置停车手信号防护。

准备工作:(1)编制、审核作业方案。(2)打印作业派工单,核对作业地点、作业项目及工机具。(3)作业工机具准备。内燃钻孔机(或尼龙套钻取)、内燃扳手、活口扳手、起道机、撬棍、尖嘴钳、手锤、钢钎、角向磨光机等。领取作业门钥匙。召开班前会,点名,布置工作。明确分工、作业项目、内容、时间,提出作业要求。安全预想,提出防控措施,检查防护用品。

78. 简述 WJ-7 型扣件改道作业安全控制措施。

答:(1)作业人员按规定穿戴、使用劳动保护用品,人员和工机具与接触网必须保持 2 m 以上距离。不得依靠和坐卧接触网支柱拉线及基础。(2)严格执行进出作业门管理制度。作业人员统一路径行走。作业过程中严禁倚靠桥梁栏杆,防止高空坠落。(3)轨道车(汽车)运行严格执行相关规定,加强出乘前的检查,不准带病运行。(4)机具使用执行相关操作规程,防止造成事故。(5)作业轨温条件严格遵守相关规定。(6)作业时,不得碰轧联接线、电容线、接地线、吸上线等。(7)双线地段严禁在两线间摆放工机具、材料。(8)作业前、作业中,严禁跨越未封锁线路。如必须跨越时,设置专人防护,执行“手比、眼看、口呼”制度,确认无车时,方可通过。

79. 简述高速铁路有砟轨道线路临时补修的主要内容。

答:(1)轨道几何不平顺超过临时补修容许偏差管理值处所的整修。(2)折断、重伤钢轨及焊接接头更换或处理。(3)不良胶接绝缘接头处理。(4)折断道岔护轨螺栓、可动心轨咽喉和叉后间隔铁螺栓、长心轨与短心轨联结螺栓等更换。(5)失效或伤损扣件、道岔及钢轨伸缩调节器等轨道部件更换。(6)引起动车组异常振动等轮轨匹配状态不良的钢轨处理。(7)损坏的无砟道床整治或更换。(8)冻害整治。(9)线路故障处理。(10)其他需要临时补修的工作。

80. 简述 WJ-7 型扣件采用调高垫板调整高低。

答:(1)钢轨高低位置调高特殊调整:调整量＋27～＋70 mm。调整方式见《高速铁路线路维修规则》附表 8-11,配置表中从左至右为现场垫板自下而上的安装顺序。钢调高垫板下缓冲垫板厚 5 mm,两块钢调高垫板间必须放置缓冲垫板。根据调整量选用不同长度锚固螺栓。方案实施时,不能在铁垫板下垫入表中未列调高垫板。(2)钢轨高低位置调低特殊调整:调整量－10～－5 mm。调整方式见《高速铁路线路维修规则》附表 8-12,配置表中从左至右为现场垫板自下而上的安装顺序。铁垫板采用 WJ7-D 铁垫板。方案实施时,不能在铁垫板下垫入调高垫板。(3)钢轨左右位置特殊调整:单股钢轨左右位置调整量－15～－7 mm、＋7～＋15 mm。调整方式见《高速铁路线路维修规则》附表 8-13,根据调高状态选用铁垫板,根据左右位置调整量选用平垫块。(4)在扣件安装完成后应对轨距、轨向、高低和水平进行确认,合适后以 300～350 N·m 拧紧锚固螺栓。其他零部件的安装方法与 WJ-7 型扣件相同。(5)完成钢轨位置调整后,应对扣件安装状态和线路的几何形位进行检查,确认状态良好。铺设初期,每隔半个月应对扣件轨距保持能力、零部件使用状态及线路的几何形位进行检查,铺设三个月后每个月检查一次。

81. 简述高速铁路 T 形螺栓涂油作业程序、项目、内容及相关标准。

答:(1)作业条件:①利用维修天窗作业。②作业负责人由工(班)长担当。③车站(调度所)设驻站(调度所)联络员、现场设现场防护员,使用对讲机或 GSM-R 手机联控。(2)准备工作:①制定作业方案。②打印作业派工单,核对相关内容。③作业工机具准备。数显式道尺、扭矩扳手、电动(内燃)扳手、轨温表、石笔、照明灯具等。④劳力组织。设作业负责人、驻站(调度站)联络员和现场防护员,其他作业人员若干。⑤设置防护。按照《高速铁路工务安全规则(试行)》设置防护。⑥转辙部分、可动心轨辙叉部分作业需通知电务部门配合。(3)作业项目、内容及流程:①封锁命令下达后,人员进入作业门(或人员乘坐轨道车出库运行),至作业地点。进入作业门(或乘坐轨道车)前要清点人员、工机具、材料数量并记录。②确认作业轨温,按"隔一松一、流水作业"的方式松开 T 形螺栓。③除去螺栓、螺帽上的油垢积锈,检查螺栓磨耗锈蚀情况,更换失效螺栓。④在螺栓的螺纹上涂油。⑤上齐平垫片、弹条、螺帽,拧紧螺栓,扭矩达标。⑥复紧螺栓,确保扭矩全面达标,W1 型扣件扭矩控制在 100～140 N·m,X2 型控制在 70～90 N·m 或弹条中部前端下颚与绝缘块不接触,但间隙不大于 0.5 mm。⑦作业质量回检。作业后对作业地段及前后线路进行检查,包括几何尺寸、扭矩等,不符合要求的及时整正,确保作业后的设备质量达标。⑧作业完毕后,清点人员、工机具、材料,确认无误后,锁闭作业门(或人员乘坐轨道车回库)后,作业负责人通知驻站(调度所)联络员作业完毕销记,驻站(调度所)联络员办理销记手续。

82. 高速铁路区段长钢轨列车运行应遵守哪些规定?

答:(1)长钢轨列车如有附挂车辆应挂在尾部。(2)重车情况下,在经过 300～500 m 曲线半径时,限速 45 km/h,在经过 300 m 以下曲线半径或侧向通过 9 号及以下道岔时,限速 25 km/h。(3)如在连续同向曲线间运行,应注意内外侧钢轨是否前后串动,视情况适当降速。(4)卸长钢轨时运行速度不应超过 15 km/h、收长钢轨时运行速度不应超过 5 km/h。(5)长钢轨装车时,轨端应平齐,伸出承轨横梁 0.5～1.0 m,短轨不得装在外侧。长轨未加固、锁定,不得开车。

83. 简述高速铁路无缝线路钢轨位移观测桩设置要求。

答:应做好无缝线路钢轨位移观测,累计位移量出现异常时,应及时查明原因,采取相应措施。

无缝线路钢轨位移观测桩的设置应满足以下要求:(1)区间钢轨位移观测桩按单元轨节等距离设置,且桩间距离不应大于 500 m。(2)无缝道岔岔头、限位器(或间隔铁)、岔尾(含直、曲股),以及无缝道岔管理单元(一般车站咽喉区分为四个单元)两端道岔外方 50 m、200 m 处设置钢轨位移观测桩。(3)钢轨伸缩调节器在尖轨尖端、基本轨两端设置钢轨位移观测桩。(4)钢轨位移观测桩应预先埋设牢固,均匀布置,桥梁地段应在固定支座上方设置。

84. 简述小型机械打磨道岔作业项目、内容及流程。

答:(1)封锁命令下达后,人员进入作业门(或人员乘坐轨道车出库运行),至作业地点。进入作业门前要清点人员、工机具、材料数量并记录。(2)按作业方案完成以下工作:①使用廓形仪测量 MP1～MP10 各点−20°～52°各角度打磨量(MP1 和 MP2 位于距岔前接头轨缝(焊缝)1～2 m 处;MP3、MP4、MP7 和 MP8 位于导曲线中部;MP5、MP6、MP9 和 MP10 位于距岔尾 1～2 m 处)。②直基本轨。速度 120 km/h 以上线路的目标廓形为 60N,速度 120 km/h 及以下线路目标廓形为设计廓形。将道岔排成定位,利用钢轨垂直打磨机打磨。首先从−10°往 12°打磨,磨头每次调整量为 2°;其次从 12°往 20°打磨,每次调整量为 4°;再次从 20°往 32°打磨,每次调整量为 6°;然后从 32°往 52°打磨,每次调整量为 4°。打磨后测量廓形,成型后抛光。③直尖轨。直尖轨完整断面廓形,速度 120 km/h 以上线路目标廓形为 60N,速度 120 km/h 及以下线路目标廓形为设计廓形,非完整断面只打磨病害(尖轨尖端至断面宽 50 mm 范围内轻打)。将道岔排成定位。利用钩锁器钩锁,使尖轨与基本轨密贴,方法同直基本轨,尖轨工作边、非工作边利用道岔打磨机打磨,最后抛光。④曲基本轨。打磨目标廓形为原廓形,将道岔排成反位。利用钢轨垂直打磨机打磨(方法同直基本轨)。⑤曲尖轨。曲尖轨完整断面目标廓形为原廓形。非完整断面只打磨病害。将道岔排成反位。利用钩锁器钩锁,使尖轨与基本轨密贴,方法同直基本轨,尖轨工作边、非工作边利用道岔打磨机打磨,最后抛光。(3)对作业后钢轨廓形、焊缝平直度、粗糙度、硬度、外观等进行验收，1～2 d 后测量光带。(4)打磨后对绝缘接头、滑床板铁屑进行清理。(5)作业质量回检。(6)作业完毕后，清点人员、工机具、材料，确认无误后，锁闭作业门后，作业负责人通知驻站联络员作业完毕销记，驻站联络员办理销记手续。

85. 高速铁路曲线超高的设置和调整应符合哪些要求?

答:(1)实设超高:①超高最大值:仅运行旅客列车的线路，无砟轨道不得超过 175 mm、有砟轨道不得超过 150 mm;客货共线铁路不得超过 150 mm。实设超高值应为 5 mm 的整倍数。②双线并行地段，上、下行曲线超高宜按相同值进行设置。(2)未被平衡超高的一般要求:①仅运行旅客列车的线路，欠超高一般不大于 40 mm，困难条件下不大于 60 mm，其中 250 km/h 仅运行旅客列车的线路半径为 3 500 m 的曲线欠超高不大于 65 mm;过超高不大于 70 mm。②客货共线铁路，欠超高一般不大于 40 mm，困难情况下不大于 60 mm，其中半径为 3 500 m 的曲线欠超高不大于 65 mm;过超高一般不大于 30 mm，困难情况下不大于 50 mm。(3)仅运行旅客列车的线路车站两端曲线超高设置应满足以下检算要求(v 为旅客列车进出站通过曲线时的速度):①当 $v \leqslant 160$ km/h 时，过超高一般不大于 90 mm，困难条件下不大于 110 mm。②当 $v > 160$ km/h 时，过超高一般不大于 60 mm，困难条件下不大于 90 mm。③线路起终点车站或以进出站旅客列车为主的车站两端曲线，未被平衡超高应满足(2)的要求。④超高计算在使用困难条件时，原则上先用足进出站列车的困难条件，再使用通过列车的困难条件。当进出站列车使用过超高困难条件限值后，通过列车欠超高仍超过困难条件限值时，应适当降低通过列车的线路允许速度，使欠超高符合上述规定。(4)客货运量、线路允许速度等行车条件发生变化和出现曲线轨枕挡肩破损、钢轨不正常磨耗等设备病害时，应重新按实际情况进行超高检算，经铁路局集团公司批准后可进行超高调整。

86. 简述高速有砟轨道正线线路常备材料参考标准。

答:

线路备料:(1)混凝土枕:每单线千米 2 根。(2)电容枕:工区 4 根。(3)磁轨枕:工区 4 根。(4)电气绝缘节枕:工区 4 根。(5)桥枕:每单线千米 2 根。(6)断轨急救器:工区 6 套。(7)接头夹板:工区 24 块。(8)绝缘轨距杆:工区 5 根。(9)25 m 无孔轨:工区 6 根。(10)6 m 有孔短轨:工区 2 根。(11)6.25 m 有孔胶接绝缘轨:工区 2 根。(12)现场胶接绝缘夹板及绝缘材料:工区 2 套。(13)普通绝缘夹板及螺栓:工区 2 套。(14)钢轨无损加固设备:工区 6 套。(15)道岔钢轨重伤(折断)紧急加固装置:车间，正线道岔每种图号 2 套。(16)接头螺栓及垫圈:工区 36 套。(17)扣件及其垫板:每单线千米配套扣件 5 套。

87. 简述高速有砟轨道正线道岔及钢轨伸缩调节器部件常备材料参考标准。

答:(1)道岔部件备料:①尖轨、基本轨、辙叉:每种型号左右开每车间备 1 组。②正线主型道岔:每种型号每铁路局集团公司备 1 组。③其他型号道岔:每种型号全线备 1 组。④岔枕:

每种型号每铁路局集团公司每1～100组备1组。(2)钢轨伸缩调节器备料:①整组钢轨伸缩调节器:每种型号每车间备1组。②轨枕:每种型号每铁路局集团公司每1～100组备1组。③尖轨、基本轨(含配套扣配件):每种型号每车间每1～20组各备1对。(3)道岔紧固器:按道岔型号和数量配备。

88. 简述高速有砟道岔检测项目、检测工具及检测方法。

答:(1)检测项目:道岔全长、轨件长度。检测工具:钢卷尺、弹簧秤、磁力拉环。检测方法:磁力拉环固定钢尺末端,弹簧秤拉紧端头,确认全长。(2)检测项目:水平。检测工具:轨距尺、轨道测量仪、轨道检查仪。检测方法:轨距尺读取水平读数。(3)检测项目:高低。检测工具:弦线、钢板尺、轨道测量仪、轨道检查仪。检测方法:轨顶10 m弦线5 m交替测量弦线至轨顶距离。轨道测量仪、轨道检查仪测量高低。(4)检测项目:轨向。检测工具:弦线、钢板尺、轨道测量仪、轨道检查仪。检测方法:轨头侧面(正线非工作边)10 m弦线5 m交替测量弦线至轨头工作边距离。轨道测量仪、轨道检查仪测量方向。(5)检测项目:方正差。检测工具:方尺、支距尺、钢板尺。检测方法:道岔始端任意处,方尺或支距尺垂直于直股工作边,钢板尺测量两基本轨始端至方尺或支距尺边距离,计算差值。(6)检测项目:轨距、查照间隔。检测工具:轨距尺、轨道测量仪、轨道检查仪。检测方法:轨距尺水平放置于测量点位置处,使轨距尺垂直于轨距中心线,测量两钢轨之间最小距离。(7)检测项目:尖轨与基本轨间隙、心轨和翼轨密贴、叉跟尖轨与短心轨间隙。检测工具:塞尺。检测方法:分别使用塞尺中合适厚度的尺片确定间隙大小。(8)检测项目:直尖轨工作边直线度、心轨直股工作边直线度。检测工具:弦线、钢板尺。检测方法:轨头侧面(尖轨工作边)10 m弦线5 m交替测量弦线至工作边距离。(9)检测项目:尖轨与基本轨间顶铁间隙、心轨轨腰与顶铁间隙、叉跟尖轨轨腰与顶铁间隙。检测工具:塞尺。检测方法:使用塞尺中合适厚度的尺片逐一反复滑塞,确认间隙大小。(10)检测项目:尖轨轨底与滑床台间隙、心轨轨底与台板间隙。检测工具:塞尺。检测方法:使用塞尺中合适厚度的尺片逐一反复滑塞,确认间隙大小。(11)检测项目:尖轨相对基本轨降低值、心轨各控制断面相对翼轨降低值。检测工具:尖轨降低值测量仪。检测方法:按规定操作。(12)检测项目:转辙器部分最小轮缘槽,可动心轨辙叉咽喉宽,护轨平直段、缓冲段、开口段轮缘槽宽度,尖轨、心轨各牵引点处开口值。检测工具:卡钳、钢板尺。检测方法:用卡钳在基本轨、尖轨之间滑动(16 mm工作边处)确认最窄处并量出数据。(13)检测项目:尖轨限位器两侧间隙偏差。检测工具:宽度尺、游标卡尺。检测方法:测量限位器两边间隙,确认偏差。(14)检测项目:道岔导曲线支距。检测工具:支距尺。检测方法:使用支距尺测量各个支距点数据。(15)检测项目:岔枕位置及间距偏差。检测工具:卷尺、盘尺。检测方法:使用盘尺、卷尺测量岔枕位置及间距。(16)检测项目:尖轨轨底和辊轮及滑床台间隙。检测工具:辊轮专用安装、调整、检测工具。检测方法:使用专用工具进行安装、调整和检测。(17)检测项目:各种螺母紧固扭矩。检测工具:扭矩扳手。检测方法:使用扭矩扳手检测相应螺栓紧固扭矩是否达标。(18)检测项目:顶面轮廓(含轨顶坡、降低值)。检测工具:钢轨轮廓(磨耗)测量仪。检测方法:使用钢轨轮廓(磨耗)测量仪测试钢轨顶面轮廓、轨顶坡和降低值。

89. 高速铁路车辆停留线按哪些原则设置?

答:(1)线路车间所在地设有效长 320 m 的停留线 1 条、120 m 的停留线 3 条,设双线作业车库、双线检查坑,作业车库长度 75 m、宽度 15 m,检查坑长度 70 m。(2)线路工区所在地设有效长 320 m 的停留线 1 条、120 m 的停留线 2 条,设双线作业车库、单线检查坑,作业车库长度 75 m、宽度 15 m,检查坑长度 70 m。(3)其他车站设置 260 m 的停留线 1 条、120 m 的停留线 1 条。(4)为满足大修换轨需要,线路车间和线路工区所在地的车站到发线不能满足 500 m 运轨车 24 h 停留时,预留 1 条有效长不少于 800 m 停留线的铺设条件。

90. 高速铁路有砟轨道对冻害进行整治应满足哪些要求?

答:

对冻害可采用垫、撤垫板的办法进行整治,整治作业应满足以下要求:(1)垫板使用应符合规定,必须保留符合设计要求的轨下弹性垫板。(2)调整调高垫板厚度无法消除冻害峰值时,应在冻害两端垫入调高垫板,并做好顺坡。(3)在正线上垫入或撤出冻害垫板,两端顺坡率不应大于 $1/(10v_{max})$。道岔上冻害垫板作业,不得在辙叉和转辙部分设变坡点。(4)调整调高垫板时,应相应调整轨距块、轨距挡板,必要时可设置轨道加强设备。

91. 跨区间无缝线路具有哪些突出优点?

答:(1)长轨条贯通整个区间,并与车站的无缝道岔焊连,取消了缓冲区,消灭了钢轨接头,彻底实现了线路无缝化,全面提高了线路平顺性与整体强度,进一步减少了轨道部件的损耗和养护维修工作量,改善了列车运行条件,充分发挥了无缝线路的优越性。(2)伸缩区与固定区交界处因温度循环而产生的温度力峰,以及伸缩区过量伸缩不能复位而产生的温度力峰,都由于伸缩区的消失而消失,有利于轨道的稳定和维修管理。(3)防爬能力较强,纵向力分布比较均匀,锁定轨温容易保持,线路的安全可靠性得到提高。(4)长轨条温度力升降平起平落,不会形成温度力峰,可适度提高锁定锁定轨温,从而提高轨道的稳定性。

92. 简述高速铁路对钢轨的要求。

答:(1)为保证高速铁路的高可靠性和高平顺性,要求钢轨具有更好的安全使用性能、更好的几何尺寸精度和平直度。(2)高安全性不仅体现在钢质洁净、表面无缺陷、低的残余拉应力、优良的韧塑性及焊接性能,还要求质量稳定可靠、便于生产。于此同时,高速铁路钢轨还要求脱碳层厚度小,通过钢轨的预打磨消除轮轨作用面的脱碳层,使轨面的组织和硬度均匀一致,以防止和减少在使用中产生波磨。(3)为达到高速铁路钢轨性能指标要求,钢轨生产需采用“精炼”、“精轧”、“精整”、“精检”和“长尺化”等技术,即采用炉外精炼、真空脱气、大方坯连铸等先进技术进行钢轨钢的精炼,以保证钢轨钢的洁净度;采用包括步进式加热炉加热、多道次高压水除磷、万能轧机轧制等精轧技术,保证钢轨的几何尺寸精度;采用热预弯、平立复合矫直、四面液压补矫等精整技术,使钢轨具有高的平直度;采用长尺矫直冷锯定尺工艺,利用热轧头尾余量切除矫直盲区和过渡区,使整支钢轨尺寸高度一致,提高钢轨整体的平顺性,同时大幅度减少钢轨焊接接头。通过"精检",对钢轨内部质量进行超声波探伤、对表面质量进行涡流探伤、对钢轨平直度和几何尺寸精度进行在线自动检测,保证出厂钢轨的内在和外观质量。

93. 简述高速铁路钢轨的内部洁净度技术指标。

答:钢材质内部高洁净有利于提高其疲劳性能和安全使用性能,是高速铁路对钢轨的最基本要求,具体指标如下:严格控制钢中的有害元素如P、S含量以及气体含量,要求$w(P) \leqslant 0.025\%$,$w(S) \leqslant 0.025\%$;$\{H\} \leqslant (2.5 \times 10^{-4})\%$,$\{O\} \leqslant (20 \times 10^{-4})\%$。为了有效减少钢中的氧化铝夹杂物,要求采用无铝脱氧,钢中铝含量≤0.004%,并严格控制钢中的残留元素。严格控制钢中夹杂物含量,要求A类夹杂物A级≤2级、B级≤2.5级,B类、C类和D类夹杂物A级≤1级、B级≤1.5级。

94. 简述高速铁路钢轨现场焊接作业条件。

答:(1)高速铁路钢轨的现场焊接多采用移动式闪光焊。生产设备及配套机具主要有焊轨车、切轨机、拉伸器、端面打磨机、手持砂轮机、钢轨及接头矫直设备、热处理设备、仿形打磨机、起道机具、垫轨滚筒、焊接试验台等。检验设备和量具主要有钢轨平尺(1 m、2 m)、塞尺、直角尺、轨型样板、游标卡尺、钢轨波磨尺、电子平直仪、红外测温仪、超声波探伤仪、轨温表等。(2)现场焊接作业的环境条件要求:气温低于0 ℃时,不宜进行现场焊接。气温低于10 ℃时,焊接前用火焰预热轨端0.5 m长度范围,预热温度保持均匀,钢轨表面预热升温35~50 ℃。雨量或风力较大时不应进行焊接作业。(3)铺设前应对焊接长钢轨进行编号,记录铺设位置,测量长度,登记基地焊接的接头标识号,同时确认焊接长钢轨的股别。

95. 简述高速铁路有砟道岔拨道作业标准。

答:(1)道岔静态几何尺寸容许偏差管理值为轨距+2~-2 mm、轨距变化率1/1 500、水平3 mm、高低3 mm、轨向3 mm、三角坑3 mm/3 m。(2)在道岔全长范围内,用任意弦测量无大于3 mm的轨向。(3)扒开的道床应回填平整并夯实,拨道后离缝的一侧轨枕端头石砟埋实并夯实;道床顶面应低于岔枕顶面以下40~50 mm。(4)由于拨道作业引起其他作业,应恢复到符合各项作业标准。

96. 简述扣件系统WJ-8型操作程序及标准。

答:(1)在承轨台中间位置铺设铁垫板下弹性垫板,使垫板孔与预埋套管孔对中。(2)安放铁垫板,铁垫板的螺栓孔中心应与预埋套管中心对正。(3)在铁垫板中间位置安放轨下垫板,轨下垫板的凸缘应扣住铁垫板。(4)安设合适规格的轨距挡板,轨距挡板的圆弧凸台应安放在轨枕或轨道板承轨槽底脚的凹槽内。(5)铺设钢轨。(6)安放绝缘块。(7)安放弹条。(8)将螺旋道钉套上平垫圈且在螺纹部分涂满铁路专用防护油脂,然后拧入套管,紧固弹条。弹条的紧固以弹条中肢前端下颚与绝缘块接触为准。

97. 简述高速铁路钢轨的表面缺陷技术指标。

答:钢轨表面基本无原始缺陷,不仅对保证钢轨安全使用有益,而且可以减少表面接触疲劳伤损的出现,延长钢轨的使用寿命。高速铁路要求严格控制钢轨表面缺陷,要求在热状态下形成的钢轨磨痕、热刮伤、纵向线纹、折叠、氧化皮压入、轧痕等缺陷深度,钢轨走行面部位不大于 0.35 mm,钢轨其他部位不大于 0.5 mm;在冷状态下形成的钢轨纵向及横向划痕等缺陷深度,钢轨走行面和轨底下表面(轨底下表面不应有横向划痕)不大于 0.3 mm,钢轨其他部位不大于 0.5 mm。同时还规定了钢轨表面缺陷的修磨要求,包括修磨处所、深度,修磨后应达到的质量要求等。

98. 简述高速道岔尖轨和翼轨用轨要求。

答:(1)我国设计时速 250 km 高速道岔用大号码辙叉可动心轨和尖轨,由断面为 60D40 的 U75V 钢轨制造,并进行全长热处理;时速 350 km 高速道岔用大号码辙叉可动心轨和尖轨,采用 U71Mnk 热轧轨制造,也有采用全长在线热处理钢轨,断面有 60D40,也有采用 Zu1-60;我国自行研制的特种断面轧制翼轨 60TY,用于翼轨的制造。(2)道岔用轨存在的主要问题是尖轨和辙叉使用寿命短,不能与钢轨大修周期相匹配,应通过优化结构,采用新材料和新工艺,以延长使用寿命。为满足我国高速道岔研发的需要,开展了高速道岔用 60D40 和特种断面轧制翼轨 60TY 的研制。(3)既有道岔可动心轨辙叉的翼轨采用 60AT 钢轨制造,即将 60AT 钢轨的一端采用热锻压的方法锻压成 60 kg/m 标准钢轨,另一端同样采用热锻压的方法,锻压出翼轨断面和 60 kg/m 标准轨断面,然后焊接上一段 60 kg/m 标准轨,制成特种断面翼轨。采用 60AT 钢轨通过两次锻压和一次焊接制造的特种断面翼轨存在质量稳定性差等问题,为此我国研发轧制翼轨 60TY。

99. 简述高速铁路曲线超高设置原则。

答:(1)仅运行旅客列车的线路曲线超高应优先满足本线直通列车的旅客舒适度要求,并兼顾中间站停车和低于本线运行速度的跨线列车的旅客舒适度要求。客货共线铁路应兼顾直通列车的旅客舒适度和货运列车对线路状态的影响。(2)曲线超高计算时,应采用实际运营车型的特性曲线,模拟计算出直通和站站停列车的速度-距离曲线(v-s 曲线),计算采用的速度一般按圆曲线地段最高、最低速度取值。

100. 简述高速道岔曲基本轨折断处理的原则。

答:(1)高速铁路应急处理既要确保行车安全,又要重视行车秩序,一旦发生故障,应立即启动预案,同时认真检查确认现场情况,迅速逐级报告,果断决策抢修方案,尽快开通线路,减少对运输秩序的影响。发现故障后,针对无砟轨道基础稳定、零配件状态良好及断缝位置、尺寸、形状等情况,迅速制定紧急处理方案,逐级报告并立即组织了实施,最大限度地减少了对运输的影响。(2)落实道岔巡查制度,按规定巡查是高速铁路发现设备隐患地有效措施。(3)线下演练是提高故障处理或设备修理质量和效率的有效途径。对应急预案要定期进行实作演练,增强职工应急处理能力。备用料及专用工具应确保应急使用。(4)要建立生产厂家、建设单位、设备管理单位联动机制。(5)应针对高速道岔结构特点,制定各部位断轨抢修预案。(6)应研究道岔断轨的实时监测技术。

S1 混凝土枕扣件涂油

一、考场准备

10 m 长混凝土枕线路一段；夜间考场内要有充足的照明。

二、材料工具准备

1. 材料准备。

序　号	名　称	规　格	数　量	备　注
1	长效油脂		1 桶	
2	轨距挡板	由现场而定	若干	
3	弹条	由现场而定	若干	
4	扣件螺帽	由现场而定	若干	

2. 工、量、刃、卡具准备。

序　号	名　称	规　格	精　度	数　量	备　注
1	内燃机扳手			2 台	需贴加反光标记
2	T 形扳手			2 把	需贴加反光标记
3	扭矩扳手			1 把	需贴加反光标记
4	电子道尺			1 把	需贴加反光标记
5	钢丝刷			1 个	需贴加反光标记
6	刷子			1 个	需贴加反光标记
7	套筒板牙	ϕ24 mm		1 把	需贴加反光标记
8	轨温计			1 个	需贴加反光标记

三、考核要求

1. 考生按要求穿戴、配备劳动保护用品，夜间戴照明头灯。
2. 材料、工器具准备合理。
3. 扣件螺母松开分离，清污、除锈。
4. 涂油均匀，安装扣件齐全，扣板、轨距挡板应靠贴轨底边。
5. 扣板(弹片)扣件、弹条扣件扭矩应符合《高速铁路线路维修规则》规定。
6. 计时从考生得到允许作业的命令之时开始，到考生汇报作业完毕之时结束。
7. 规定时间内全部完成，不加分。每超时 1 min，从总分中扣 2 分，总超时 5 min 停止作业。
8. 作业完毕，按规定清理现场。

四、考核评分

1. 考评人员 3 人及以上。

2. 评分程序及规则:考评员根据考生操作情况对照计分标准在评分表上给予记录评分。

3. 评分方法:采用百分制,满分 100 分,60 分及以上为及格。

五、铁道行业职业技能认定高速铁路线路工初级工实作技能考核评分记录表

单位:________ 姓名:________ 性别:________ 准考证号:________ 工种:________ 级别:________

试题名称:混凝土枕扣件涂油

考核时间:30 min

操作开始时间: 时 分 操作结束时间: 时 分

序号	考核内容	考核要点	配分	评分标准	扣分	得分
1	作业工具及使用	(1)根据需要一次带够所有工具。 (2)正确使用各种工具	10	(1)工具不全,少一件扣 5 分。 (2)工具损坏,扣 10 分		
2	作业程序	(1)作业准备: ①工具:内燃扳手以两台一组为宜(T 形扳手、扭力扳手为备用)、道尺、钢丝刷、长效油脂和刷子、轨距挡板、弹条、扣件螺帽、ϕ24 mm 的套筒扳牙、轨温计。 ②检查机具:检查内燃机扳手的汽油、机油是否充足,各部紧固件联结是否牢固,发现松动应拧紧;检查内燃扳手上的套筒是否与扣件螺帽配套。 ③到达作业地点后首先测量轨温,确认是否符合作业,做到超温不作业。 ④在天窗点内作业按规定设置现场防护,方可上道作业。 (2)松卸扣件:松卸扣件 15 套,开始第一轮隔二松一,向前卸掉扣件螺母,取下弹条、挡板、尼龙座、放在轨枕面上,并用钢丝刷去除扣件、螺杆上的污渍和铁锈,清扫混凝土轨枕承台面上的污物。禁止用手除去污物。 (3)涂油安装扣件:在螺杆上均匀涂上长效油脂后,在轨枕挡肩处安放尼龙座,在尼龙座与轨底边缘之间安放轨距挡板,在轨距挡板上安放弹条,保证扣件的位置正确,最后将螺帽戴入至少一丝,以便提高内燃机扳手紧固效率。对扣件缺少的应补齐,尼龙座磨损、弹条损坏或不能保持应有的扣压力的应进行更换。 (4)紧扣件:确认尼龙座、轨距挡板、弹条位置正确后,施工负责人要用道尺核对轨距和轨距变化率,核对无误后,拧紧扣件螺母。 第一轮隔二松一完成后,再进行第二轮的隔二松一和第三轮的隔二松一,依次进行流水作业。 (5)修理损坏丝杆:对丝杆损坏的应用套筒扳牙进行重新车丝后,上好扣件。螺旋道钉折断、浮起、螺帽或螺杆丝扣损坏无法修复,应做好记录,有计划地安排拔锚,重新锚固。 (6)回检、清理机具:作业完毕后施工负责人应进行回检验收,发现不符合标准的处所应进行整正。达到作业验收标准后,将机具清理到限界以外,放置稳固。 (7)撤除防护:确认线路达到放行列车条件,人员,工、机、量具,材料撤出限界以外后,撤除防护	40	(1)作业准备: ①料具不全,少一件扣 5 分。 ②未校扣 2 分,未检查扣 5 分。 ③未测轨温扣 4 分。 ④未在天窗点内作业或未按规定设置现场防护,扣 41 分。 (2)未按“隔二松一”,一套扣 2 分,去锈、去污不净,一条扣 1 分,用手除污物扣 5 分。 (3)涂油不均、安错、未戴帽、未换一套扣 1 分。 (4)紧前未确认、未测量,一处扣 2 分。 (5)未修、未处理,一个扣 1 分。 (6)未回检整修扣 5 分。 (7)人员,工、机、量具,材料遗留现场,扣 41 分,未清点扣 5 分,未按规定撤除扣 5 分		

续上表

序号	考核内容	考核要点	配分	评分标准	扣分	得分
3	作业质量	(1)扣件应保持齐全,位置正确,作用良好。 (2)轨枕面上,螺旋道钉、扣件去垢除锈彻底,螺旋道钉油润良好。 (3)轨距挡板前、后离缝力争达到 0 mm,大于 2 mm 者不超过 8%。 (4)扣板(弹片)扣件、弹条扣件扭矩均应符合《高速铁路线路维修规则》规定	40	(1)缺少、不正,一套扣 2 分。 (2)油润不良,一套扣 1 分。 (3)离缝,一块扣 1 分;超过 8%,一个扣 1 分。 (4)扭矩不符合规定,一个扣 1 分		
4	作业安全	(1)按规定穿戴劳保用品。 (2)不磕碰手脚。 (3)工机具、量具均贴加反光标记	10	(1)不按规定穿戴劳保用品扣 3 分。 (2)磕碰手脚时,扣 5 分。 (3)未贴加反光标记,每件扣 2 分		
5	作业时间	在规定的时间内完成作业内容		规定时间内全部完成,不加分。每超时 1 min,从总分中扣 2 分,总超时 5 min 停止作业		
合计			100			

考评员签字：　　　　　　　　　　认定人签字：　　　　　　　　　　年　　月　　日

S2　接头螺栓涂油

一、考场准备

六孔夹板接头普通线路一段,包含接头若干;夜间考场内要有充足的照明。

二、材料工具准备

1. 材料准备:接头螺栓 2 个、棉纱适量、油脂 1 桶、小油桶 1 个。
2. 工、量、刃、卡具准备。

序　号	名　称	规　格	精　度	数　量	备　注
1	扁油刷	150 mm		1 把	需贴加反光标记
2	扭矩扳手	ϕ24 mm		1 把	需贴加反光标记
3	加力套管			1 根	需贴加反光标记
4	钢丝刷			1 把	需贴加反光标记
5	T 形扳手			1 把	需贴加反光标记
6	轨温计			1 个	需贴加反光标记

三、考核要求

1. 考生按规定穿戴、配备劳动保护用品,夜间戴照明头灯。
2. 材料、工器具准备合理。

3. 螺栓松开分离,清污、除锈。
4. 螺栓涂油均匀,安装螺栓齐全,穿入夹板位置、方向正确。
5. 上螺栓扭矩应达到《高速铁路线路维修规则》规定。
6. 计时从考生得到允许作业的命令之时开始,到考生汇报作业完毕之时结束。
7. 规定时间内全部完成,不加分。每超时 1 min,从总分中扣 2 分,总超时 5 min 停止作业。
8. 作业完毕,按规定清理现场。

四、考核评分

1. 考评人员 3 名及以上。
2. 评分程序及规则:考评员根据考生操作情况对照计分标准在评分表上给予记录评分。
3. 评分方法:采用百分制,满分 100 分,60 分及以上为及格。

五、铁道行业职业技能认定高速铁路线路工初级工实作技能考核评分记录表

单位:________ 姓名:________ 性别:________ 准考证号:________ 工种:________ 级别:________

试题名称:接头螺栓涂油

考核时间:30 min

操作开始时间:　　时　　分　　　　操作结束时间:　　时　　分

序号	考核内容	考核要点	配分	评分标准	扣分	得分
1	工具使用及维护	(1)根据需要一次带够所有工具。 (2)正确使用各种工具	10	(1)使用工具不正确,扣 5 分。 (2)工具损坏,扣 5 分		
2	作业程序	(1)作业准备: ①工具:扁油刷、扭矩扳手、加力套管、T 形扳手、钢丝刷、接头螺栓、长效油脂、刷子、小油桶、轨温计。 ②检查机具:工具良好齐全,油料充足。 ③到达作业地点后首先测量轨温,确认是否符合作业,做到超温不作业。 ④在天窗点内作业按规定设置现场防护,方可上道作业。 (2)卸扣件。 (3)检查、除锈。 (4)卸螺栓的顺序。 (5)涂油。 (6)上螺栓。 (7)回检、清理机具:作业完毕后施工负责人应进行回检验收,发现不符合标准的处所应进行整正。达到作业验收标准后,将机具清理到限界以外,放置稳固。 (8)撤除防护:确认线路达到放行列车条件,人员、工机、量具、材料撤出限界以外后,撤除防护	40	(1)作业准备: ①料具不全,少一件扣 5 分。 ②未检查扣 5 分。 ③未测轨温扣 4 分。 ④未在天窗点内作业或未按规定设置现场防护,扣 41 分。 (2)不卸接头扣件各扣 5 分。 (3)不检查、不除锈扣 10 分。 (4)卸螺栓的顺序不正确扣 5 分。 (5)螺栓杆不涂油或螺丝扣涂油不全面各扣 5 分。 (6)上螺栓后,扭矩不够扣 10 分。 (7)未回检整修扣 5 分。 (8)人员、工机具、材料遗留现场扣 41 分,未清点扣 5 分,未按规定撤除扣 5 分		

续上表

序号	考核内容	考核要点	配分	评分标准	扣分	得分
3	作业质量	(1)配件使用。 (2)涂油质量	40	(1)高强度螺栓和普通螺栓混合使用时,每个扣5分;螺栓垫圈、扣件损坏不更换扣5分。 (2)夹板、螺栓丝扣涂油不均或有浪费油时,每块(个)扣5分		
4	作业安全	(1)按规定穿戴防护服装。 (2)及时下道避车。 (3)无磕碰。 (4)工机具、量具均贴加反光标记	10	(1)不按规定穿戴防护服装扣3分。 (2)来车时未及时下道,每次扣5分。 (3)发生磕碰,扣5分。 (4)未贴加反光标记,每件扣2分		
5	作业时间	在规定的时间内完成作业内容		规定时间内全部完成,不加分。每超时1 min,从总分中扣2分,总超时5 min停止作业		
合计			100			

考评员签字: 认定人签字: 年 月 日

S3 混凝土枕垫板作业

一、考场准备

混凝土枕线路一段(不少于25 m)。

二、材料工具准备

1. 材料准备:各种规格垫片若干;大小胶垫若干;各种规格联结零件若干。
2. 工、量、刃、卡具准备。

序 号	名 称	规 格	精 度	数 量	备 注
1	电子道尺			1把	需贴加反光标记
2	T形扳手			4把	需贴加反光标记
3	扭矩扳手			2把	需贴加反光标记
4	起道机			1台	需贴加反光标记
5	扁铲			2把	需贴加反光标记
6	弦线	20 m		1盒	需贴加反光标记
7	直尺	150 mm		1把	需贴加反光标记

续上表

序　　号	名　　称	规　　格	精　　度	数　　量	备　　注
8	轨温计			1个	需贴加反光标记
9	石笔			2支	

三、考核要求

1. 考生按要求穿戴、配备劳动保护用品，夜间戴照明头灯。

2. 材料、工器具准备合理。

3. 按规定松卸扣件，起道后将轨下胶垫用小扁铲铲下。

4. 更换损坏胶垫、选用不同规格的胶垫垫入轨下，使其符合安装要求。

5. 顺坡长度、紧螺栓扭矩达到《高速铁路线路维修规则》规定。

6. 计时从考生得到允许作业的命令之时开始，到考生汇报作业完毕之时结束。

7. 规定时间内全部完成，不加分。每超时 1 min，从总分中扣 2 分，总超时 5 min 停止作业。

8. 作业完毕，按规定清理现场。

四、考核评分

1. 考评人员 3 名及以上。

2. 评分程序及规则：考评员根据考生操作情况对照计分标准在评分表上给予记录评分。

3. 评分方法：采用百分制，满分 100 分，60 分及以上为及格。

五、铁道行业职业技能认定高速铁路线路工初级工实作技能考核评分记录表

单位：________　姓名：________　性别：________　准考证号：________　工种：________　级别：________

试题名称：混凝土枕垫板作业

考核时间：60 min

操作开始时间：　　时　　分　　　　　　　　操作结束时间：　　时　　分

序号	考核内容	考核要点	配分	评分标准	扣分	得分
1	工具使用及维护	(1)根据需要一次带够所有工具。 (2)正确使用工具	10	(1)工具不全，少一件扣5分。 (2)工具使用不当，每次扣2分		
2	作业程序	(1)作业准备： ①工具：电子道尺、T形扳手、扭矩扳手、起道机、扁铲、弦线、钢板尺、轨温计、石笔、垫板联结零件按通知单清点。 ②校对量具：对道尺进行校对，检查内燃扳手、液压起道机性能是否完好。	10	(1)作业准备： ①料具不全，少一件扣5分。 ②未校对扣 2 分，未检查扣 5 分。		

续上表

序号	考核内容	考核要点	配分	评分标准	扣分	得分
2	作业程序	③到达作业地点后首先测量轨温，确认是否符合作业轨温条件，做到超温不作业，并严格执行作业前、作业中、作业后测量轨温制度。 ④在天窗点内作业按规定设置现场防护，方可上道作业。 (2)调查划撬。 选择基准股：直线地段单线以顺里程方向左股，双线以列车运行方向左股或高低相对较好的一股(临时补修作业时)为标准股；曲线地段水平以下股为标准股。先俯身于基准股看股头下颚纵向水平线，找出高低超限所在位置(需要时用弦线测量)，再用道尺测量两股钢轨的水平，找出高低、水平和三角坑超限位置；同时查看空吊板。准确划好每撬的撬头、撬尾标记、垫高量，采用目视估测和弦测每根轨枕的钢轨高低值，确定垫板的厚度及数量：基准股实际垫高量＝高低值＋轨枕空吊板量。另一股的垫高量，根据水平进行调整，并用石笔将垫板的厚度写在轨枕上。 (3)分发垫板：根据垫板处所的长度、厚度分发垫板。 (4)松扣件：用内燃扳手或T形扳手松开扣件螺栓，为保证无缝线路稳定，每次松开扣件长度不得超过《高速铁路工务安全规则(试行)》规定。 (5)起道：起道机手扒好起道机窝，放入起道机根据超限量值抬起钢轨，起道时注意放平起道机，位置合适，不得放在铝热焊缝和绝缘接头处，起道高度以能放入垫板为宜。 (6)垫板：插垫板时用小铲铲松胶垫，将垫板插入轨底与大胶垫之间，垫板插入后，大胶垫与和垫板位置正确。曲线地段应先垫上股后垫下股。插入垫板时，不得再抬动钢轨，并严禁将手伸入轨底与轨枕之间，以免挤伤手脚。 (7)松起道机：插入垫板完毕，起道机手应左右观看，并通知作业人员手脚离开钢轨，然后松起道机，落下钢轨。 (8)拧紧扣件：在钢轨落下后，用道尺测量水平、轨距，达到技术要求后，整理扣件(失效扣件应更换)，立即拧紧扣件。轨距小时，先紧里口，轨距大时，先紧外口。 (9)整理道床：将扒开的起道机窝整平。 (10)自检：按作业标准自检，发现不符合作业标准处所进行整治。 (11)撤除防护：确认线路达到放行列车条件，人员、工机、量具、材料撤出限界以外后，撤除防护	40	③未测轨温，一次扣4分。 ④未在天窗点内作业或未按规定设置现场防护，扣41分。 (2)调查划撬：基准股选择错误扣2分，超限位置不准扣2分，漏划、错划一处扣2分，垫高量不准确扣5分。 (3)垫板分发不正确，每块扣2分。 (4)超范围松扣件扣2分。 (5)抬道过高扣5分，位置错误一处扣2分。 (6)垫板歪斜，每块扣2分，碰伤手脚扣5分。 (7)松起道机未观察、未通知作业人员，一次扣5分。 (8)未测轨距扣2分，拧紧顺序不对扣2分。 (9)未整理扣2分。 (10)未自检扣2分。 (11)人员，工、机、量具，材料遗留现场扣41分，未清点扣5分，未按规定撤除扣5分		

续上表

序号	考核内容	考核要点	配分	评分标准	扣分	得分
3	作业质量	(1)线路高低、水平、三角坑偏差满足《高速铁路线路维修规则》中线路轨道静态几何尺寸容许偏差管理值作业验收的规定。 (2)扣板(弹片)扣件扭矩应达到80～140 N·m;弹条扣件的弹条中部前端下颚应靠贴轨距挡板(离缝不大于1 mm)或扭力矩应达到80～150 N·m。 (3)混凝土枕垫板位置正确,无偏斜、无串动;一般情况下,每处垫板不得超过2块,总厚度不得超过10 mm	40	(1)超一处扣4分,超保养值一处扣10分。 (2)扭矩不符合要求,一处扣4分,离缝大于1 mm,每套扣1分。 (3)不符合要求,一块扣1分,总厚度超过要求或垫板数量每超一块扣2分		
4	作业安全	(1)作业中不碰手、碰脚。 (2)按规定设置撤除防护。 (3)工、机、量具均贴加反光标记	10	(1)发生碰手、碰脚,扣5分。 (2)未设置或撤除防护扣5分。 (3)未贴加反光标记,每件扣5分		
5	作业时间	在规定的时间内完成作业内容		规定时间内全部完成,不加分。每超时1 min,从总分中扣2分,总超时5 min停止作业		
合计			100			

考评员签字: 认定人签字: 年 月 日

S4 螺旋道钉锚固

一、考场准备

需对原混凝土枕螺栓进行重锚的轨枕1根,在有行车线路上作业时按规定设置防护;夜间考场内要有充足的照明。

二、材料工具准备

1. 材料准备:配制好的硫磺锚固料5 kg左右,螺旋道钉2套。

2. 工、量、刃、卡具准备。

序 号	名 称	规 格	精 度	数 量	备 注
1	小铁锅			1口	
2	铁勺			1把	
3	T形扳手			1把	
4	活口扳手			1把	
5	锚固架			1个	
6	铁铲			1把	
7	防护口罩			1个	

三、考核要求

1. 考生按要求穿戴、配备劳动保护用品，夜间戴照明头灯。
2. 材料、工器具准备合理。
3. 螺旋道钉应符合《高速铁路线路维修规则》规定。
4. 计时从考生得到允许作业的命令之时开始，到考生汇报作业完毕之时结束。
5. 规定时间内全部完成，不加分。每超时 1 min，从总分中扣 2 分，总超时 5 min 停止作业。
6. 作业完毕，按规定清理现场。

四、考核评分

1. 考评人员 3 名以上。
2. 评分程序及规则：考评员根据考生操作情况对照计分标准在评分表上给予记录评分。
3. 评分方法：采用百分制，满分 100 分，60 分及以上为及格。

五、铁道行业职业技能认定高速铁路线路工初级工实作技能考核评分记录表

单位：________ 姓名：________ 性别：________ 准考证号：________ 工种：________ 级别：________

试题名称：螺旋道钉锚固

考核时间：60 min

操作开始时间：　　时　　分　　　　操作结束时间：　　时　　分

序号	考核内容	考核要点	配分	评分标准	扣分	得分
1	工具使用	正确使用各种工具	10	使用不当，每次扣 5 分；损坏，扣 10 分		
2	作业程序	(1)清孔：要恢复原有的喇叭形。 (2)堵孔：用粗砂将孔底封死并捣实，净留孔深不得少于 160 mm。 (3)安设锚固架：将锚固架安放在钉孔顶面，左右对正，以控制螺纹道钉位置。 (4)灌孔：将硫磺熔融物均匀的注入钉孔，浆液距钉孔顶面 10 mm 左右即止。 (5)插钉：手持螺旋道钉，顺着锚固架的钉孔中心，左右旋转慢慢垂直插入，使其方盘落在锚固架上，钉杆一侧紧靠锚固架的半圆周壁，待硫磺熔融物凝固后撤除锚固架。 (6)修理钉孔面：用平铲铲除溢出孔外的硫磺熔融物，使台面平整洁净，并将铲下的碎片收拾好，以备回锅再用	40	(1)未恢复原有的喇叭形扣 5 分。 (2)净留孔深不够扣 5 分。 (3)锚固架安设不正确扣 5 分。 (4)钉孔不宜太满；否则扣 5 分。 (5)插钉方法不正确扣 5 分。 (6)钉孔面铲除不干净，扣 2 分。 以上每漏一步扣 10 分		
3	作业质量	(1)两螺栓中心距离为 214 mm，误差不大于 ±1 mm。 (2)螺旋道钉垂直插入：螺旋道钉方(圆)盘底距承轨槽面，使用扣板扣件的为 5～8 mm，使用弹条扣件的为 0～2 mm。 (3)锚固后砂浆饱满，无凹下积水现象，并把溢出砂浆清理干净	40	(1)误差大于±1 mm 扣 2 分。 (2)有俯、仰、歪、斜时每个扣 5 分；高度如不符合要求，每个扣 3 分。 (3)有积水坑，每处扣 2 分；溢出砂浆未铲除干净，每处扣 2 分		

续上表

序号	考核内容	考核要点	配分	评分标准	扣分	得分
4	作业安全	(1)人身安全。 (2)作业安全	10	(1)未戴好防护用品的，每次扣5分。 (2)来车时，未按规定距离携带工具及时下道，每次扣3分；有磕碰扣5分		
5	作业时间	在规定的时间内完成作业内容		规定时间内全部完成，不加分。每超时1 min，从总分中扣2分，总超时5 min停止作业		
合计			100			

考评员签字：　　　　认定人签字：　　　　年　月　日

S5 道镐捣固

一、考场准备

有砟轨道混凝土枕线路，起道、扒开的道床达到标准的线路一段，在有行车线路上作业设好防护(4人一组同时考试)。

二、材料工具准备

序　号	名　称	规　格	精　度	数　量	备　注
1	起道机			1台	需贴加反光标记
2	扒镐			2把	需贴加反光标记
3	道镐			2把	需贴加反光标记
4	叉子			2把	需贴加反光标记
5	道钉锤			2把	需贴加反光标记
6	电子道尺			1把	需贴加反光标记

三、考核要求

1. 考生按要求穿戴、配备劳动保护用品，夜间戴照明头灯。
2. 材料、工器具准备合理。
3. 捣固时应站位正确，姿势标准，落镐位置正确。
4. 排镐顺序正确，并根据实际情况合理设定镐数。
5. 捣固质量应符合《高速铁路线路维修规则》规定。
6. 计时从考生得到允许作业的命令之时开始，到考生汇报作业完毕之时结束。
7. 规定时间内全部完成，不加分。每超时1 min，从总分中扣2分，总超时5 min停止作业。
8. 作业完毕，按规定清理现场。

四、考核评分

1. 考评人员 3 名及以上。
2. 评分程序及规则：考评员根据考生操作情况对照计分标准在评分表上给予记录评分。
3. 评分方法：采用百分制，满分 100 分，60 分及以上为及格。

五、铁道行业职业技能认定高速铁路线路工初级工实作技能考核评分记录表

单位：________　姓名：________　性别：________　准考证号：________　工种：________　级别：________

试题名称：道镐捣固

考核时间：60 min

操作开始时间：　　时　　分　　　　　　　　　　操作结束时间：　　时　　分

序号	考核内容	考核要点	配分	评分标准	扣分	得分
1	工具设备使用及维护	机具、工具齐全，使用无损坏、无丢失	10	工具准备不齐全，扣 5 分；损坏工具或丢失，一件扣 5 分		
2	作业程序	(1)防护设置：按要求设置好防护后上道。 (2)站脚位置：捣固者前脚不得伸出轨枕边缘，距钢轨中心约 400 mm，呈 5°角，后脚站在轨枕盒内，距前脚 250 mm 左右，呈八字形。 (3)举镐：举镐时身体直立，挺胸抬头，目视前方，中心放在后腿上。 (4)落镐姿势：落镐时，从身体向前倾 15°角时，开始用力打镐，身体中心转移至前脚，目视落镐点。落镐后，镐把与一面成 40°～50°角。第一排镐距轨枕边缘 10～20 mm，落镐角度稍大；第二排镐距轨枕底底面边缘 20～30 mm 落镐角度略小。 (5)排镐顺序：先由钢轨中心向两侧，再由两侧向轨底排镐。 (6)打镐数量：起道量小于 5 mm 时打 16 镐；6～15 mm 时打 18 镐；15～20 mm 时打 20 镐；大于 20 mm 时打 22 镐。坑头、坑尾、小腰处适当减镐，坑底、接头处适当加镐。 (7)质量回检：检查捣固质量。 (8)撤除防护：施工负责人确认线路达到放行列车条件，人员、工机、量具撤出限界以外后，撤除防护	40	(1)未设置好防护上道，扣 10 分。 (2)站脚位置动作不规范，扣 2 分。 (3)举镐姿势不规范，扣 2 分。 (4)落镐姿势不规范，扣 2 分。 (5)排镐顺序不规范，扣 2 分。 (6)打镐数量不符合要求，扣 2 分。 (7)未回检扣 2 分。 (8)人员，工、机、量具遗留现场扣 41 分，未清点扣 5 分，未按规定撤除扣 5 分		
3	作业质量	(1)捣固范围符合要求：自钢轨中心至两侧距离为 400～500 mm。 (2)捣固质量：钢轨与胶垫之间的空隙不超过 2 mm	40	(1)捣固范围不够扣 5 分。 (2)打伤轨枕、扣件、导线等每处扣 10 分；空隙不符合要求扣 10 分		

续上表

序号	考核内容	考核要点	配分	评分标准	扣分	得分
4	作业安全	(1)按规定穿戴劳保用品。 (2)注意石砟飞溅伤人。 (3)不磕碰手脚。 (4)工、机、量具均贴加反光标记	10	(1)不按规定穿戴劳保用品扣5分。 (2)未注意石砟飞溅伤人,扣5分。 (3)磕碰手脚,扣5分。 (4)未贴加反光标记,每件扣5分		
5	作业时间	在规定的时间内完成作业内容		规定时间内全部完成,不加分。每超时1 min,从总分中扣2分,总超时5 min停止作业		
合计			100			

考评员签字:　　　　认定人签字:　　　　年　月　日

S6　道床外观整治

一、考场准备

50 m有砟线路一段;夜间考场内要有充足的照明。

二、材料工具准备

序　号	名　称	规　格	精　度	数　量	备　注
1	大拉耙			2把	需贴加反光标记
2	铁筛子			2把	需贴加反光标记
3	四齿耙			2把	需贴加反光标记
4	九齿叉			2把	需贴加反光标记
5	扫把			1把	需贴加反光标记
6	照明设备			1套	需贴加反光标记
7	防护备品			1套	需贴加反光标记

三、考核要求

1. 考生按要求穿戴、配备劳动保护用品,夜间戴照明头灯。
2. 材料、工器具准备合理。
3. 道床外观整理时方法正确,动作熟练,效果良好。
4. 外观整理后应符合《高速铁路线路维修规则》规定。
5. 计时从考生得到允许作业的命令之时开始,到考生汇报作业完毕之时结束。
6. 规定时间内全部完成,不加分。每超时1 min,从总分中扣2分,总超时5 min停止作业。
7. 作业完毕,按规定清理现场。

四、考核评分

1. 考评人员3名以上。
2. 评分程序及规则:考评员根据考生操作情况对照计分标准在评分表上给予记录评分。
3. 评分方法:采用百分制,满分100分,60分及以上为及格。

五、铁道行业职业技能认定高速铁路线路工初级工实作技能考核评分记录表

单位:________ 姓名:________ 性别:________ 准考证号:________ 工种:________ 级别:________

试题名称:道床外观整理

考核时间:30 min

操作开始时间: 时 分 操作结束时间: 时 分

序号	考核内容	考核要点	配分	评分标准	扣分	得分
1	工具设备使用及维护	(1)工具使用无损坏、无丢失。 (2)正确使用各种工具	10	(1)工具准备齐全,否则扣5分;使用的工具状态不良扣5分。 (2)未正确使用工具扣5分		
2	作业程序	(1)作业准备: ①工具:大拉耙、铁筛子、四齿耙、九齿叉、扫把、照明设备、防护备品等。 ②检查工具:齐全良好。 ③在天窗点内作业按规定设置现场防护,方可上道作业。 (2)均匀道砟:先补充道心石砟,再对挡砟墙和两线间石砟进行均匀(原则上道心缺砟从两线间或者边坡底、挡砟墙内龟背处取砟,两线间石砟不够时,可以从挡砟墙或者前后匀砟)。道心补砟标准:轨枕盒内石砟饱满,轨枕的平直段石砟须低于轨枕面20~30 mm;边坡、挡砟墙和两线间均砟标准:整体均匀、前后衔接平顺。 (3)整理挡砟墙:先对挡砟墙一侧轨枕盒缺少的石砟进行补充,轨枕盒内石砟低于轨枕面20~30 mm。在距轨枕500 mm处,挡砟墙侧石砟整体呈一高度进行整理,轨枕面、扣件、轨面及轨底面不得有石砟。 (4)整理道心:按石砟面低于轨枕面20~30 mm的标准全面进行整理,整理后轨枕面、扣件上、轨底面、轨面均不得有石砟。 (5)整理两线间、边坡:先对边坡、两线间一侧轨枕盒缺少的石砟进行补充,再对两线间外观进行整理。直线地段以两线间平整为标准,遇饱满地段两线间石砟可成龟背状;遇缺砟地段,中间可挖槽成一定坡度;曲线地段从下股往上股呈一定坡度平顺整理。 (6)整理硬化路肩(步行板):对硬化路肩(步行板)上的散乱石砟和杂草进行清理。 (7)回检:道床整体均匀、饱满、无杂草、钢轨扣件及轨枕面上无散乱石砟,对个别未达标的外观进行重新整理。 (8)撤除防护:施工负责人确认线路达到放行列车条件,人员,工、机、量具撤出限界以外后,撤除防护	40	(1)作业准备: ①料具不全,少一件扣5分。 ②未检查扣5分。 ③未在天窗点内作业或未按规定设置现场防护,扣41分。 (2)轨枕盒内石砟不饱满扣5分;边坡、挡砟墙和两线间前后衔接不平顺扣5分。 (3)轨枕盒内石砟不符合规定扣5分;轨枕面、扣件、轨面及轨底面有石砟扣5分。 (4)轨枕盒内石砟不符合规定扣5分;轨枕面、扣件、轨面及轨底面有石砟扣5分。 (5)不符合标准扣5分。 (6)未清理乱石和杂草扣5分。 (7)未回检扣5分。 (8)人员,工、机、量具遗留现场扣41分,未清点扣5分,未按规定撤除扣5分		

续上表

序号	考核内容	考核要点	配分	评分标准	扣分	得分
3	作业质量	(1)道床整体均匀、饱满、无杂草。 (2)钢轨扣件及轨枕面上无散乱石砟	40	(1)道床整体不均匀、不饱满扣5分;有杂草扣5分。 (2)钢轨扣件及轨枕面上有散乱石砟扣5分		
4	作业安全	(1)规定穿戴劳保用品。 (2)磕碰手脚。 (3)工、机、量具均贴加反光标记	10	(1)未按规定穿戴劳保用品,扣5分。 (2)磕碰手脚,扣5分。 (3)未贴加反光标记,每件扣5分		
5	作业时间	在规定的时间内完成作业内容		规定时间内全部完成,不加分。每超时1 min,从总分中扣2分,总超时5 min停止作业		
合计			100			

考评员签字:　　　　　　　　　　认定人签字:　　　　　　　　　　年　　月　　日

S7　有砟线路改道作业

一、考场准备

有待改道的线路一段;夜间考场内要有充足的照明。

二、材料工具准备

1. 材料准备:弹条、胶垫、轨距块、石笔、油漆、排笔若干。
2. 工、量、刃、卡具准备。

序　号	名　称	规　格	精　度	数　量	备　注
1	改道工具			1套	需贴加反光标记
2	T形扳手			2把	需贴加反光标记
3	起拨器			1台	需贴加反光标记
4	电子道尺			1把	需贴加反光标记
5	弦线			1盒	需贴加反光标记
6	照明设备			1套	需贴加反光标记
7	防护备品			1套	需贴加反光标记
8	轨温计			1个	需贴加反光标记

三、考核要求

1. 考生按要求穿戴、配备劳动保护用品,夜间戴照明头灯。
2. 材料、工器具准备合理。
3. 调查划撬准确无误。

4. 正确使用轨距块调整轨距。

5. 拧紧螺栓使扭矩符合《高速铁路线路维修规则》规定。

6. 计时从考生得到允许作业的命令之时开始，到考生汇报作业完毕之时结束。

7. 规定时间内全部完成，不加分。每超时 1 min，从总分中扣 2 分，总超时 5 min 停止作业。

8. 作业完毕，按规定清理现场。

四、考核评分

1. 考评人员 3 名以上。

2. 评分程序及规则：考评员根据考生操作情况对照计分标准在评分表上给予记录评分。

3. 评分方法：采用百分制，满分 100 分，60 分及以上为及格。

五、铁道行业职业技能认定高速铁路线路工初级工实作技能考核评分记录表

单位：________　姓名：________　性别：________　准考证号：________　工种：________　级别：________

试题名称：有砟线路改道作业

考核时间：30 min

操作开始时间：　　时　　分　　　　　　　　操作结束时间：　　时　　分

序号	考核内容	考核要点	配分	评分标准	扣分	得分
1	工具使用	正确使用各种工具	10	工具损坏，一件扣 5 分		
2	作业程序	(1)作业准备： ①工具：改道工具、起拨器、电子道尺、弦线 1 盒、弹条、胶垫、轨距块、石笔、油漆、排笔、照明设备、防护备品 1 套。 ②检查校对量机具：改道前对量具进行校正。检查机具是否良好。 ③测量轨温，确认是否符合作业轨温条件。 ④在天窗点内作业按规定设置现场防护，方可上道作业。 (2)调查划撬：对作业地点及前后的线路进行检查，对检查出轨距不良地段用弦线复核，直线以轨向较好的一股为基准股，曲线结合正矢确定基准股，根据轨距确定整治方案。 (3)拆卸扣件：使用改道工具拆卸扣件、轨距块，一次连续拆卸扣件不得超过 6 根轨枕，将拆卸下来的扣件及轨距块放在轨枕面上，同步对窜动的胶垫进行更换、整正。 (4)调整轨距：先利用弦线对基准股进行改道，再利用电子道尺结合轨距改正另外一股。使用专用工具拨动钢轨，放入合适的轨距块，将轨距调整到位，严禁敲击钢轨；同步安装扣件。 (5)回检：对作业地点的轨距复核，确保轨距容许误差 200～250 km/h 线路验收在±2 mm 以内；轨距变化率验收不得大于 1/1 500；曲线地段正矢差控制在 2 mm 以内。 (6)撤除防护：施工负责人确认线路达到放行列车条件，人员、工机、量具、材料撤出限界以外后，撤除防护	40	(1)作业准备： ①少一件，扣 5 分。 ②未校对扣 2 分，未检查扣 5 分。 ③判断是否超温；若超温作业，扣 10 分。 ④未在天窗点内作业或未按规定设置现场防护，扣 41 分。 (2)调查划撬：划撬不准，一根扣 2 分。 (3)超过 6 根轨枕扣 5 分；扣件及轨距块未放轨枕面上扣 5 分；窜动的胶垫未整正扣 5 分。 (4)敲击钢轨扣 10 分。 (5)标准不符合要求各扣 5 分。 (6)人员，工、机、量具，材料遗留现场扣 41 分，未清点扣 5 分，未按规定撤除防护扣 5 分		

续上表

序号	考核内容	考核要点	配分	评分标准	扣分	得分
3	作业质量	(1)对作业地点的轨距复核,确保轨距容许误差200～250 km/h线路验收在±2 mm以内。 (2)200～250 km/h线路轨距变化率验收不得大于1/1 500。 (3)曲线地段正矢差控制在2 mm以内。 (4)外观达标,用油漆做好记名修,并做好记录	40	(1)超出验收标准扣5分。 (2)不符合标准每处扣5分。 (3)不符合标准每处扣5分。 (4)未做记录扣5分		
4	作业安全	(1)按规定穿戴劳保用品。 (2)不磕碰手脚。 (3)工、机、量具均贴加反光标记	10	(1)未按规定穿戴劳保用品扣5分。 (2)磕碰手脚,扣5分。 (3)未贴加反光标记,每件扣5分		
5	作业时间	在规定的时间内完成作业内容		规定时间内全部完成,不加分。每超时1 min,从总分中扣2分,总超时5 min停止作业		
合计			100			

考评员签字： 认定人签字： 年 月 日

S8 道岔弹性夹安装作业

一、考场准备

可动心轨道岔1组;夜间考场内要有充足的照明。

二、材料工具准备

1. 材料准备:弹性夹2个、石笔等。
2. 工、量、刃、卡具准备。

序 号	名 称	规 格	精 度	数 量	备 注
1	电子道尺			1把	需贴加反光标记
2	专用小撬棍			2把	需贴加反光标记
3	小铜锤			1把	需贴加反光标记
4	轨温计			1个	需贴加反光标记

三、考核要求

1. 考生按要求穿戴、配备劳动保护用品,夜间戴照明头灯。
2. 材料、工器具准备合理。
3. 弹性夹的折卸方法正确。
4. 弹性夹的安装完毕恢复弹性夹状态,符合《高速铁路线路维修规则》规定。
5. 计时从考生得到允许作业的命令之时开始,到考生汇报作业完毕之时结束。

6. 规定时间内全部完成，不加分。每超时 1 min，从总分中扣 2 分，总超时 5 min 停止作业。

7. 作业完毕，按规定清理现场。

四、考核评分

1. 考评人员 3 名以上。
2. 评分程序及规则：考评员根据考生操作情况对照计分标准在评分表上给予记录评分。
3. 评分方法：采用百分制，满分 100 分，60 分及以上为及格。

五、铁道行业职业技能认定高速铁路线路工初级工实作技能考核评分记录表

单位：________ 姓名：________ 性别：________ 准考证号：________ 工种：________ 级别：________

试题名称：道岔弹性夹安装作业

考核时间：20 min

操作开始时间：　　时　　分　　　　　　　　操作结束时间：　　时　　分

序号	考核内容	考核要点	配分	评分标准	扣分	得分
1	工具使用及维护	(1)工具使用无损坏、无丢失。 (2)正确使用各种工具	10	(1)工具准备齐全，否则扣 5 分；使用的工具状态不良扣 5 分。 (2)未正确使用工具扣 5 分		
2	作业程序	(1)作业准备： ①工具：电子道尺、专用小撬棍、小铜锤、轨温计、弹性夹、石笔。 ②检查机具：对电子道尺校准，检查工具是否良好。 ③测量轨温，确认是否符合作业轨温条件。 ④在天窗点内作业按规定设置现场防护，方可上道作业。 (2)弹性夹的拆卸：将弹性夹的拆卸边，插入滑床台板的安装口，扳动安装工具，即可将弹性夹撬开，另一侧重复同样动作，可使弹性夹处于放松状态。 (3)弹性夹的安装： ①用手将弹性夹成一定角度，从滑床台板开口上方放入。 ②按下弹性夹跟端并推入，确保弹夹跟端位于台板止退凸台前面。 ③将安装工具的一边插入一边的安装口。 ④用安装工具的水平面拉起弹性夹的一个跟端，并扳动安装工具，在另一人用小撬棍的配合下，使弹性夹的跟端置于安装台上。 ⑤将安装工具放在相对的另一边开口处，抬起处于预备位置状态的弹性夹跟端，将安装工具下压，使弹性夹外移至凸台根部。另一侧的安装重复步骤③、④即可。 ⑥用安装工具的头部放在弹性夹中间，将弹性夹向里推，确保弹性夹处于正确的位置，作用良好。 ⑦回检：弹性夹位置正确无损坏。 ⑧撤除防护：施工负责人确认线路达到放行列车条件，人员、工机、量具撤出限界以外后，撤除防护	40	(1)作业准备： ①料具不全，少一件扣 5 分。 ②未校对扣 2 分，未检查扣 5 分。 ③未测轨温扣 4 分。 ④未在天窗点内作业或未按规定设置现场防护，扣 41 分。 (2)弹性夹的拆卸：未及时取出扣 20 分。 (3)弹性夹的安装： ①不能正确放入扣 2 分。 ②未推入扣 5 分。 ③插入不正确扣 2 分。 ④弹性夹的跟端未拉起置于安装台扣 2 分。 ⑤另一侧的安装不能顺利进行扣 2 分。 ⑥弹性夹未推到位扣 5 分。 ⑦未回检扣 5 分。 ⑧人员，工、机、量具遗留现场扣 41 分，未清点扣 5 分，未按规定撤除防护扣 5 分		

续上表

序号	考核内容	考核要点	配分	评分标准	扣分	得分
3	作业质量	(1)弹性夹安装位置正确。 (2)弹性夹无损伤或失效。 (3)操作程序正确	40	(1)安装位置不正确,扣5分。 (2)损伤或失效未发现扣10分。 (3)操作程序错误每次扣5分		
4	作业安全	(1)设好防护并穿防护服。 (2)无不安全因素。 (3)本线或邻线来车及时下道。 (4)作业后工具放置在限界以外,零配件无遗留	10	(1)未设好防护扣5分,未穿防护服扣2分。 (2)有不安全因素(如小撬棍打滑等),每次扣10分。 (3)未及时下道扣8分。 (4)工具遗留,每件扣10分		
5	作业时间	在规定的时间内完成作业内容		规定时间内全部完成,不加分。每超时1 min,从总分中扣2分,总超时5 min停止作业		
合计			100			

考评员签字：　　　　　　　　　　认定人签字：　　　　　　　　　　年　　月　　日

S9　钢轨焊缝接头平直度检查作业

一、考场准备

需进行检查的钢轨焊缝接头1对;夜间考场内要有充足的照明。

二、材料工具准备

1. 材料准备:石笔或油漆、棉纱等。

2. 工、量、刃、卡具准备。

序　　号	名　　称	规　　格	精　　度	数　　量	备　　注
1	1 m平直尺			1把	需贴加反光标记
2	塞尺			1把	需贴加反光标记
3	记录本			1个	需贴加反光标记
4	记录笔			1个	需贴加反光标记

三、考核要求

1. 考生按要求穿戴、配备劳动保护用品,夜间戴照明头灯。

2. 材料、工器具准备合理。

3. 按规定正确检测焊缝平直度,工作面、导向面。

4. 检测标准符合《高速铁路线路维修规则》规定。

5. 计时从考生得到允许作业的命令之时开始，到考生汇报作业完毕之时结束。

6. 规定时间内全部完成，不加分。每超时 1 min，从总分中扣 2 分，总超时 5 min 停止作业。

7. 作业完毕，按规定清理现场。

四、考核评分

1. 考评人员 3 名以上。

2. 评分程序及规则：考评员根据考生操作情况对照计分标准在评分表上给予记录评分。

3. 评分方法：采用百分制，满分 100 分，60 分及以上为及格。

五、铁道行业职业技能认定高速铁路线路工初级工实作技能考核评分记录表

单位：________ 姓名：________ 性别：________ 准考证号：________ 工种：________ 级别：________

试题名称：钢轨焊缝接头平直度检查作业

考核时间：10 min

操作开始时间： 时 分 操作结束时间： 时 分

序号	考核内容	考核要点	配分	评分标准	扣分	得分
1	工具使用	(1)按通知单清点工具。 (2)工具使用无损坏	10	(1)使用时少一件扣2分。 (2)损坏扣 10 分		
2	作业程序	(1)作业准备： ①1 m 平直尺、塞尺、记录本、记录笔、石笔或油漆、棉纱等，各种工具反光标识缺少或破损，严禁上道。 ②在天窗点内作业按规定设置现场防护，方可上道作业。 (2)检查范围：焊道平面(踏面范围内)、焊道侧面(作用面范围内)检查位置是否正确。 (3)检查：对钢轨焊缝凹凸、钢轨母材轨顶面凹陷或马鞍磨耗用 1 m 直尺测量，钢轨顶面不平顺度、作用边不直度大于整治限度标准。设计速度为 350 km/h 时大于 0.2 mm，250 km/h $\geqslant v_{max}$ $>$120 km/h 线路大于 0.3 mm，$v_{max} \leqslant$120 km/h 线路大于 0.5 mm 的做好记录，并标记出差值(打磨量)。 (4)按轨号、股别、深度、长度做好记录，将需要打磨的顶面、作用边位置和深度做好标记。检查误差不得大于 0.2mm，检查出的高差位置不得大于 10 mm，不得漏记或填错记录表位置，"＋、－"号不得记反。 (5)撤除防护：施工负责人确认线路达到放行列车条件，人员、工机、量具撤出限界以外后，撤除防护	40	(1)作业准备： ①未清点扣 5 分、料具少一件扣 5 分，其他每缺一项扣 2 分。 ②未在天窗点内作业或未按规定设置现场防护，扣 41 分。 (2)检查范围：位置错误每处扣 5 分。 (3)检查：测量数据错误，每处扣 5 分。 (4)记录项目不全每处扣 2 分，"＋、－"号记反每处扣 2 分。 (5)撤除防护：人员，工、机、量具遗留现场扣 41 分，未清点扣 5 分，未按规定撤除防护扣 5 分		

续上表

序号	考核内容	考核要点	配分	评分标准	扣分	得分
3	作业质量	(1)检查标写清晰规范(用P表示平面、用C表示侧面)。 (2)病害分析:按《高速铁路线路维修规则》规定对超限处所进行圈划。 ①200 km/h平直度要求:轨顶面0~+0.3 mm/1 m;轨头内侧工作面+0.3~−0.3 mm/1m;轨底面0~+0.5 mm。 ②200(不含)~350 km/h要求:轨顶面0~+0.2 mm/1 m;轨头内侧工作面0~+0.3 mm/1 m;轨底面0~+0.5 mm	40	(1)标注不规范,每处扣2分。 (2)使用标准错误,每处扣5分		
4	作业安全	(1)设好防护并穿防护服。 (2)无不安全因素。 (3)本线或邻线来车及时下道。 (4)作业后工具放置在限界以外	10	(1)未设好防护扣5分,未穿防护服扣2分。 (2)有不安全因素,每次扣10分。 (3)未及时下道,扣8分。 (4)作业后工具放置在限界内,扣10分		
5	作业时间	在规定的时间内完成作业内容		规定时间内全部完全,不加分。每超时1 min,从总分中扣2分,总超时5 min停止作业		
合计			100			

考评员签字: 认定人签字: 年 月 日

S10 高速无缝线路钢轨折断(含焊缝)紧急处理

一、考场准备

无缝线路一段;夜间考场内要有充足的照明。

二、材料工具准备

序 号	名 称	型 号	规 格	数 量	备 注
1	接头夹板、螺栓(高强度)			2块、6套	与钢轨配套使用
2	活口扳手、套筒扳手		450 mm	各2把	
3	死扣扳手			2把	带套管
4	钢卷尺		2 m	1把	
5	臌包夹板			2块	特制,与钢轨配套使用
6	急救器			4套	与钢轨配套使用
7	响墩、火炬			8个	响墩6个、火炬2支
8	信号旗(红、黄)			4面	红2面、黄2面

续上表

序 号	名 称	型 号	规 格	数 量	备 注
9	停车牌			2个	
10	轨温计			1个	
11	减速信号旗、减速地点标			各2块	
12	断轨处理登记薄			1本	

注:所有工机具必须贴加反光标记。

三、考核要求

1. 考生按要求穿戴、配备劳动保护用品,夜间戴照明头灯。

2. 材料、工器具准备合理。

3. 根据现场轨缝(不大于 30 mm 时)确定合理的处理方案。

4. 在断缝处上夹板或臌包夹板,用急救器固定并达到规定扭矩。

5. 安装符合《高速铁路线路维修规则》规定。

6. 计时从考生得到允许作业的命令之时开始,到考生汇报作业完毕之时结束。

7. 规定时间内全部完成,不加分。每超时 1 min,从总分中扣 2 分,总超时 5 min 停止作业。

8. 作业完毕,按规定清理现场。

四、考核评分

1. 考评人员 3 名以上。

2. 评分程序及规则:考评员根据考生操作情况对照计分标准在评分表上给予记录评分。

3. 评分方法:采用百分制,满分 100 分,60 分及以上为及格。

五、铁道行业职业技能认定高速铁路线路工初级工实作技能考核评分记录表

单位:________ 姓名:________ 性别:________ 准考证号:________ 工种:________ 级别:________

试题名称:高速无缝线路钢轨折断(含焊缝)紧急处理

考核时间:60 min

操作开始时间: 时 分 操作结束时间: 时 分

序号	考核内容	考核要点	配分	评分标准	扣分	得分
1	工具设备使用及维护	工具使用正常,无损坏	10	每损坏工具一件次扣5分		
2	作业程序	(1)设置防护,测轨温。 (2)在断缝处上夹板(或臌包夹板)和急救器。 (3)拧紧扣件。	40	(1)未设置防护,未测轨温扣5分。 (2)在断缝处上好夹板或臌包夹板,用急救器固定,未固定扣5分。 (3)在断缝前后各 50 m 范围内拧紧扣件,未拧紧扣件扣5分。		

续上表

序号	考核内容	考核要点	配分	评分标准	扣分	得分
2	作业程序	(4)撤除防护,派人看守及限速开通	40	(4)撤除防护派人看守,按不超过 45 km/h 速度放行列车,且邻线限速不超过 160 km/h,未采取限速措施扣 5 分。 以上每漏一项或程序不对各扣 5 分		
3	作业质量	整理并登记有关断缝处理情况	40	(1)防护设置不当每项扣 10 分。 (2)急救器扭矩不符合规定每个扣 10 分。 (3)未派人看守,每项扣 10 分。 (4)放行列车速度不当扣 10 分。 (5)未登记断缝处理情况扣 10 分;记录不全,少一项扣 2 分		
4	作业安全	(1)按规定穿戴防护用品。 (2)作业安全	10	(1)未按规定穿戴防护用品,扣 5 分。 (2)碰伤手脚,每次扣 5 分		
5	作业时间	在规定的时间内完成作业内容		规定时间内全部完成,不加分。每超时 1 min,从总分中扣 2 分,总超时 5 min 停止作业		
合计			100			

考评员签字：　　　　认定人签字：　　　　年　月　日

第二部分　中　级　工

1. 简述轨检车(综合检测列车)各项目偏差等级划分及偏差扣分标准。

答:线路(含道岔及钢轨伸缩调节器范围)各项偏差管理值划分为四级,Ⅰ级为日常保持标准,Ⅱ级为计划维修标准,Ⅲ级为临时补修标准,Ⅳ级为限速标准。

各项目偏差扣分标准:Ⅰ级每处扣1分,Ⅱ级每处扣5分,Ⅲ级每处扣100分,Ⅳ级每处扣301分。

2. 高速铁路区段,正线作业人员避车应遵守哪些规定?

答:(1)距钢轨头部外侧不小于2 m。(2)本线来车避车:①不得在两线间避车。②垂直天窗邻线开行路用列车或V形天窗,应在本线一侧的路肩、桥梁作业通道、隧道救援通道避车。③垂直天窗邻线不开行路用列车,可在本线一侧的路肩、桥梁作业通道、隧道救援通道或邻线避车。④下道距离不小于800 m。(3)本线封锁,邻线(线间距小于6.5 m)来车时本线可不下道。

3. 简述交叉渡线的特征。

答:(1)交叉设备由四组辙叉构成。(2)菱形交叉的固定型钝角辙叉不能设置护轨。对于号码大于8号的钝角辙叉,存在未被防护的有害空间,应采用可动心轨型辙叉以保证行车安全。(3)菱形交叉的固定型钝角辙叉的查照间隔较锐角辙叉复杂,养护较为困难。(4)车轮在直角交叉上的辙叉心轨与翼轨间过渡时冲击剧烈,车辆和辙叉的配件损坏严重,因此不适于在高速行车地段使用。

4. 发现胀轨跑道时,应采取哪些措施防治?

答:(1)当线路连续出现碎弯并有胀轨迹象时,应限制列车运行速度或封锁线路,并尽快组织处理。(2)作业中出现方向、高低不良时,必须停止作业,并及时采取防胀措施。(3)发现胀轨跑道时应立即封锁线路进行处理。

5. 综合检测列车发现Ⅲ级偏差或车辆动力学指标超限处所如何处理?

答:对综合检测列车发现的Ⅲ级偏差或车辆动力学指标超限处所,应立即安排人员添乘检查,必要时上线检查,并分析原因、及时安排临时补修。

6. 高速铁路有砟轨道区段道砟面积雪厚度在多少毫米以上时,限速160 km/h及以下?

答:高速铁路有砟轨道区段道砟面积雪厚度在50 mm以上时,限速160 km/h及以下。

7. 简述调整道岔各部间隔尺寸的主要内容。

答:主要调查尖轨非工作边与基本轨工作边的最小距离、辙叉心轮缘槽宽度和护轨平直部分轮缘槽宽度;可动心轨提速道岔还需测量辙叉心咽喉尺寸、翼轨与心轨在各对应部位的距离,并将偏差值在现场做出标记。

8. 200~250 km/h线路轨道动态质量容许偏差管理值中,波长在1.5~42 m的高低Ⅰ、Ⅱ、Ⅲ、Ⅳ级偏差的标准分别是多少?

答:波长在1.5~42 m的高低Ⅰ级偏差为5 mm,Ⅱ级偏差为8 mm,Ⅲ级偏差为11 mm,Ⅳ级偏差为14 mm。

9. 制定轨道精调方案的原则是什么?

答:按照“绝对控制与相对平顺相结合、调整量最优”的原则,分析测量数据,制定轨道精调方案。

10. 简述桥上无缝线路养护维修技术要求。

答:(1)按照设计文件规定,保持扣件布置方式和拧紧程度。(2)单根抽换桥枕应在实际锁定轨温+10~−20 ℃范围内进行,作业时抬起钢轨高度不应超过60 mm。(3)成段更换、方正桥枕等需要起道作业时,应在实际锁定轨温+5~−15 ℃范围内进行。

11. 简述高速铁路无缝线路临时和永久处理插入短轨的要求。

答:无缝线路临时处理插入的短轨不得短于6 m,且不得连续插入,并应尽快焊复。永久处理焊复时插入的钢轨长度不得短于20 m。临时插入短轨的线路限速不超过160 km/h。

12. 200~250 km/h线路轨道动态质量容许偏差管理值中,三角坑(基长3 m)的Ⅰ、Ⅱ、Ⅲ、Ⅳ级偏差的标准分别是多少?

答:三角坑(基长3 m)的Ⅰ级偏差为4 mm,Ⅱ级偏差为6 mm,Ⅲ级偏差为8 mm,Ⅳ级偏差为10 mm。

13. 200~250 km/h线路有砟轨道静态几何尺寸容许偏差管理值中规定,高低作业验收、计划维修、临时补修和限速160 km/h以下的标准分别是多少?

答:高低作业验收标准为3 mm,计划维修标准为5 mm,临时补修标准为8 mm,限速160 km/h以下的标准为11 mm。

14. 简述计算和调整曲线超高作业程序和质量要求。

答:(1)计算平均速度。(2)计算设置曲线超高。(3)检算:①检算未被平衡欠超高。②检算未被平衡过超高。(4)缓和曲线超高设置。(5)算出超高未采用5的倍数。(6)顺坡坡度大于1‰。

15. 高速铁路动力稳定车在桥上作业时,有何要求?

答:在桥上进行动力稳定作业时,设备管理单位应提前确认桥梁处于良好状态,应尽可能在桥台外或桥墩处起振、停振。

16. 高速铁路道床一般清筛(清筛枕盒和边坡不洁道床作业)**,枕盒清筛深度为多少?**

答:高速铁路道床一般清筛,枕盒清筛深度为枕底向下50～100 mm。

17. 电气化铁路,在施工中使用发电机、空压机、搅拌机等机电设备时应注意哪些安全事项?

答:使用发电机、空压机、搅拌机等机电设备时,应有良好的接地装置。在可能带电部位,应有"高压危险""禁止攀登"的明显标志和防护措施。各种机械与车辆不准用水冲洗;施工用的水管不准跨越接触网,不准用射水方式进行圬工养生。

18. 高速铁路道岔尖轨相对于基本轨降低值调整量在1～2 mm时,应如何处理?

答:高速铁路道岔尖轨相对于基本轨降低值调整量在1～2 mm时,应设置两级过渡。

19. 简述波形图上的里程与现场里程用直接复核法核对的方式。

答:

直接复核法:根据轨道状态波形图、Ⅲ级或Ⅱ级及以上超限报表和编辑屏幕等检测信息资料所提供的超限病害信息直接在现场复核。

20. 高速铁路胶接绝缘接头与焊接接头间距有何要求?

答:胶接绝缘接头与焊接接头间距,正线不应小于20 m,道岔间困难条件下不应小于12 m,站线困难条件不应小于6 m,道岔按设计进行配轨。

21. 对综合检测列车发现的Ⅳ级偏差处所,或Ⅲ级偏差且车辆动力学指标超限处所应如何处理?

答:对综合检测列车发现的Ⅳ级偏差处所,或Ⅲ级偏差且车辆动力学指标超限处所应立即采取限速或封锁措施。采取限速措施时,250(不含)～350 km/h线路限速不超过200 km/h,250 km/h及以下线路限速不超过160 km/h,具体限速值依据偏差管理值确定。处理程序执行国铁集团相关规定。

对综合检测列车发现的Ⅲ级偏差或车辆动力学指标超限处所,应立即安排人员添乘检查,必要时上线检查,并分析原因、及时安排临时补修。

22. 高速铁路轨道绝缘接头应满足哪些技术要求?

答:(1)绝缘接头应符合《钢轨胶接绝缘接头》(TB/T 2975)规定。(2)钢轨端面与绝缘端板之间应密贴,间隙不应大于 1 mm。(3)绝缘接头螺栓、夹板与扣件不得接触。(4)左右两股钢轨绝缘接头应相对铺设,且绝缘接头轨缝绝缘端板距轨枕承轨台边缘不宜小于 100 mm。(5)胶接绝缘接头不宜设置在小阻力扣件地段,距桥台边墙和混凝土梁温度跨度 80 m、钢梁温度跨度 60 m 及以上的梁端不宜小于 2 m。(6)胶接绝缘接头宜采用现场胶接,胶接绝缘接头与焊接接头间距,正线不应小于 20 m,道岔间困难条件下不应小于 12 m,站线困难条件不应小于 6 m,道岔按设计进行配轨。

23. 无缝线路方正轨枕作业,轨温满足哪些条件方可作业?

答:无缝线路方正轨枕作业轨温条件,按实际锁定轨温计算:－10 ℃及以下、－10～＋10 ℃和＋10(含)～＋20 ℃时方正轨枕隔二方一;方正后捣固、恢复道床,逐根进行。＋20 ℃及以上时禁止方正轨枕作业。

24. 电气化铁路区段对人员及机具安全有何要求?

答:在电气化区段通过或使用各种车辆、机具设备不得超过机车车辆限界。除牵引供电专业人员按规定作业外,任何人员及所携带的物件、作业工器具等须与牵引供电设备高压带电部分保持 2 m 以上的距离,与回流线、架空地线、保护线保持 1 m 以上距离,距离不足时,牵引供电设备须停电。在电气化区段作业时,长轨列车必须安装屏蔽装置,轨道吊必须安装限位装置。

25. 250 km/h 客运专线有砟轨道 60 kg/m 钢轨 18 号道岔铺设对垫板安装有何要求?

答:(1)严格按照垫板的标记和施工图中的铺设位置进行安装。(2)缓冲偏心套要求,安装滑床板和平垫板。(3)根据轨距要求,调整侧股轨距和缓冲偏心套,保证轨距。(4)三孔长垫板的中间孔不安装缓冲轨距块。

26. 200 km/h ＜v＜250 km/h 高速铁路有砟轨道正线道床断面应符合哪些要求?

答:

正线有砟道床断面尺寸:①道床顶面宽度为 3.6 m,道床厚度 350 mm,边坡坡率 1∶1.75,砟肩堆高 150 mm。②道床顶面位置:轨枕中部及端部与轨枕顶面平齐,轨底处与轨枕承轨面以下 30～40 mm。道岔区岔枕顶面以下 30～40 mm。③铺设桥枕地段的道床顶面应低于轨枕承轨面 30 mm。桥梁地段砟肩至挡砟墙间、隧道地段砟肩至边墙(或高侧水沟、电缆槽壁)间应以道砟填平。④正线双线并行地段,除隧道检查井外,两线间宜采用道砟填平,填平地段两线间道床砟间不再堆高。

27. 高速铁路有砟道床的道砟材质及级配应符合哪些要求?

答:设计速度 v>200 km/h 线路,应采用特级材质、特级级配的碎石道砟,并应经水洗。设计速度 160<v≤200 km/h 仅运行客车线路,应采用特级材质、特级级配的碎石道砟,并应经水洗。如无特级砟源,应采用一级材质、特级级配加水洗工艺生产的碎石道砟。设计速度 v≤160 km/h 仅运行动车组列车线路,应采用一级材质、一级级配的道砟。客货共线铁路采用特级或一级材质、一级级配的道砟。

28. 简述成段更换钢轨的安全注意事项。

答:(1)施工封锁时一定要确认封锁命令和封锁起讫时间,按《高速铁路工务安全规则(试行)》规定设置防护后方能开工。(2)封锁前要充分做好各项准备工作。(3)抬运钢轨时,要统一指挥、动作一致,注意不伤手脚。(4)使用工具要注意前后、左右人员安全。(5)在轨道电路区段,使用工具、材料时要防止搭电短路,造成红光带。

29. 如何识读车站配线图的重点项目?

答:(1)线路中心线的有效长度,平面图使用的比例。(2)图上的正线、到发线、装卸线、牵出线等线路,指定线路股道的有效长。(3)正线、到发线的曲线半径,钢轨的类型。(4)图中有几组道岔,各道岔号数。指定道岔的开向和中心位置。(5)站舍的中心里程。(6)养路工区与桥隧工区。

30. 简述高速铁路有砟轨道道岔内钢轨折断的紧急处理。

答:发现道岔尖轨、基本轨、可动心轨、翼轨折断时应立即封锁线路,进行处理。(1)紧急处理时,断缝位于尖轨与基本轨、可动心轨与翼轨密贴段范围以外,且能加固时,处理办法和放行列车条件同钢轨折断处理。(2)紧急处理时,断缝位于尖轨与基本轨、可动心轨与翼轨密贴段范围以外不能加固或断缝位于尖轨与基本轨、可动心轨与翼轨密贴段范围内,且直股或曲股之一可单独放行列车时,根据现场实际情况,确定道岔开向,工务紧固,电务部门确认道岔尖轨及心轨密贴状态,道岔应现场加锁或控制台单锁(具体加锁办法由铁路局集团公司规定),视道岔型号和状态确定放行列车速度,但最高不得超过 60 km/h,并派人看守,邻线限速不超过 160 km/h;直股和曲股均不能放行列车时,应进行永久处理。

31. 简述道岔密贴检查器工电联合整治内容。

答:(1)检查道岔尖轨的爬行情况,防止尖轨爬行给转辙机、密贴检查器杆件带来的卡阻。(2)滑床台与尖轨轨底应密贴,在牵引点及密贴检查器检查位置前后四块滑床台中,必须至少有三块滑床台与尖轨轨底密贴(指有磨痕或间隙不大于 0.5 mm)。另一块间隙不大于 2 mm。尖轨在轨头刨切范围内与基本轨的间隙小于 1 mm。

32. 工务段添乘确认列车机车人员对线路状态进行确认的主要内容有哪些?

答:(1)线路质量是否满足高速列车正常运行条件。(2)施工机具、材料是否全部清理完毕。(3)工务设备、安全防护设施、标志等是否齐全、有效、稳固。(4)高速铁路附近有无可能影响安全的非法施工等。(5)确认无危机安全或影响行车的其他事项。

33. 简述 WJ-8 型扣件调高垫板类型和规格。

答:调高垫板分轨下微调垫板和铁垫板下调高垫板两种,分别放置于轨下垫板与铁垫板之间和铁垫板下弹性垫板与轨枕或轨道板承轨面之间。轨下微调垫板按厚度分为 0.5 mm、1 mm、2 mm、5 mm 四种;铁垫板下调高垫板按厚度分为 10 mm 和 20 mm 两种,铁垫板下调高垫板由两片组成,成副使用。

34. 简述使用电子平直尺测量焊缝平直度的作业程序。

答:(1)行车面测量:将电子平直仪平放在钢轨轨面焊缝中心处,确保角卡在水平位置;用掌上电脑同电子平直仪进行蓝牙连接,接通后开始测量行车面,并将数值记录在本上。(2)导向面测量:将电子平直仪贴在钢轨作用边上,保持电子平直仪在焊缝中心处,确保角卡在垂直位置;用掌上电脑同电子平直仪进行蓝牙连接,接通后开始测量导向面,并将数值记录在本上。(3)测量完毕后,前往下个焊缝继续进行测量。(4)数据处理:用电子平直仪专用软件进行处理,形成电子表格。电子平直仪数据精确在 0.01 mm,数据在 0.35 mm 及以上的焊缝用 1 m 钢直尺进行现场校核。

35. 简述设备管理单位对高速铁路声屏障修理的重点工作。

答:(1)基础砂浆或底部重力式流动砂浆裂缝、破损、空洞等修补。(2)插板式声屏障立柱、单元板等变形、失效更换,立柱加固,单元板松动、插入深度调整。整体式声屏障单元板变形更换,局部拆除、整修。(3)螺栓补齐、除锈、涂油、复拧。(4)T 形梁声屏障焊接部位及金属部件的除锈、防腐。(5)橡胶垫、橡胶条、解耦装置等橡胶制品整修或更换。(6)安全通道门(作业门)的修理。

36. 简述焊缝平直度检查作业安全注意事项。

答:(1)按规定设置防护,进行"运统 46"登销记。(2)严禁天窗点外使用平直尺、电子平直仪。(3)作业人员和工具与接触网带电部分必须保持 2 m 以上安全距离。(4)作业人员对平直尺、塞尺、电子平直仪性能及安全性进行检查测试,确认状态良好,防止损伤的工(机)具带入作业现场。(5)工(机)具需用反光漆(膜)进行粘贴,以防止使用中工(机)具侵入限界或遗留在线路上。

37. 简述高速铁路选用钢轨的要求。

答:正线、到发线应采用 60 kg/m(60N)、100 m 定尺钢轨。200 km/h 及以上的铁路和

200 km/h 及以下仅运行动车组列车的铁路应选用 U71MnG 钢轨，客货共线铁路应选用 U75VG 钢轨。曲线半径小于或等于 2 800 m 的正线以及曲线半径小于或等于 1 200 m 的动车组走行线、联络线、站线应选用同区间材质的在线热处理钢轨。

38. 简述高速道岔、钢轨伸缩调节器和胶接绝缘接头用轨。

答：(1)高速铁路、客货共线铁路道岔用基本轨、尖轨、心轨、翼轨(特种断面翼轨 TY1 除外)和导轨应分别选用 U71MnHG、U75VHG 对称及非对称断面钢轨。(2)钢轨伸缩调节器用钢轨应选用在线热处理对称及非对称断面钢轨。(3)厂制胶接绝缘接头应选用与相邻钢轨相同材质的在线热处理钢轨。(4)CN 道岔、CZ 道岔和 CN 钢轨伸缩调节器用钢轨应符合设计要求。

39. 无缝线路的两相邻单元轨节、左右股钢轨锁定轨温差有何要求？

答：两相邻单元轨节锁定轨温差超过 5 ℃；或左右股钢轨锁定轨温之差，允许速度 160 km/h 以上线路超过 3 ℃，允许速度 160 km/h 及以下线路超过 5 ℃；或同一区间单元轨节最高、最低锁定轨温相差超过 10 ℃(长隧道除外)，或无缝道岔左右股、直曲股钢轨实际锁定轨温差超过 3 ℃。

40. 简述高速道岔基本轨、翼轨、导轨，区间钢轨头部磨耗重伤标准。

答：

高速道岔基本轨、翼轨、导轨的钢轨头部磨耗：垂直磨耗达到 7 mm，侧面磨耗达到 8 mm 时为重伤。

区间钢轨磨耗：垂直磨耗达到 10 mm，侧面磨耗达到 12 mm 时为重伤。

41. 画出高速铁路区间线路施工，作业地点在站外，距离进站信号机(反方向进站信号机)小于 820 m 时，使用移动停车信号的防护图。

答：高速铁路区间线路施工，作业地点在站外，距离进站信号机(反方向进站信号机)小于 820 m 时，使用移动停车信号的防护图如图 2-1 所示。

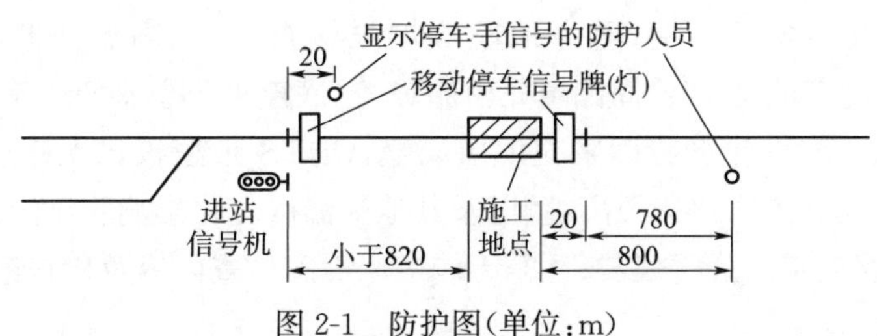

图 2-1 防护图(单位：m)

42. 现场如何判定高速线路钢轨折断？

答：现场检查发现钢轨全截面断裂；裂纹贯通整个轨头截面；裂纹贯通整个轨底截面；钢轨

顶面上有长度大于 30 mm 且深度大于 5 mm 的掉块。

43. 无缝道岔应满足哪些技术要求?

答:(1)道岔应铺设在无缝线路固定区,正线道岔除胶接绝缘接头外,其他接头应全部焊接。(2)无缝道岔的设计锁定轨温应与两端区间无缝线路设计锁定轨温一致,且应满足跨区间无缝线路允许温降、允许温升及断缝检算要求,道岔各联结件应牢固可靠。(3)无缝道岔应在设计锁定轨温范围内锁定。(4)无缝道岔尖轨尖端伸缩位移、可动心轨尖端伸缩位移应满足规定要求,超过允许值时,应分析原因,并及时调整。(5)应加强桥上及隧道口附近无缝道岔检查和锁定,防止碎弯和爬行。(6)应按规定利用钢轨位移观测桩进行位移观测,及时分析锁定轨温变化及钢轨位移情况。应加强尖轨和心轨位移观测,防止转换卡阻。

44. 高速铁路有砟轨道混凝土枕及混凝土岔枕伤损判定为失效的有哪些?

答:(1)折断。(2)轨枕横裂或斜裂(裂缝宽度超过 0.5 mm 或长度超过 2/3 枕高),轨枕环裂。(3)轨枕纵向裂缝:挡肩顶角裂缝,宽度大于 1.5 mm;纵向水平贯通裂缝,裂缝宽度大于 0.5 mm。(4)挡肩缺损,缺损面积超过 1/2。(5)严重网状龟裂(裂缝宽度超过 0.5 mm),或由网状龟裂导致轨枕掉块。(6)扣件预埋铁座损坏。(7)预埋件周围的混凝土裂缝宽度大于 1.5 mm。(8)严重掉块造成预应力钢丝外露(长度超过 150 mm)。

45. 高速铁路有砟轨道扣件系统伤损达到哪些标准,应有计划地修理或更换?

答:(1)零部件损坏、缺失或安装不正确。(2)预埋套管或预埋铁座损坏。(3)有螺栓弹条(弹条Ⅴ型)紧固状态弹条中肢前端离缝超过 1 mm。(4)无螺栓弹条(弹条Ⅳ型、FC 型)不能保持应有的扣压力。(5)轨距挡板严重磨损,钢轨与轨距挡板、轨距挡板与承轨槽挡肩单边间隙超过 2 mm。(6)螺栓、弹条等严重锈蚀。(7)橡胶垫板压溃或变形(厚度为 10 mm 的橡胶垫板超过 20 mm)丧失作用,橡胶垫板损坏。(8)橡胶垫板静刚度超过 120 kN/mm。(9)轨下垫板窜出。

46. 简述无砟道床静态检查内容及周期。

答:(1)每年检查不少于 1 遍,重点地段应加强检查。(2)高温和低温季节,应加强对 CRTSⅠ型板式无砟道床凸形挡台周围填充树脂离缝、底座伸缩缝离缝,CRTS Ⅱ型板式无砟道床板间接缝离缝、水泥乳化沥青砂浆充填层离缝,CRTS Ⅲ型板式无砟道床底座伸缩缝离缝,路基地段双块式无砟道床道床板离缝,以及其他受温度变化影响明显的无砟道床状态的检查。具体办法由铁路局集团公司规定。(3)无砟道床静态检查内容及检查记录按要求,伤损等级按规定进行判定。

47. 高速铁路行车安全监测设备主要包括哪些设备?

答:(1)机车车辆的车载监测设备。(2)机车车辆的地面监测设备。(3)轨道、通信、信号、牵引供电、电力等固定设备的移动检测设备。(4)线路、桥梁、隧道、通信、信号、牵引供电、电力等固定设备的在线自动监测设备。(5)自然灾害及异物侵限监测系统。(6)列车安全防护预警系统及施工防护设备。

48. 现场上如何认定混凝土枕失效?

答:(1)观察轨枕是否有折断裂痕。(2)用塞尺或直尺测量:轨枕横裂或斜裂(裂缝宽度超过 0.5 mm 或长度超过 2/3 枕高),轨枕环裂。(3)轨枕纵向裂缝:用塞尺或直尺测量:挡肩顶角裂缝,宽度大于 1.5 mm;纵向水平贯通裂缝,裂缝宽度大于 0.5 mm。(4)观察挡肩缺损,缺损面积是否超过 1/2。(5)观察是否严重网状龟裂(裂缝宽度超过 0.5 mm),或由网状龟裂导致轨枕掉块。(6)观察扣件预埋铁座是否损坏。(7)塞尺测量预埋件周围的混凝土裂缝宽度是否大于 1.5 mm。(8)观察是否严重掉块造成预应力钢丝外露(长度超过 150 mm)。

49. 简述 60 kg/m 钢轨用冻结接头安装过程中的钢轨与夹板接触面打磨步骤。

答:(1)打磨前应用 1 m 直尺对打磨面进行测量,确定打磨的重点部位。(2)打磨应使用圆形或锥形砂轮配合进行,砂轮粒度 30~40 号。(3)用角向磨光机等进行上下接触面打磨,并对轨头和轨端片进行倒角。(4)打磨应沿钢轨纵向来回进行,用力均匀平顺,防止局部打溃和金属过热过烧。严禁横向打磨。(5)打磨出的新金属面不少于打磨面的 80%,最大打磨量不超过 0.5 mm,平直度用 1 m 直尺测量不大于 0.2 mm。(6)打磨后钢轨和夹板严禁涂油。

50. 简述使用电子水准仪测量的作业程序。

答:(1)架设仪器时一手握住三脚架架头,另一手打开卡扣,依次松开脚架伸缩螺栓,将脚架提起,高度与下颌平齐。(2)脚架打开后,三个脚架之间约成 60°左右的夹角,脚架顶面基本水平。(3)打开仪器箱,双手取出水准仪无磕碰,关上仪器箱并放在安全位置。(4)仪器放在脚架上一手拿仪器不得松手,另一只手拧紧仪器中心固定螺栓。(5)调整仪器三个脚螺栓居中,调整水准气泡居中"没有自动安平功能的仪器需精平",调整后将仪器调转 180°观察气泡是否居中,调平前踩实架腿,观测时不得磕碰仪器,换站不得奔跑。(6)选择"水准测量"(电子水准仪)奇数站"后前前后",偶数站"前后后前"调整目镜使十字丝清晰,调整物镜观测尺清晰。(7)观测视距(3 m$\leqslant$视距 $d\leqslant$60 m),记录四位小数,记录工整,无更改。

51. 相比 60 kg/m 钢轨,60N 钢轨轨头轮廓主要不同在哪些方面?

答:(1)在钢轨轨顶圆弧宽度保持为 70.8 mm、高度为 142 mm 不变的情况下,将钢轨轨顶圆弧由 5 段增加为 7 段,与欧洲 60E2 钢轨一致。(2)将钢轨轨顶圆弧半径依次调整为 200 mm、60 mm、16 mm 和 8 mm,其整体效果在轨顶小幅范围与 60 kg/m 钢轨较一致,而两侧轮廓相比 60 kg/m 钢轨收的更窄。上述 60N 钢轨轨顶轮廓优化的主要目的是避免 60 kg/m 钢轨在直线地段车轮接触光带不居中,曲线地段出现轨距角剥离掉块及疲劳核伤。

52. 简述扣件涂油的质量标准。

答:(1)螺栓锈蚀清除彻底,丝杆涂油均匀。(2)小胶垫无缺损,扣件位置正确,顶严密靠。(3)各种型号扣件不得混杂使用,接头、中间和加宽的扣件应正确使用。(4)调整垫片无双垫,应使用规定的铁垫片、胶垫片,位置正确整齐。(5)扣件螺栓扭矩:扣板挡板应靠贴轨底边,扣板(弹片)扣件扭矩应保持在80~140 N·m,弹条Ⅰ型、Ⅱ型(小阻力)扣件的弹条中部前端下颚与轨距挡板离缝作业后不应大于1 mm。弹条Ⅲ型扣件小圆弧内侧与预埋铁座端部应相距8~10 mm。

53. 简述轨道测量仪安博格小车现场测量作业原理。

答:(1)轨距是通过轨道测量仪单个轮子轮缘紧贴钢轨内侧作用边的轨距测量传感器来测量。(2)平面及高程是使用全站仪实测得轨检小车上棱镜的三维坐标,然后结合标定的轨检小车几何参数、小车的定向参数、水平传感器所测横向倾角及实测轨距,即可换算出对应里程处的实测平面位置和轨面高程,继而与该里程处的设计平面位置和轨面高程进行比较,得到其偏差。(3)水平是使用内置倾角仪测倾角,然后使用基准长度换算。

54. 简述高速铁路有砟轨道道岔起道捣固作业质量回检。

答:维修作业后,作业负责人或技术检测组对道岔几何尺寸进行回检分析,道岔几何尺寸应满足作业验收标准。如果满足作业验收标准就注销本次整修计划;如果没有满足作业验收标准就是整修不合格,须根据本次检查分析结果,再次下达整修计划交给维修作业人员进行整修。

作业质量应达到以下作业标准:(1)道岔静态几何尺寸容许偏差管理值为轨距-2~+2 mm、轨距变化率1/1 500、水平3 mm、高低3 mm、轨向3 mm、三角坑3 mm/3 m。导曲线下股高于上股限值为0。(2)可动心轨辙叉道岔起道作业时,直、曲股应同时起平,保证可动心轨辙叉在同一水平面上,并做好道岔前后及道岔曲股顺坡,同时加强接头、辙叉、尖轨弹性可弯段等部位的捣固。(3)在道岔全长范围内,用10 m弦测量无大于3 mm的高低。(4)捣固地段捣固后无调高垫板,胶垫恢复为标准胶垫。(5)捣固范围为钢轨两侧各不少于450 mm,轨下道床捣固密实,各轨枕间强度均匀。(6)扒开的道床应回填平整并夯实,轨枕盒内道砟应保持饱满、密实、均匀;道床顶面应低于岔枕顶面以下40~50 mm。(7)由于起道作业引起其他作业,应恢复到符合各项作业标准。

55. 简述高速铁路有砟轨道道岔拨道作业质量回检。

答:维修作业后,作业负责人或技术检测组对道岔几何尺寸进行回检分析,道岔几何尺寸应满足作业验收标准。如果满足作业验收标准就注销本次整修计划;如果没有满足作业验收标准就是整修不合格,须根据本次检查分析结果,再次下达整修计划交给维修作业人员进行整修。

作业质量应达到以下作业标准:(1)道岔静态几何尺寸容许偏差管理值为轨距-2~

+2 mm、轨距变化率 1/1 500、水平 3 mm、高低 3 mm、轨向 3 mm、三角坑 3 mm/3 m。(2)在道岔全长范围内,用任意弦测量无大于 3 mm 的轨向。(3)扒开的道床应回填平整并夯实,拨道后离缝的一侧轨枕端头石砟埋实并夯实;道床顶面应低于岔枕顶面以下 40～50 mm。(4)由于拨道作业引起其他作业,应恢复到符合各项作业标准。

56. 简述高速铁路轨道无缝线路钢轨位移观测桩设置要求。

答:(1)区间钢轨位移观测桩按单元轨节等距离设置,且桩间距离不应大于 500 m。(2)无缝道岔岔头、限位器(或间隔铁)、岔尾(含直、曲股),以及无缝道岔管理单元(一般车站咽喉区分为四个单元)两端道岔外方 50 m、200 m 处设置钢轨位移观测桩。(3)钢轨伸缩调节器在尖轨尖端、基本轨两端设置钢轨位移观测桩。(4)钢轨位移观测桩应预先埋设牢固,均匀布置,桥梁地段应在固定支座上方设置。

57. 简述胶接夹板中胶粘剂的使用注意事项。

答:(1)胶粘剂由 A、B 两个部分组成。(2)被粘钢轨和焊缝加强夹板在胶粘前表面需除锈、除污、除水。(3)使用时注意先将 B 组胶加入 A 组胶中搅拌均匀,自 A 组胶和 B 组胶混合起至胶接完成全过程不得超过 7 min。(4)本胶粘剂在 25 ℃以下的干燥、通风、避光处储存,有效期为一年。(5)胶粘剂属易燃品。

58. 简述高速铁路有砟轨道Ⅲ$_a$型混凝土枕、弹条Ⅱ型扣件调高垫板配置橡胶垫板的要求。

答:(1)调高垫板的规格尺寸及其使用要求:调高垫板长度为 185 mm,宽度比轨底窄 2 mm,厚度分为 1 mm、2 mm、3 mm、5 mm 等。调高垫板应垫在轨底与橡胶垫板之间,每处调高垫板不得超过 2 块,总厚度不得超过 10 mm。使用调高扣件的混凝土枕,每处调高垫板不得超过 3 块,总厚度不得超过 25 mm(大调高量扣件除外)。(2)橡胶垫板的规格尺寸:橡胶垫板长度为 185 mm,宽度比轨底窄 2 mm,厚度分为 3 mm、5 mm、7 mm、10 mm、12 mm、14 mm、16 mm 等。

59. 简述钢轨打磨前的调查作业项目(用 1 m 直尺与塞尺检查)。

答:(1)接头(含焊缝)高低、轨向不平顺、上下左右错牙。(2)低接头(捣垫不能解决的)。(3)死弯轨(矫轨不能解决的)。(4)肥边(包括钢轨接头端面及侧面、尖轨、基本轨、辙叉等)。(5)焊缝轨底角(影响焊缝全断面探伤的处所)。(6)钢轨(或辙叉)磨耗、擦伤、掉块、鱼鳞纹等。

60. 高速铁路(设计速度 250 km/h)**坡段间连接应符合哪些规定?**

答:(1)高速铁路相邻坡段坡度差大于或等于 1‰、客货共线铁路大于 1‰时,应设置圆曲线型竖曲线连接,最小竖曲线半径 20 000 m 选用,最大竖曲线半径不应大于 30 000 m,最小竖曲线长度不应小于 25 m。(2)竖曲线(或变坡点)与竖曲线、缓和曲线、正线道岔、钢轨伸缩调节器均不得重叠设置。(3)有砟轨道与无砟轨道过渡段不应设置在缓和曲线和竖曲线上。(4)高速铁路的竖曲线起终点(或变坡点)与平面曲线起终点间的最小距离不宜小于 20 m。(5)竖曲线与平面圆曲线不宜重叠设置,困难条件下重叠设置时,最小竖曲线半径 20 000 m。(6)正线两线并行时,两线轨面高程宜按等高(曲线地段为内轨面等高)设置。

61. 简述测量钢轨、辙叉磨耗的操作方法和步骤。

答:(1)判别钢轨磨耗类型,选择相应的测量工具。(2)选择钢轨磨耗最大处,垂直磨耗在钢轨顶面宽 1/3 处测量,侧面磨耗在钢轨踏面处测量,波浪形磨耗在轨顶踏面上测量。(3)高锰钢整铸辙叉垂直磨耗在辙叉心宽 40 mm 处测量,可动心轨垂直磨耗在心轨宽 40 mm 断面处测量,翼轨垂直磨耗在可动心轨宽 20 mm 断面对应处测量。(4)进行侧面磨耗测量,读取磨耗量值。(5)测量波浪形磨耗,用 1 m 钢直尺侧放在钢轨顶面,在峰谷处加垫塞尺,读取波浪形磨耗值。(6)根据实测量值,对照《高速铁路线路维修规则》相关标准进行分析判别。

62. 高速铁路安全线设置条件应符合哪些规定?

答:(1)联络线、动车组走行线与正线接轨时应设置安全线,与到发线接轨时可不设安全线。(2)维修工区(车间)等线路与到发线或其他站线接轨时,应在接轨处设置安全线。(3)有折返列车作业的中间站,有动车组长时间停留的到发线两端应设置安全线。(4)接车线末端、接轨处能利用其他站线及道岔作为隔开设备并有联锁装置时,可不另设安全线。(5)安全线的设计应符合相关设计规范的要求。

63. 哪些地段轨顶面不得有减磨润滑油脂?

答:(1)允许速度 $v_{max}\geqslant$300 km/h 的线路在进站信号机外方 10 km 范围内。(2)允许速度 200 km/h$\leqslant v_{max}<$300 km/h 的线路在进站信号机外方 8 km 范围内。(3)CRH2 型动车组经由的允许速度 $v_{max}<$200 km/h 的线路在进站信号机外方 3 km 范围内。

64. 简述高速铁路有砟道岔区晃车的原因。

答:(1)道岔铺设时与前后线路的方向、水平衔接不好。(2)钢轨件顶面轮廓不好,出现光带突变。(3)道岔的类型不同,有砟道岔较无砟道岔容易出现晃车。(4)道岔钢轨件结构特点虽然存在不平顺,但转辙器尖轨、基本轨相对高差,辙叉心轨与翼轨的相对高差偏差较大。(5)尖轨降低值不良。(6)转辙部位轨距过小都会引起高速道岔晃车。

65. 简述高速道岔出现双光带现象的原因。

答:(1)尖轨降低值不合理,刨切起点处存在局部不平顺。通过对发生双光带现场调查分析发现,尖轨降低值不合理是产生双光带的主要原因,是与尖轨、心轨本身的结构有特定的联系。列车通过转辙部分时,在尖轨顶面 20 mm 以前,基本轨全部承受荷载。在顶面宽 20 mm

处起，尖轨逐渐承受荷载，至 50 mm 处。50 mm 后荷载全部由基本轨过渡至尖轨。尖轨顶面宽 20～50 mm 为尖轨基本轨过渡段，如果此处降低值不合理，将直接影响列车平顺性，导致列车轮轨间作用面接触不均匀，作用力不一致，最终形成双光带现象。(2)几何尺寸不良，如出现三角坑等。由于几何尺寸不良，列车运行时会加剧形成双光带，它是导致产生双光带的一个助长因素。(3)钢轨顶面机加工轮廓不标准。钢轨在厂内加工轮廓不标准，铺设、运营后造成接触位置变化，从而出现运行双光带，这是导致产生双光带的一个辅助因素。

66. 简述直轨器的使用、检查及安置作业的内容。

答:直轨器的使用应由经过培训合格、操作熟练的正式职工担任。使用前，应检查液压直轨器缸体油面是否满足工作状态要求，缸体与油路间是否漏油，油阀开关作用和柱塞泵推动活塞是否正常、良好，偏心轮调整是否活动自如，弯臂钩有无损伤，外形有无变异等。操作时，安置直轨器要做到垫平、摆正，即偏心轮、弯臂钩和柱塞泵处于同一平面，弯臂钩与直轨器左右横向又在一个平面，安放时须先垫平，防止作业后钢轨扭曲；摆正弯臂钩，对正钢轨矫直位置，钢轨矫直方向与安置弯臂钩朝向一致。

67. 简述客专线系列道岔和 GLC 道岔尖轨位移不足的原因。

答:(1)钢轨件本身矫直精度不足时，初始状态就有不足位移，在制造环节尖轨变形、辊轮调整不到位。(2)GLC 系列道岔尖轨后部可弯段设计过长，造成尖轨容易出现位移不足。(3)尖轨现场焊接锁定轨温等也有一定关系，同时，尖轨跟端结构形式，间隔铁式与限位器式位移有所不同。(4)GLC 滑床台生锈后，尖轨转换阻力增大，会加剧位移不足的发生。(5)钢轨件应力释放造成轨件变形等。

68. 简述矫正钢轨的步骤及方法。

答:(1)松扣件:在硬弯矫直部位松开不超过 5 个枕木头的道钉和扣件硬弯距接头较近时，应松开接头螺栓。(2)上直轨器:垫平、摆正直轨器。(3)矫正:将弯臂钩对正硬弯始点，液压顶放在弯臂钩前端，每隔 200～250 mm 向前矫直一处。较长的硬弯需多点矫直时，应根据轨温及轨型适当预留回弹量，一般矫直量为硬弯矢度的 1.6～1.9 倍。(4)撤除直轨器:矫直到位后，要保压 5～10 s，松开油阀动作要缓和，以确保矫直效果。(5)拧扣件:先拨正非矫直股方向，然后改正轨距，补齐道钉或扣件，上好接头螺栓。

69. 简述高速道岔可动心轨卡阻的原因。

答:高速铁路心轨卡阻与理论设计和制造、铺设、运营后温度差有关。(1)理论设计时，由于间隙较小，为考虑铺设情况，在设计长心轨尖端处防跳台与防跳咽喉铁时，间隙小于 25 mm，铺设时又没有考虑现场具体情况，又使间隙变小，因此使道岔在防止卡阻方面存在先天不足。(2)由于道岔组装时未考虑零部件的公差，现场铺设时道岔水平稍有偏差，就容易造成心轨卡阻。(3)道岔在厂内组装时,若未严格保证活动零部件的活动间隙,容易造成心轨卡阻。(4)运营过程中由于温度变化造成尖轨尖端部位爬行,导致锁钩与锁杆不在同一直线上,从而使转换阻力大于 6 kN。

70. 简述测量钢轨磨耗的操作方法和步骤。

答:(1)判别钢轨磨耗类型,选择相应的测量工具。(2)选择钢轨磨耗最大处,垂直磨耗在钢轨顶面宽 1/3 处测量,侧面磨耗在钢轨踏面处测量,波浪形磨耗在轨顶踏面上测量。(3)高锰钢整铸辙叉垂直磨耗在辙叉心宽 40 mm 处测量,可动心轨垂直磨耗在心轨宽 40 mm 断面处测量,翼轨垂直磨耗在可动心轨宽 20 mm 断面对应处测量。(4)进行侧面磨耗测量,读取磨耗量值。(5)测量波浪形磨耗,用 1 m 钢直尺侧放在钢轨顶面,在峰谷处加垫塞尺,读取波浪形磨耗值。(6)根据实测量值,对照相关标准进行分析判别。

71. 简述高速道岔可动心轨卡阻的整治措施。

答:(1)在铺设线装时要充分考虑各零部件的公差,防止活动零部件的活动间隙过小。(2)采取打磨间隔铁或心轨方式保证一定的防跳间隙来解决处理,问题整改后,一般不会再发生。(3)电务部门及时调整电务转换设备,使之能够适应尖轨和心轨的自由伸缩,解决道岔在电务转换过程中出现的卡阻问题。另外由于外锁闭中滑动摩擦面多,同时有些零部件的摩擦面直接暴露在外,受外界环境影响较大,需要定期维护。特别对于外锁闭的接触摩擦面需要定期加油,下雨后需要注油,冬季需要清雪。

72. 简述客专线(08)016 道岔的主要结构特点。

答:(1)尖轨为相离半切线型,采用 21.45 m 长的 60D40 弹性可弯尖轨,尖轨尖端为藏尖式。(2)尖轨设三个牵引点,采用分动钩型外锁闭装置,各牵引点设计动程分别为 160 mm、118 mm、71 mm。各牵引点的理论转换力分别为 712 N、294 N、2 832 N。(3)转辙器间隔设置带施维格辊轮的滑床板和防跳限位装置,基本轨内侧采用弹性夹扣压。(4)可动心轨辙叉为钢轨组合型,心轨采用 60D40 钢轨制造,短心轨后端为滑动端,翼轨采用轧制的特种断面翼轨。(5)翼轨跟端用间隔铁分别与长心轨和岔跟轨胶接,胶接层厚度不大于 1 mm,技术要求参照《胶接绝缘钢轨技术条件》。(6)心轨设两个牵引点,采用钩型外锁闭装置,设计动程分别为 119 mm 和 59 mm。正常情况下各点的理论转换力分别为 1 080 N、4 000 N。(7)可动心轨辙叉侧线设置用 33 kg/m 槽型钢制造的分开式护轨。护轨顶面高出基本轨顶面 12 mm,护轨基本轨内侧采用弹性夹扣压。(8)长、短心轨联结螺栓扭矩为 600 N·m,限位器、转辙器跟端用间隔铁及翼轨用间隔铁联结螺栓扭矩为 1 100 N·m,垫板用 M30 螺栓扭矩为 300~350 N·m。(9)道岔钢轨设置 1∶40 的轨底坡或轨顶坡。转辙器和可动心轨辙叉的滑床台表面应设置减磨涂层。(10)钢轨轨下设置 5 mm 厚橡胶垫板,翼轨轨下除趾端第一块及 99 号枕以后的部分均设置 7 mm 厚橡胶垫板,铁垫板均为整体硫化垫板。

73. 简述钢轨焊接接头平直度标准。

答:焊接接头及距焊接接头 1～3 m 区域平直度标准,轨顶面为≤－0.2 mm 或＞＋0.4 mm(“＋”表示凸出,“－”表示凹进);轨头内侧工作边为≤－0.6 mm 或≥＋0.6 mm(“＋”表示凹进,使轨距增大;“－”表示凸出,使轨距减小)。

74. 简述 CRTS Ⅰ型板式无砟道床结构及各部主要技术要求。

答:(1)道床结构由轨道板、水泥乳化沥青砂浆充填层、混凝土底座、凸形挡台及其周围填充树脂等部分组成。曲线超高在底座上设置。(2)水泥乳化沥青砂浆应灌注饱满,与轨道板底部密贴。(3)凸形挡台分为圆形和半圆形,周围填充树脂应与凸形挡台和轨道板混凝土密贴。(4)混凝土轨道板不得有贯通裂缝。(5)混凝土底座不得有贯通裂缝;底座伸缩缝状态应良好,不得有离缝。(6)排水通道,特别是框架式轨道板内排水通道、底座内预埋横向排水管道,应保持通畅。

75. 更换道岔护轨作业包括哪些内容?

答:(1)办理封锁施工手续,设置移动停车信号防护。(2)卸螺栓:将护轨螺栓卸下,连同方垫圈一起放在岔枕上。(3)起、卸护轨道钉或扣件,卸下轨撑。(4)护轨拔出后,清扫垫板,并将卸下的螺栓、间隔铁进行除锈涂油。(5)新护轨换入后,安装间隔铁,使基本轨、间隔铁及护轨螺栓孔相对,轮缘槽符合标准。(6)上螺栓,对损坏的螺栓进行更换。(7)上轨撑,将轨撑从垫板侧面用锤轻轻打进去,使其前面靠紧护轨,后面顶紧垫板挡肩。(8)上扣件或打道钉,同时更换伤损扣件或修理钉孔,插入道钉孔木片,按打道钉作业要求钉好道钉。(9)回检找细,对轮缘槽宽度、轨距、查照间隔及联结零件等进行找细,使之达到作业标准。(10)整理作业,撤除防护。

76. 简述 GLC(07)02 道岔主要结构特点。

答:(1)尖轨为半切线型,采用 21.45 m 长的 60AT 弹性可弯尖轨,尖轨尖端为藏尖式。(2)尖轨设三个牵引点,各牵引点设计动程分别为 160 mm、118 mm、71 mm。各牵引点的理论转换力分别为 951 N、936 N、2 057 N。(3)辙叉采用可动心轨辙叉。(4)心轨设两个牵引点,设计动程分别为 115 mm 和 57 mm,各牵引点的理论转换力分别为 306 N、4 180 N。(5)护轨为分开式,采用 33 kg/m 槽型钢轨制造,护轨顶面高出基本轨顶面 12 mm。(6)道岔钢轨设置 1∶40 的轨底坡或轨顶坡。(7)钢轨轨下设置 5 mm 厚橡胶垫板,垫板下设置 10 mm 厚橡胶垫板。(8)锁紧弹条Ⅱ型扣件螺母扭矩为(300±10)N·m。岔枕螺栓副扭矩为 250～300 N·m,辙跟间隔铁、翼轨间隔铁螺栓副扭矩为(1 000±10)N·m,长短心轨间间隔铁螺栓副扭矩为(600±60)N·m。

77. 简述双块式无砟轨道连续道床板的主要功能。

答:(1)定位扣件及钢轨。(2)连续道床板作为轮轨竖向力、水平力、温度力的三向混合承力和传力结构。(3)防止因单元道床板端、板中位移造成的支承层受力和变形不均匀问题。(4)道床板中性轴附近配置纵向钢筋,承受纵向温度力并限制道床板裂纹宽度。(5)道床板连续浇筑形成固定区、降低层间连接强度,只在伸缩区内强化连接。

78. 铁路道岔钩锁器整机及部件的外观应符合哪些要求?

答:(1)镀层光滑细致、无斑点、无凸起、无漏镀,边缘和棱角不应有烧痕。(2)漆层应平整清洁,主要表面应光滑,具有良好的光泽,颜色一致,不应有皱纹、流痕、针孔、气泡等缺陷。(3)螺纹连接处及铆接处,不应有松动和自动松脱现象。(4)焊接应牢固,不应有夹渣、气泡、裂纹等缺陷。(5)铸件表面应平整,不应有有害变形、缺损、凸起、毛刺、粘砂和裂纹。(6)锻件不应有夹层、裂纹和过烧等缺陷。

79. 简述内燃钢轨钻孔机钻孔的作业步骤。

答:(1)检查钻孔机:机油、汽油、动力机温是否正常,各紧固件、钻头是否紧固。(2)将定位架调整到与钢轨类型相匹配。(3)发动机器,运转 30 s,观察机械运转是否正常,冷却水水路是否畅通。(4)用角尺、直钢尺在钢轨腹部中和轴上准确划出各螺孔位置(用定位架配合钻孔时应划出轨端位置)。线上夹板加固时,第一螺孔至轨端尺寸应加 4 mm。(5)钻孔机上架扶正、紧固。(6)发动钻孔机,接通冷却剂。(7)钻孔:钻孔时应严格控制进钻速度,待完全钻通后方可退出。关闭油门开关,怠速撤出,转移钻孔机钻另一螺孔,至最后一孔。(8)停机:将钻孔机撤出。(9)复查各螺孔位置。(10)倒棱:用倒棱器对所钻螺孔逐孔倒棱。

80. 高速道岔其他零部件应满足哪些要求?

答:(1)部件安装应符合设计要求,缺少时应及时补充,并保持状态良好。(2)应定期对螺栓涂油,油脂性能应符合相关规定。(3)间隔铁及限位器的联结螺栓、护轨螺栓、长短心轨联结螺栓、接头铁螺栓必须齐全,作用良好,折断时必须立即更换。同一部位同时有两个螺栓缺少或折损,或接头铁螺栓有一个缺少或折损时,道岔应停止使用。(4)顶铁、防跳卡铁、尖轨及心轨防跳限位装置等各部件以及联结和固定螺栓变形、损坏或作用不良时,应进行修理或更换。(5)顶铁与轨腰间隙大于 2.5 mm 或轨撑与钢轨接触面间隙大于 2 mm,应有计划地修理或更换。

81. 简述更换道岔尖轨、基本轨、辙叉及护轨作业的基本步骤。

答:(1)设置防护,办理封锁施工登记,确认施工时间和封锁命令,设置移动停车信号防护。(2)拆卸接头、拉杆、横杆、轨撑等相关螺栓,卸下夹板。(3)电务人员将尖轨摇离基本轨,拆掉钢轨连接线和跳线。(4)起道钉,混凝土枕卸下扣件。(5)拨出旧轨和辙叉。(6)拨入新轨及新辙叉。(7)安装夹板,拧紧各部螺栓,打道钉或上扣件,按相关要求找细整修。(8)调整各部间隔尺寸,几何尺寸符合作业验收标准。(9)配合电务部门和车站进行调试,确认其状态良好。(10)撤除防护,同时驻站联络员办理销记手续,开通道岔。

82. 简述无缝道岔的铺设与焊接流程。

答:(1)无缝道岔铺设后焊连前要全面整修一遍道岔。(2)无缝道岔岔内钢轨接头最好在设计锁定轨温范围内焊接,困难条件下也应在5～25 ℃范围内焊连。焊连顺序为首先焊接辙叉、导轨和基本轨,其次焊接道岔两端部,同区间轨一起,最后焊连尖轨跟部。(3)岔内钢轨接头焊接时一定要使限位器子母块居中卡死。(4)岔内钢轨接头焊接后要对焊头进行探伤检查,并对道岔再全面整修一遍。(5)在锁定轨温范围内(最好在 $t_s \pm 3$ ℃范围内)将道岔与两端无缝线路长轨条焊连在一起,并对焊头进行探伤检查。(6)去掉限位器子、母块间卡块,再细整一遍道岔。

83. 简述钢轨铝热焊作业,封锁点内现场的准备工作。

答:(1)检查焊剂及模具。根据焊接钢轨材质和型号检查焊剂及模具是否匹配。(2)轨端处理。开裂、掉块、压塌等伤损轨头必须切除;清洁钢轨,除锈、去油,轨端面应为色泽均匀的银灰色;轨端必须平整、垂直,无偏斜,用直角尺测量,垂直和水平偏斜度不得大于1 mm。(3)调整轨缝宽度。按照焊剂生产厂家的工艺要求控制,同时应测量轨温,必要时采用拉伸器拉伸钢轨控制锁定轨温,并做好记录。(4)钢轨对正。必须使用功能全面、性能稳定的对轨架,对轨架要安设牢固、位置合适、便于调整。调整对轨架,用1 m直钢尺测量,焊缝处钢轨顶面为+1.5～2.0 mm(根据不同焊剂工艺确定),钢轨内侧作用边为±0.3 mm。

84. 无缝线路作业如何安排维修计划?

答:(1)根据季节特点、锁定轨温和线路状态,合理安排全年维修计划。气温较低的季节安排在锁定轨温较低或薄弱的地段上进行计划维修;气温较高的季节安排在锁定轨温较高的地段上进行计划维修。在高温季节尽量不安排综合维修或影响线路稳定性的工作。(2)如必须进行综合维修或成段保养时,应有计划地先放散后作业,并适时重新做好放散和锁定阻力工作。其他保养和临时补修,可采取调整作业时间的办法进行。(3)无缝线路应着重做好防爬锁定、整修扣件、整治钢轨硬弯、打磨或焊补不平顺焊缝、消灭翻浆和夯拍道床等工作。保持轨向和水平良好,消灭晃车。(4)对于锁定轨温不明、不准、不匀、过低、过高等地段应有计划地进行应力放散或调整。(5)每年春秋两季,要逐段整修防爬设备,拧紧扣件,拧紧接头夹板螺栓,全面检查和整修不良绝缘接头。在允许作业轨温范围内,每年将接头螺栓及扣件全面除垢、涂油一遍。

85. 简述客专线(07)004道岔主要结构特点。

答:(1)尖轨为相离半切线型,采用21 450 mm长的60D40弹性可弯尖轨,尖轨尖端为藏尖式。(2)尖轨设三个牵引点,采用分动钩型外锁闭装置,各牵引点设计动程分别为160 mm、118 mm、71 mm。正常情况下各牵引点的理论转换力分别为712 N、294 N、2 832 N。(3)转辙器间隔设置带施维格辊轮的滑床板和防跳限位装置,基本轨内侧采用弹性夹扣压。(4)可动心轨辙叉为钢轨组合型,心轨采用60D40钢轨制造,短心轨后端为滑动端,翼轨采用轧制的特种断面翼轨。(5)翼轨跟端用间隔铁分别与长心轨和岔跟轨胶接,胶接层厚度不大于 1 mm,技术要求应符合相关规定。(6)心轨设两个牵引点,采用钩型外锁闭装置,设计动程分别为 115 mm 和 57 mm。正常情况下各点的理论转换力分别为 1 080 N、4 536 N。(7)可动心轨辙叉侧线设置用 33 kg/m 槽型钢制造的分开式护轨。护轨顶面高出基本轨顶面 12 mm,护轨基本轨内侧采用弹性夹扣压。(8)道岔钢轨设置 1∶40 的轨底坡或轨顶坡。转辙器和可动心轨辙叉的滑床台表面应设置减磨涂层。(9)序号 82～98 岔枕翼轨轨下设置 7 mm 厚橡胶垫板,序号 99～113 岔枕翼轨轨下不设橡胶垫板,其余钢轨轨下设置 5 mm 厚橡胶垫板,铁垫板均为整体硫化垫板。

86. 简述高速铁路有砟轨道Ⅲ$_a$型混凝土枕、弹条Ⅱ型扣件轨道垫板作业标准。

答:(1)线路静态几何尺寸容许偏差管理值:轨距±2 mm、轨距变化率 1/1 500、轨向 3 mm、水平 3 mm、高低 3 mm、三角坑 3 mm/3m。(2)在 70 m 全长范围内,用任意弦测量无大于 3 mm 的高低。(3)扣件应保持零件齐全,位置正确,作用良好,螺栓按规定涂油,缺少时应及时补充。弹条扣件的弹条中部前端下颚应靠贴轨距挡板(离缝不大于 1 mm)或扭矩应达到 80～150 N·m。(4)混凝土枕垫板位置正确,无偏斜、无窜动。调高垫板应垫在轨底与橡胶垫板之间。调高垫板的边缘不得超出轨底边缘,无偏斜、无窜动,橡胶垫板无失效(两侧压宽合计:厚度为 10 mm 的胶垫板超过 20 mm)。(5)一般情况下,每处垫板不得超过 2 块,总厚度不得超过 10 mm。整治冻害垫板作业超过 10 mm 时,使用调高扣件,每处垫板不得超过 3 块,总厚度不得超过 15 mm,或采用调高垫板配合调整不同厚度胶垫的方法进行冻害垫板作业。(6)扒开的道床应回填平整并夯实,轨枕盒内道砟应保持饱满、密实、均匀;道床顶面轨底处应低于轨枕承轨面以下 40～50 mm,轨枕中部与轨枕顶面平齐。(7)由于垫板作业引起其他作业,应恢复到符合各项作业标准。

87. 简述成段更换钢轨的方法和步骤。

答:(1)卸扣件:卸下中间扣件,卸掉与钢轨组对应的接头扣件。(2)拨出换下的钢轨:将换下的钢轨拨至轨道外侧,在混凝土地段,应将钢轨抬起至超过扣件螺栓高度再拨,避免碰伤扣件螺栓。拨出和拨入钢轨都是先标准股,后另一股。(3)拨入钢轨组:将换入的钢轨组拨至应有位置,并控制预留轨缝,普通线路立即联结接头,上紧螺栓;无缝线路地段要注意预留焊缝,轨缝不符要求时,可用液压匀缝器或拉伸器及时调整到位,加设轨缝片,先上紧一端扣件,固定钢轨位置。(4)安装扣件或焊接接头:钢轨到位后,先将其固定,再上好接头夹板或进行接头焊接。中间扣件先上标准股一侧,每隔 5～6 根轨枕上一组,一人看方向,一人拨正钢轨,其余 1～2 人将标准股固定,另一股量轨距并安装扣件。(5)施工结束,如需慢行,应按慢行条件设置防护。依据施工计划,在规定的时间内整修线路,使线路达到正常运行状态。

88. 简述胶接无缝线路焊缝臌包夹板现场作业。

答:(1)测量轨温:到达作业地点后首先测量轨温,确认是否符合作业轨温条件,做到超温不作业。并严格执行作业前、中、后测量轨温制度。(2)现场确认:根据钢轨探伤作业人员通知的伤损焊缝位置,确认焊缝上的伤损标记处所是否与通知单上的伤损焊缝位置相符,经确认无误后方可开始作业。(3)作业准备:作业人员按规定带好手套、护目镜,将工具摆放好。(4)松卸螺栓和联结零件:有砟轨道卸下伤损焊缝两侧各两套扣件,并松开 4~5 根轨枕上的扣件,用起道器抬起钢轨,将垫墩放在轨底后,放下钢轨、撤出起道器即可开始作业。(5)安装夹板:将夹板与钢轨进行预安装,检查焊缝与夹板中部凹槽的接触情况,如发现焊缝与夹板中部凹槽有接触时,应对夹板中部凹槽用手提砂轮机进行打磨,使夹板中部凹槽与焊缝之间的缝隙不小于 2~5 mm,以防止焊缝与夹板中部凹槽的接触面出现硬点,使焊缝发生折断。(6)打磨钢轨胶接面:用角向磨光机对钢轨胶接面(轨头下颚、轨腰、轨底上面)进行除锈打磨清洁处理,要求无锈斑、无油污、无水气,使胶接表面显露出钢轨本色。任何凸起的数字、字母和钢轨表面缺陷均应磨平。保证焊缝凸起宽度不大于 40 mm、高度不大于 8 mm。(7)测量夹板孔距并在钢轨上标画孔距:用钢板尺测量夹板上各孔眼的距离、在钢轨焊缝中央画一条线,并以此线为基准向两侧均匀地用石笔将孔距画好。(8)钻孔作业:钻孔完毕后用倒棱器倒棱 1~2 mm。倒角 45°然后用毛刷清除附在钢轨胶接表面的钻孔杂物和灰土。(9)夹板试装。(10)清洗胶接表面:对已钻孔完毕的钢轨粘胶面和夹板粘胶面用丙酮清洗表面的油污和杂物,达到表面洁净。(11)抹胶:按照要求把 A 和 B 两种胶粘剂混合并在 1 min 内搅拌均匀,要快速、全部将其涂抹在焊缝加强夹板和钢轨相应的胶接表面。(12)组装:将涂油胶粘剂的焊缝加强夹板用专用挂具钩住其中的两个螺栓孔,将其安装到钢轨轨腰上,使夹板两侧紧贴钢轨轨腰,交替插入高强度螺栓,安装高强度六角螺母,确认安装无误后,分别在钢轨的两侧先用扳手按 3、4、5、2、1、6 的顺序同时拧紧螺母,然后用 1 500 N·m。过程不应超过 7 min。(13)复紧:螺栓紧固后 5 min,用小锤轻轻敲击焊缝加强夹板两侧,然后再用长扭矩扳手复拧螺母 2~3 次,扭矩值达到 1 200 N·m。(14)清除残胶:用小扁铲清除钢轨顶面及两侧残胶,使焊缝加强夹板外观整洁美观。(15)恢复线路:按扣件组装规定顺序将铁垫板、扣件摆放位置正确,作用良好,并复紧至规定扭矩。

89. 简述轨道测量仪安博格小车测量的误差控制措施。

答:(1)选用高精度全站仪,并定期检定。(2)全站仪工作之前要适应环境温度。(3)每天开始测量之前检查全站仪测量精度:正倒镜检查全站仪水平角和竖角偏差,如果超过 3 s,在气象条件较好的情况下进行组合校准及水平轴倾斜误差(a)校准;检查全站仪 ATR 照准是否准确(照准偏差少于 3 s)。每测量过程中如对测量结果有疑问,也须及时检查,必要时进行校准。(4)测量时棱镜要对准全站仪。(5)采集数据时小车要停稳,全站仪应采用精确模式。(6)恶劣天气条件下禁止作业。(7)每天测量之前都要在稳固的轨道上对超高传感器进行校准,校准后可在同一点进行正反两次测量,测量值偏差应在 0.3 mm 以内。如发生颠簸、碰撞或气温变化迅速,可再次校准。(8)测量时应尽量保证工作的连续性,轨检小车应由远及近靠近全站仪的方向进行测量。(9)测量时应实时关注偏差值,如存在明显异常,需重复采集数据,覆盖之前采集的结果,如依然存在突变,要及时分析原因。(10)设站后要使用控制点检核全站仪设站,搬站前也应再次检核,以证实此次设站测量结果的可靠性。如测量条件不佳,测量期间可增加检核次数,避免测量作业的误差。(11)无砟轨道测量时目标距离控制在 60 m 内,条件较差时,可根据具体环境缩短目标距离(建议 30~50 m)。全站仪设站的位置应靠近线路中心,而不是在两侧控制点的外侧。设站位置首先要考虑目标距离,其次是与近处控制点之间的距离(一般应超高 15 m)。(12)如轨道粗调放样偏差较大,应避免对单点进行调整,并增加精调次数。

90. 简述 GJY-T-EBJ-2 型轨道检查仪上线操作流程和拼装上道流程。

答:(1)第一步:启动电脑,进行电脑初始设置。①关闭杀毒软件。②电脑不要设置屏幕保护;③电源选项属性设置为“一直开着”监视器选择“从不”;硬盘关闭选择“从不”;系统待机选择“从不”。(2)第二步:软件设置。①核对密码:核对密码输入小写字母 asdfasdf。②软件注册。③标准与规范设置。④操作员管理设置。⑤基本约定设置。⑥更新线路参数。⑦查看极性修改。⑧导入标定值。(3)拼装上道作业:①检查仪器外观:检查仪器各走行轮、测量轮、里程轮及拼装端面,擦拭干净。②将测量主轴(大梁)插入测量臂定位销孔。③旋转两锁紧手轮,将其锁紧。④将两块电池分别插入大梁的电池座,并连接电池线。⑤对准开槽,将推杆插入机架中部的推杆底座,旋紧手轮。⑥再将笔记本电脑装入推杆上的电脑托架,确认前后卡托已插入电脑槽中。⑦连接航空插头(电脑与大梁数据线)。⑧将仪器平稳放置在轨道上,先将侧臂放置在轨道上,再将左伸缩轴压缩进轨道。⑨打开电源开关。(4)检查仪器状态:打开仪器软件,核对密码后,进入标定界面,选择轨距和水平,点击“启动”,查看仪器是否通信正常,当前轨距动态测试值是否与当前里程点处真实轨距值相符,将仪器调头平稳放置后,查看调头后与调头前两次水平动态测试值,其调头差是否在允许范围内。

91. 简述识读道岔标准图的操作方法和步骤。

答:(1)铺开道岔图纸,记住图号,确认图纸的标题名称、型号、零配件标注的比例尺寸。(2)读出道岔全长、中交位置、转辙角、前长、后长的起讫位置及相互关系。(3)读出导曲线半径、导曲线起讫位置、各点支距、横距。(4)读出道岔配轨情况及每根钢轨的长度。(5)读出岔枕根数长度和岔枕间距。(6)读出各部间隔尺寸。(7)读出图中标注编号指示的零部件,并按编号查阅明细表,读出该零部件及其数据。(8)详细阅读设计说明、铺设指南及技术要求,了解道岔设计理念、构造性能和结构,掌握铺设指南中铺设、安装、调试中的顺序和方法,并熟悉技术要求,指导日常养修作业。

92. 简述用 1 m 平直尺检查焊缝平直度作业程序。

答:(1)检查焊缝顶面平直度:检查人将 1 m 平直尺平放在钢轨顶面中部,焊缝两端长度相等,观察、比较焊缝处与既有轨面的高低。如焊缝处有缝隙,则是焊缝低;如一端钢板尺与钢轨顶面密贴,另一端有缝隙,则是焊缝高。(2)检查焊缝顶面平直度:对焊缝低的钢轨,将塞尺塞入焊缝顶面与 1 m 平直尺之间前后移动,认真调整塞尺厚度,在保证 1 m 平直尺两端与焊缝顶面密贴的前提下读出缝隙最大厚度,即为焊缝最大塌落度;对焊缝高的钢轨,在将 1 m 平直尺平放在焊缝顶面后，保持 1 m 平直尺一端和焊缝顶面密贴的情况下，将塞尺塞入翘起的一端焊缝顶面与 1 m 平直尺之间，认真调整塞尺厚度，读出缝隙最大厚度，即为焊缝处钢轨高于 1 m 平直尺测量处的 1/2 高度；调整方向，测量另一端的焊缝处钢轨高于 1 m 平直尺测量处的 1/2 高度。(3)对焊缝内侧平直度为"＋"的钢轨，将塞尺塞入钢轨内侧头部与 1 m 平直尺之间前后移动，认真调整塞尺厚度，在保证 1 m 平直尺两端与焊缝顶面密贴的前提下读出缝隙最大厚度，即为焊缝内侧最大塌落度；对焊缝内侧平直度为"－"的钢轨，在将 1 m 平直尺平放在钢轨内侧头部表面后，保持 1 m 平直尺一端和钢轨内侧头部密贴的情况下，将塞尺塞入翘起的一端钢轨内侧头部与 1 m 平直尺之间，认真调整塞尺厚度，读出缝隙最大厚度，即为焊缝处钢轨内侧凸出的 1/2 高度；调整方向，测量另一端的焊缝处钢轨内侧头部凸出 1 m 平直尺测量处的 1/2 高度。

93. 简述冻结接头养护维修的内容。

答：(1)冻结接头施工后分别在三天内、第七天、一个月时，检查轨缝并复拧螺栓，确保螺栓扭矩在设计范围内。(2)运营期间养护维修按相关规定执行。(3)在运营期间，冻结接头轨缝拉开(解冻)的处理方法：①当轨缝拉开小于 5 mm 时，可维持现状，待轨温高于锁定轨温时，利用温升将轨缝挤严后，再进行 2～3 次螺栓复紧工作(每天一次)。必要时逐个更换新螺栓后，再全面冻结。②当轨缝拉开 5～10 mm 时，视季节情况适当松开接头螺栓及轨枕扣件，利用温升或机械拉伸，将轨缝挤严后，再重新冻结，并按上述要求做好螺栓复紧工作。③当轨缝拉开大于 10 mm 时，应采用应力放散的方法，待轨缝挤严后，再重新冻结，并做好螺栓复紧工作。

94. 高速铁路基础设施地震震后应急处置办法是什么？

答：

列车调度员接到有关地震信息后，按以下办法组织行车，并通知相关设备管理单位：(1)3.0 级以下地震，列车不限速。(2)3.0 级及以上 4.0 级以下地震，地震影响区段内列车限速 80 km/h 及以下，首列无异常后，重丘和山区铁路后续列车提速至 120 km/h，平原和微丘铁路后续列车按 120 km/h、160 km/h 逐级提速至 160 km/h。(3)4.0 级及以上地震限速区段。工务、供电部门派人添乘时，列车限速 60 km/h；无工务、供电部门派人添乘时，列车限速 40 km/h。在越过接触网分相有困难的特殊情况下，可根据实际情况以不超过 80 km/h 的速度通过分相。前行列车无异常后，山区和重丘铁路后续列车按 80 km/h、120 km/h 逐级提速至 120 km/h。平原和微丘铁路后续列车按 80 km/h、120 km/h、160 km/h 逐级提速至 160 km/h，房建部门应派人检查限速区段内铁路站台、雨棚等房建设施，发现问题及时报告。(4)4.0 级及以上 5.0 级以下地震封锁区段。对封锁区段工务、电务、供电部门应派人检查。检查无异常后，行车限制条件及检查要求按照第(3)款执行。房建部门应派人检查封锁区段内铁路站台、雨棚等房建设施，发现问题及时报告。(5)3.0 级及以上地震发生后，工务、电务、供电等部门应安排人员在按第(2)～(4)款地震应急处置后的第一个天窗时间内对地震影响区段的设备进行检查。检查无异常后，按照 160 km/h、常速逐级提速。

95. 简述 60 kg/m 钢轨用冻结接头安装过程。

答:(1)钢轨和夹板接触面表面除锈:对钢轨接头两侧的油污用清洗剂清洗,对钢轨及夹板接触面,用钢丝刷除锈。(2)钢轨及夹板接触面打磨:①打磨前应用 1 m 直尺对打磨面进行测量,确定打磨的重点部位。②打磨应使用圆形或锥形砂轮配合进行,砂轮粒度 30～40 号。③用角向磨光机等进行上下接触面打磨,并对轨头和轨端片进行倒角。④打磨应沿钢轨纵向来回进行,用力均匀平顺,防止局部打溃和金属过热过烧。严禁横向打磨。⑤打磨出的新金属面不少于打磨面的 80%,最大打磨量不超过 0.5 mm,平直度用 1 m 直尺测量不大于 0.2 mm。⑥打磨后钢轨和夹板严禁涂油。(3)对轨:①安装Ⅰ型接头夹板时,使用样板调整缝至 8 mm,调节双边钢轨方向及轨高,保证接头位置轨顶面水平、轨头侧面工作边水平方向无低凹,错牙。②安装Ⅱ型接头夹板时将钢轨接头顶严,使轨缝为零。(4)接头冻结:①安装夹板。如采用Ⅰ型接头夹板应同时填入轨端片,轨端片与钢轨轨端靠实,穿入螺栓,按照 3、4、2、5、1、6 的顺序依次垫上垫圈。②一侧固定螺栓头部,另一侧用扭矩扳手拧紧螺母至 1 150 N·m。③一次紧固之后按 1 150 N·m 扭矩,从中间向两端再对接头螺栓复紧一遍。④上螺栓时严禁锤击。⑤冻结接头安装宜在设计轨温范围内,当轨温在实际锁定轨温 ±20 ℃以上时,严禁施工。(5)检查:①冻结接头安装后,轨顶面平直度为 $^{+0.3}_{0}$ mm;轨头侧面水平方向平直度 ±0.3 mm。②冻结接头轨缝处,轨顶面垂直方向,轨头侧面水平方向错牙不应超过 0.3 mm。③轨端片应与轨顶面平齐,不应凸出。④冻结接头安装后,接头夹板与钢轨轨腰不得贴靠。

96. 简述道岔打磨作业要求。

答:(1)道岔打磨区域包括岔区(含侧向)、道岔间夹直线。道岔大机打磨的受限区域应及时使用小机打磨,使道岔打磨贯通。(2)打磨道岔时,应结合两端线路进行一体化廓形设计,使打磨后廓形连续贯通、平顺过渡。(3)尖轨非工作边距基本轨工作边 100 mm 处与尖轨尖端之间、长短心轨非工作边间距 100 mm 处与可动心轨尖端前 50 mm 处之间的钢轨外侧为大型养路机械打磨受限区域。大型养路机械打磨受限区域的钢轨内侧可由打磨车打磨,钢轨外侧可采用小型打磨机打磨。(4)打磨车打磨尖轨、可动心轨顶面宽度小于 20 mm 区域时应控制打磨角度和打磨量,以防止打伤尖轨、可动心轨。(5)当大型养路机械打磨受限区域的尖轨或可动心轨出现疲劳裂纹时应采用小型打磨机处理,且应沿线路纵向进行打磨,保证圆角光滑过渡。(6)当大型养路机械打磨受限区域因磨耗导致基本轨与尖轨或翼轨与可动心轨降低值超过 1 mm、并出现光带异常时,应按目标廓形采用小型打磨机打磨。(7)钢轨伸缩调节器比照道岔尖轨、基本轨打磨方法和标准进行打磨。

97. 简述内燃钢轨锯轨机锯轨的作业方法和步骤。

答:(1)检查锯轨机:机油、汽油、动力机温是否正常,各紧固件、砂轮片是否紧固。(2)发动机器,运转 30 s,观察机械运转是否正常。(3)在钢轨轨头顶面准确划出切割位置。(4)轨道电路和电气化区段线上锯轨前,应在被换钢轨两端轨节间纵向安设一条截面不小于 70 mm^2 的铜导线,导线两端用夹子牢固夹持在相邻的轨底上,该连接线在换轨作业完毕后方可拆除。

(5)锯轨机上轨,扶正并紧固。(6)锯轨时,应严格控制锯轨速度,待全断面垂直锯断后方可退出。(7)停机,将锯轨机撤出。(8)复查切割位置。(9)用砂轮机或挫刀将轨头、轨底"毛刺"清除,并对轨头切割端倒角。(10)清扫铁屑。

98. 简述钢轨打磨作业安全注意事项。

答:(1)按规定设置防护、进行"运统 46"登销记。(2)严禁天窗点外使用仿型打磨机(精磨机)。(3)作业人员和工具与接触网带电部分必须保持 2 m 以上安全距离。(4)作业人员对各类机械、工(机)具性能及安全性进行检查测试,确认状态良好,防止损伤的工(机)具带入作业现场。(5)工(机)具需用反光漆(膜)进行粘贴,以防止使用中工(机)具侵入限界或遗留在线路上。(6)砂轮片必须完好,无裂纹痕迹,砂轮片安装应坚固,螺栓无松动、失效,防护罩完好,磨轨时,铁屑能飞溅到的地方严禁站人。距打磨机砂轮转动前方 3 m 内,禁止人员站立或走动,以免砂轮碎裂飞出砸伤人。(7)正确使用磨轨机,打磨量的控制要适度,推动动作要平衡、均匀,以免动作过猛,使打磨过量造成砂轮片碎裂。(8)作业人员应佩戴护目镜和手套。刚打磨过之处不得用手直接触摸。(9)使用燃油发动机,加油时必须停机、严禁吸烟、避开明火。加油后及时上紧油箱盖。(10)若打磨机发生故障,应迅速关机,摇起砂轮下道检查,严禁在线路上修理。

99. 高速铁路基础设施地震后地震影响区段如何确定?

答:(1)3.0 级以下地震,无地震影响区段。(2)3.0 级及以上 4.0 级以下地震,地震影响区段为距离震中 20 km 范围内的铁路,该区段为限速区段。(3)4.0 级及以上 5.0 级以下地震,地震影响区段为距离震中 50 km 范围内的铁路,其中距离震中 25 km 范围内的铁路为封锁区段(检查列车可进入)。其余区段为限速区段。(4)5.0 级及以上 6.0 级以下地震,地震影响区段为距离震中 100 km 范围内的铁路。其中距离震中 50 km 范围内的铁路为封锁区段(检查列车可进入)。其余区段为限速区段。(5)6.0 级及以上 7.0 级以下地震,地震影响区段为距离震中 250 km 范围内的铁路,该区段为封锁区段(检查列车可进入距震中 25 km 以外的封锁区段)。(6)7.0 级及以上地震,地震影响区段为距离震中 600 km 范围内的铁路,该区段为封锁区段(检查列车可进入距震中 100 km 以外的封锁区段)。(7)当列车调度员接到运输站段地震信息报告后,地震影响区段按运输站段报告地点的相邻站间区间掌握。

100. 简述大型养路机械打磨作业、钢轨打磨作业中的要求。

答:(1)打磨车作业速度应根据打磨性质和打磨车特性确定。(2)打磨车砂轮起落位置宜提高作业速度、降低打磨功率,尽量减小周期性磨痕或波磨谷深。(3)钢轨打磨车第一遍宜打磨轨头内外侧轨角,第二遍打磨应全面覆盖第一遍打磨区域且越过第一遍打磨起点不小于 20 m。(4)道岔打磨时,道岔与其两端线路的钢轨打磨重叠区域不应小于 10 m,确保线岔结合部打磨后廓形连续贯通。(5)应及时检查钢轨廓形、切削量、磨面宽度等技术指标,根据钢轨实测廓形与目标廓形的差异及时调整打磨作业方案。(6)应及时检查砂轮下落处的轨面磨痕谷深,如超过相关要求,应及时进行处理。(7)无砟轨道地段雨雪天气不宜进行钢轨打磨作业。

S1　打磨钢轨肥边作业

一、考场准备

钢轨有肥边的 50 m 线路一段或道岔一组;夜间考场内要有充足的照明。

二、材料工具准备

序　号	名　称	规　格	精　度	数　量	备　注
1	角向砂轮机			1 台	需贴加反光标记
2	发电机			1 台	需贴加反光标记
3	道岔打磨机			1 台	需贴加反光标记
4	1 m 直尺			1 把	需贴加反光标记
5	道尺			1 把	需贴加反光标记
6	塞尺			1 把	需贴加反光标记
7	游标卡尺			1 把	需贴加反光标记
8	石笔			2 支	

三、考核要求

1. 考生按要求穿戴、配备劳动保护用品,夜间戴照明头灯。
2. 材料、工器具准备合理。
3. 钢轨内侧工作边应平顺,无明显凹凸。
4. 钢轨接头内侧错牙符合相应规定。
5. 线路钢轨横向弯曲(硬弯)矫直打磨后,矢度应符合《高速铁路线路维修规则》规定。
6. 轨距变化率在规定范围内。
7. 规定时间内全部完成,不加分。每超时 1 min,从总分中扣 2 分,总超时 5 min 停止作业。
8. 作业完毕,按规定清理现场。

四、考核评分

1. 考评人员 3 名及以上。
2. 评分程序及规则:考评员根据考生操作情况对照计分标准在评分表上给予记录评分。
3. 评分方法:采用百分制,满分 100 分,60 分及以上为及格。

五、铁道行业职业技能认定高速铁路线路工中级工实作技能考核评分记录表

单位:________　姓名:________　性别:________　准考证号:________　工种:________　级别:________

试题名称:打磨钢轨肥边作业

考核时间:40 min

操作开始时间: 时 分 操作结束时间: 时 分

序号	考核内容	考核要点	配分	评分标准	扣分	得分
1	作业工具	(1)根据需要一次带够所有工具。 (2)上道清点工具	10	(1)工具不全,少一件扣5分。 (2)未进行上道清点扣5分		
2	作业程序	(1)校正检查工、机、量具,设置防护。 (2)调查打磨量。 (3)打磨钢轨肥边。 (4)找细打磨、倒角。 (5)撤离机械。 (6)撤除防护	40	(1)未检查校对,每漏一项扣5分。 (2)未调查打磨量扣3分。 (3)工具使用方法不正确,操作不熟练扣3分。 (4)未找细打磨、倒角扣5分。 (5)搬运机具未统一指挥,步调不一致扣3分。 (6)未撤除防护扣5分		
3	作业质量	(1)钢轨内侧工作边应平顺,无明显凹凸。肥边允许速度在120 km/h$<v_{max}\leqslant$200 km/h线路小于0.3 mm;在$v_{max}\leqslant$120 km/h线路小于0.5 mm;绝缘接头肥边小于2 mm。 (2)允许速度120 km/h$<v_{max}\leqslant$200 km/h线路轨距变化率小于1‰;$v_{max}\leqslant$120 km/h正线及到发线轨距变化率不大于2‰;其他站线轨距变化率不大于3‰(不含规定的递减率)	40	(1)钢轨内侧不平顺,每处扣5分,超标每处扣8分。 (2)轨距变化率大于标准,每处扣2分		
4	作业安全	(1)按规定设好作业防护,作业后撤除防护。 (2)工具要贴加反光标记。 (3)临线有车通过作业人员要按规定避车。 (4)考生按要求穿戴、配备劳动保护用品。 (5)作业完毕后要清点工具,确认工具齐全。 (6)人员、工具、材料撤出网外,最后撤除防护,次序正确	10	(1)未按规定设好或撤除防护,扣10分;未设好防护就上道作业扣41分。 (2)工具未贴加反光标记,一件扣2分。 (3)临线来车时作业人员未按规定避车,扣5分。 (4)未按要求穿戴、配备劳动保护用品及时戴好护目镜,未执行扣5分。 (5)作业完毕后要清点工具,确认工具齐全。未清点扣5分。作业完毕工具遗留在现场扣41分。 (6)人员、工具、材料撤出网外,最后撤除防护。次序错误,扣10分		
5	作业时间	在规定的时间内完成作业内容		规定时间内全部完成,不加分。每超时1 min,从总分中扣2分,总超时5 min停止作业		
合计			100			

考评员签字: 认定人签字: 年 月 日

S2 认定失效轨枕(混凝土枕)

一、考场准备

混凝土枕线路 200 m;夜间考场内要有充足的照明。

二、材料工具准备

序　号	名　称	规　格	精　度	数　量	备　注
1	红油漆	普通粉醛油漆(桶)		0.5 kg	需贴加反光标记
2	毛笔、加长杆(50 cm)			各 1 支	需贴加反光标记
3	塞尺、钢板尺			各 1 把	需贴加反光标记

三、考核要求

1. 考生按要求穿戴、配备劳动保护用品,夜间戴照明头灯。
2. 材料、工器具准备合理。
3. 认定失效轨枕准确、无遗漏。
4. 判定应符合《高速铁路线路维修规则》规定。
5. 计时从考生得到允许作业的命令之时开始,到考生汇报作业完毕之时结束。
6. 规定时间内全部完成,不加分。每超时 1 min,从总分中扣 2 分,总超时 5 min 停止作业。
7. 作业完毕,按规定清理现场。

四、考核评分

1. 考评人员 3 名及以上。
2. 评分程序及规则:考评员根据考生操作情况对照计分标准在评分表上给予记录评分。
3. 评分方法:采用百分制,满分 100 分,60 分及以上为及格。

五、铁道行业职业技能认定高速铁路线路工中级工实作技能考核评分记录表

单位:________　姓名:________　性别:________　准考证号:________　工种:________　级别:________

试题名称:认定失效轨枕

考核时间:60 min

操作开始时间:　　时　　分　　　　　　操作结束时间:　　时　　分

序号	考核内容	考核要点	配分	评分标准	扣分	得分
1	工具使用及维护	(1)油漆无浪费。 (2)毛笔不丢失	10	(1)油漆浪费,一次扣5分。 (2)每丢失毛笔一支扣5分		

续上表

序号	考核内容	考核要点	配分	评分标准	扣分	得分
2	作业程序	(1)上道前问答。 (2)先设置防护,然后上道检查	30	(1)明确混凝土枕失效标准:在作业前回答主考人提问混凝土枕失效标准。每漏、错一条扣5分。 (2)设置防护后上道徒步认定失效轨枕;防护未设好上道扣41分		
3	作业质量	(1)对失效轨枕划标记。 (2)失效轨枕的判断	50	(1)对失效轨枕划一个"T"字形。 (2)经主考人检查确认符合失效标准,在"T"字形之下,划一横成"工"字形,表示同意。错划、遗漏,每根扣5分		
4	作业安全	(1)按规定穿戴服装、带齐有关证件。 (2)临线来车时未按规定避车。 (3)工具贴加反光标记。 (4)作业前后要清点工具,确认工具齐全。 (5)作业完毕后人员、工具、材料撤出网外,最后撤除防护,次序正确	10	(1)不按规定穿戴服装扣5分。 (2)来车时未按规定避车,每次扣10分。 (3)工具未贴加反光标记,一件扣2分。 (4)作业完毕后要清点工具,确认工具齐全。未清点每次扣5分。作业完毕工具遗留在现场扣41分。 (5)作业完毕后人员、工具、材料撤出网外,最后撤除防护,次序错误扣5分		
5	作业时间	在规定的时间内完成作业内容		规定时间内全部完成,不加分。每超时1 min,从总分中扣2分,总超时5 min停止作业		
合计			100			

考评员签字: 认定人签字: 年 月 日

S3 胀轨跑道处理

一、考场准备

现场无缝线路模拟或教室,夜间考场内要有充足的照明。

二、材料工具准备

1. 材料准备:教室模拟,准备白纸5张。现场模拟,准备应急相关工机具。
2. 工、量、刃、卡具准备:应急设备(教室模拟:无)。

三、考核要求

1. 现场模拟:考生按要求穿戴、配备劳动保护用品,夜间戴照明头灯。教室模拟:无。

2. 材料、工器具准备合理。

3. 正确描述胀轨跑道的原因。

4. 正确描述胀轨的迹象及处理办法。

5. 正确描述无缝线路的扣件、接头扭矩以及道床断面标准。符合《高速铁路线路维修规则》规定。

6. 计时从考生得到允许作业的命令之时开始,到考生汇报作业完毕之时结束。

7. 规定时间内全部完成,不加分。每超时 1 min,从总分中扣 2 分,总超时 5 min 停止作业。

8. 作业完毕,按规定清理现场。

四、考核评分

1. 考评人员 3 名及以上。

2. 评分程序及规则:考评员根据考生操作情况对照计分标准在评分表上给予记录评分。

3. 评分方法:采用百分制,满分 100 分,60 分及以上为及格。

五、铁道行业职业技能认定高速铁路线路工中级工实作技能考核评分记录表

单位:________ 姓名:________ 性别:________ 准考证号:________ 工种:________ 级别:________

试题名称:胀轨跑道处理

考核时间:40 min

操作开始时间: 时 分 操作结束时间: 时 分

序号	考核内容	考核要点	配分	评分标准	扣分	得分
1	作业程序	(1)描述引起胀轨跑道的原因。 (2)描述胀轨跑道的判断依据。 (3)描述胀轨跑道的各种处理方法。 (4)描述扣件、接头扭矩以及道床断面标准	50	每缺、错一项扣 3 分;程序不正确,一项扣 5 分		
2	作业质量	(1)描述应清楚、有条理。 (2)描述应全面、合理	50	(1)描述不清楚,条理性不强每项扣 2 分。 (2)描述不合理,不全面每项扣 5 分		
3	作业时间	在规定的时间内完成作业内容		规定时间内全部完成,不加分。每超时 1 min,从总分中扣 2 分,总超时 5 min 停止作业		
合计			100			

考评员签字: 认定人签字: 年 月 日

S4 使用钻孔机钻钢轨螺栓孔

一、考场准备

20 m×3 m 以上场地，无行车干扰；夜间考场内要有充足的照明。

二、材料工具准备

1. 材料准备：混凝土枕 60 kg/m 旧轨排一个(10 m 及以上)。
2. 工、量、刃、卡具准备。

序 号	名 称	规 格	精 度	数 量	备 注
1	钢轨钻孔机			1套	需贴加反光标记
2	钻头(ϕ31 mm)			2个	
3	摇铃、450 mm 活动扳手			各1把	需贴加反光标记
4	水桶			1个	需贴加反光标记
5	水管	2 m		1根	需贴加反光标记
6	2 m 钢卷尺			1把	需贴加反光标记
7	石笔			1支	需贴加反光标记
8	倒棱器			1把	需贴加反光标记

三、考核要求

1. 考生按要求穿戴、配备劳动保护用品，夜间戴照明头灯。
2. 材料、工器具准备合理。
3. 钻孔位置上下、左右偏差不超过 2 mm。
4. 螺栓孔的间距偏差不超过 2 mm。
5. 螺栓孔倒棱，边缘无裂纹、无毛刺。钻孔质量符合《高速铁路线路维修规则》规定。
6. 计时从考生得到允许作业的命令之时开始，到考生汇报作业完毕之时结束。
7. 规定时间内全部完成，不加分。每超时 1 min，从总分中扣 2 分，总超时 5 min 停止作业。
8. 作业完毕，按规定清理现场。

四、考核评分

1. 考评人员 3 名及以上。
2. 评分程序及规则：考评员根据考生操作情况对照计分标准在评分表上给予记录评分。
3. 评分方法：采用百分制，满分 100 分，60 分及以上为及格。

五、铁道行业职业技能认定高速铁路线路工中级工实作技能考核评分记录表

单位：________ 姓名：________ 性别：________ 准考证号：________ 工种：________ 级别：________

试题名称：使用钻孔机钻钢轨螺栓孔

考核时间:20 min

操作开始时间:　　时　　分　　　　　　　　　　　　操作结束时间:　　时　　分

序号	考核内容	考核要点	配分	评分标准	扣分	得分
1	作业工具及使用	(1)根据需要一次带够所有工具。 (2)正确使用工具,不损坏钻头	10	(1)工具不全,少一件扣5分。 (2)损坏钻头扣10分		
2	作业程序	(1)准确量好钻孔位置。 (2)固定好钻孔机,安装钻要安设平直,不能偏斜。 (3)钻孔:当钢轨接近钻通时,用力要均匀,同时又不能停下来,以防损坏钻头。 (4)倒棱	30	(1)未量或量错扣5分。 (2)未一次性固定好,钻孔时有晃动,扣5分。 (3)钻孔:当钢轨接近钻通时,用力要均匀,同时又不能停下来,以防损坏钻头。不规范、不熟练扣5分。 (4)未进行倒棱扣10分。 程序每错一项扣2分,作业程序不符合标准扣1分		
3	作业质量	(1)钻孔位置上下、左右偏差不超过2 mm。 (2)钢轨孔的间距偏差不超过2 mm。 (3)倒棱。 (4)钢轨孔边缘无裂纹。 (5)钢轨孔边缘无毛刺	50	(1)钻孔位置上下、左右偏差超过2 mm,每孔扣10分。 (2)钢轨孔的间距偏差超过2 mm,每孔扣10分。 (3)未倒棱,每个扣10分。 (4)钢轨孔边缘有裂纹,每个扣10分。 (5)钢轨孔边缘有毛刺,每处扣5分		
4	作业安全	(1)作业前后要清点工具。 (2)工具贴加反光标记。 (3)作业中的人身安全	10	(1)未清点扣5分。 (2)工具未贴加反光标记,一件扣2分。 (3)作业中发生碰手、碰脚,扣10分。人身伤害扣41分		
5	作业时间	在规定的时间内完成作业内容		规定时间内全部完成,不加分。每超时1 min,从总分中扣2分,总超时5 min停止作业		
合计			100			

考评员签字:　　　　　　　　　　　　认定人签字:　　　　　　　　　　　　年　　月　　日

S5　线路检查作业(直线)

一、考场准备

直线线路200 m;夜间考场内要有充足的照明。

二、材料工具准备

1. 材料准备:技术资料一份(波形图分析一份及线路要素相关资料)。

2. 工、量、刃、卡具准备。

序 号	名 称	规 格	精 度	数 量	备 注
1	电子道尺	0 级	±0.25 mm	1 把	需贴加反光标记
2	钢板尺			1 把	需贴加反光标记
3	弦线	60 m		1 盒	需贴加反光标记
4	检查锤			1 把	需贴加反光标记
5	大灯			2 台	需贴加反光标记
6	石笔			若干	
7	记录本			1 个	

三、考核要求

1. 考生按要求穿戴、配备劳动保护用品，夜间戴照明头灯。
2. 材料、工器具准备合理。
3. 作业前对量具进行检查、校对。
4. 波形图进行分析结果与病害地点要一致。
5. 在规定的顺序、位置进行线路检查，无错误、遗漏。
6. 计时从考生得到允许作业的命令之时开始，到考生汇报作业完毕之时结束。
7. 规定时间内全部完成，不加分。每超时 1 min，从总分中扣 2 分，总超时 5 min 停止作业。
8. 作业完毕，按规定清理现场。

四、考核评分

1. 考评人员 3 名及以上。
2. 评分程序及规则：考评员根据考生操作情况对照计分标准在评分表上给予记录评分。
3. 评分方法：采用百分制，满分 100 分，60 分及以上为及格。

五、铁道行业职业技能认定高速铁路线路工中级工实作技能考核评分记录表

单位：________ 姓名：________ 性别：________ 准考证号：________ 工种：________ 级别：________

试题名称：线路检查作业（直线）

考核时间：60 min

操作开始时间： 时 分　　　　操作结束时间： 时 分

序号	考核内容	考核要点	配分	评分标准	扣分	得分
1	工具设备使用与维护及灯光布置	(1)工(量)具使用无损坏、无丢失。 (2)灯光布置合理	10	(1)损坏工(量)具或丢失一件扣 5 分。 (2)灯光布置不合理扣 5 分(灯光布置属于准备阶段)		

续上表

序号	考核内容	考核要点	配分	评分标准	扣分	得分
2	作业程序	(1)核准检查工(量)具。 (2)量轨距、水平。 (3)根据波形图分析结果在有病害地点前后目视方向和高低;找出病害起始点,必要时采用弦线复核并做好标记。同时检查其他设备情况。 (4)圈划超限处所	40	(1)核准道尺有效期符合要求,电量充足,其水平误差不得大于0.5 mm。 (2)在规定的检查点上,按“先轨距、后水平”的顺序,将实测轨距和水平的差数记入记录本中,检查水平时,直线以左股为标准股,高于标准股为正,低于标准股为负。 (3)结合波形图分析结果,每20 m用目测方向和高低,必要时采用弦线进行测量,并随时检查钢轨、轨枕、接头轨缝及螺栓扣件、道床等设备情况,如有超限和其他危及行车安全处所,填记在“紧急工作量及其他”栏中。 (4)检查完后,对轨距、水平、方向、高低、三角坑等超限处所进行圈划,并找出原因,确定作业位置、作业项目、工作量和所需材料的数量及规格,写入记录本中。 漏一项、缺一项、错一项各扣5分		
3	作业质量	(1)轨距、水平、方向、高低,检查、记录正确。 (2)标出超限处所,并能分析原因,确定出正确整修措施。 (3)记录规范	40	(1)轨距、水平、方向、高低,测量误差超1 mm,每处扣2分。检查、记录不正确,一项扣2分;漏一项扣5分。 (2)波形图分析数据超1 mm,一处扣2分。地点超出5 m扣10分。不按规定标出超限处所,未分析原因,未确定出正确整修措施,每项扣5分。 (3)检查日期、公里、轨号、设备状况记录明确。缺一项扣3分		
4	作业安全	(1)按规定设好防护,作业完后撤除防护。 (2)工具贴加反光标记。	10	(1)未按规定设好或撤除防护,扣10分;未设好防护就上道作业扣41分。 (2)工具未贴加反光标记,一件扣2分。		

续上表

序号	考核内容	考核要点	配分	评分标准	扣分	得分
4	作业安全	(3)临线有车通过作业人员要按规定避车。 (4)考生按要求穿戴、配备劳动保护用品。 (5)作业前后要清点工具,确认工具齐全。 (6)人员、工具、材料撤出网外,最后撤除防护,次序正确	10	(3)邻线来车时作业人员未按规定避车,扣5分。 (4)未按要求穿戴、配备劳动保护用品,未执行扣5分。 (5)作业完前后要清点工具,确认工具齐全。未清点,一次扣5分。作业完毕工具遗留在现场扣41分。 (6)人员、工具、材料撤出网外,最后撤除防护。次序错误,扣10分		
5	作业时间	在规定的时间内完成作业内容		规定时间内全部完成,不加分。每超时1 min,从总分中扣2分,总超时5 min停止作业		
合计			100			

考评员签字: 认定人签字: 年 月 日

S6 拨道作业

一、考场准备

混凝土枕曲线普通线路50 m以上;夜间考场内要有充足的照明。

二、材料工具准备

序 号	名 称	规 格	精 度	数 量	备 注
1	拨道器	15 t		2台	需贴加反光标记
2	弦线	60 m		1盒	需贴加反光标记
3	直板尺	15 cm		1个	需贴加反光标记
4	大灯			2台	需贴加反光标记
5	扒镐			2把	需贴加反光标记
6	叉子			2把	需贴加反光标记
7	石笔			1支	
8	油漆			1桶	需贴加反光标记
9	排笔			1支	需贴加反光标记
10	防护备品			1套	
11	轨温计			1个	
12	压机杆			2根	需贴加反光标记
13	电子道尺			1把	需贴加反光标记

三、考核要求

1. 考生按要求穿戴、配备劳动保护用品,夜间戴照明头灯。
2. 材料、工器具准备合理。
3. 调查划撬准确无误,无遗漏。
4. 正确使用工具进行拨道作业,作业效果良好。
5. 拨道后应符合《高速铁路线路维修规则》规定。
6. 计时从考生得到允许作业的命令之时开始,到考生汇报作业完毕之时结束。
7. 规定时间内全部完成,不加分。每超时 1 min,从总分中扣 2 分,总超时 5 min 停止作业。
8. 作业完毕,按规定清理现场。

四、考核评分

1. 考评人员 3 名及以上。
2. 评分程序及规则:考评员根据考生操作情况对照计分标准在评分表上给予记录评分。
3. 评分方法:采用百分制,满分 100 分,60 分及以上为及格。

五、铁道行业职业技能认定高速铁路线路工中级工实作技能考核评分记录表

单位:________ 姓名:________ 性别:________ 准考证号:________ 工种:________ 级别:________

试题名称:拨道作业

考核时间:40 min

操作开始时间: 时 分 操作结束时间: 时 分

序号	考核内容	考核要点	配分	评分标准	扣分	得分
1	工具使用及维护	工具无损坏	10	工具损坏,每次扣 10 分		
2	作业程序	(1)到达作业地点后设置工地防护。 (2)清点工、机具及资料和校对量具。 (3)在作业地点适当位置布设照明大灯,首先测量轨温,确认是否符合作业轨温条件。 (4)调查:先目视,然后用弦线测量,确定拨量及划撬,做好标记。 (5)对需要拨道的地点用捣镐对拨道方向一侧的轨枕头石砟挖松至轨枕底(当拨道方向为"路肩一侧"且拨道量大于 3 mm 或拨道方向为"两线间及挡砟墙一侧"时应扒开轨枕头石砟)。根据标记方向,扒好拨道器放置位置,按油缸与轨枕面夹角为 45°的标准,严禁在绝缘接头及焊缝处放置拨道器。 (6)拨道:按油缸与轨面夹角为 45°放置拨道器,通过弦线和线间距测量法来控制拨道量。两台拨道器同时用力,方向一致,拨到位后,后一台先卸压,再将前面一台卸压,依次逐撬拨道。	40	(1)不设防护上线作业扣 41 分。 (2)未校正扣 5 分、未检查扣 5 分;料具不全少一件扣 5 分;未清点扣 5 分。 (3)未测轨温扣 5 分;照明大灯布置不合理扣 3 分。 (4)调查不细,扣 3 分。调查错误扣 5 分,未做好标记扣 2 分。 (5)未扒或未达到要求,每项扣 3 分。在绝缘接头及焊缝处放置拨道器,每次扣 10 分。 (6)程序漏项及错误,每项扣 3 分;未按油缸与轨面夹角为 45°放置拨道器,每次扣 2 分。		

续上表

序号	考核内容	考核要点	配分	评分标准	扣分	得分
2	作业程序	(7)作业后，按标准全面恢复道床。并将拨后离缝一侧的轨枕头石砟全面夯实，确保拨道质量。 (8)作业后对作业地点前后各 50 m 范围进行回检，外观达标，用油漆做好记名修。 (9)对工机具及材料进行清点，确认齐全，人员、机具、材料撤出网外，最后撤除防护	40	(7)未按标准全面恢复道床，扣 5 分。 (8)作业后未回检，未用油漆做好记名修，每项扣 5 分。 (9)未对工机具及材料进行清点，未确认齐全，人员、机具、材料撤出网外，最后未撤除防护，每项扣 5 分		
3	作业质量	直线轨向：目视平顺，200 km/h<v_{max}≤250 km/h 线路，用 10 m 弦线测量作业验收容许偏差值 3 mm；经常保养容许偏差 4 mm	40	超作业验收每处扣 4 分；超保养值扣 41 分		
4	作业安全	(1)按规定设好防护，作业后撤除防护。 (2)工具贴加反光标记。 (3)邻线有车通过作业人员要按规定避车。 (4)考生按要求穿戴、配备劳动保护用品。 (5)作业前后要清点工具，确认工具齐全。 (6)人员、工具、材料撤出网外，最后撤除防护，次序正确。 (7)严格执行作业前、中、后测量轨温制度；确认是否符合作业轨温条件，做到超温不作业	10	(1)未按规定设好或撤除防护，扣 5 分；未设好防护就上道作业，扣 41 分。 (2)工机具未贴加反光标记，一件扣 2 分。 (3)邻线来车时作业人员未按规定避车，扣 5 分。 (4)未按要求穿戴、配备劳动保护用品，未执行扣 5 分。 (5)作业前后应清点工具，确认工具齐全。若未清点，一次扣 5 分；作业完毕工具遗留在现场扣 41 分。 (6)人员、工具、材料撤出网外，最后撤除防护，次序错误，扣 10 分。 (7)未执行作业前、中、后测量轨温制度；每一次扣 5 分。超温作业扣 10 分		
5	作业时间	在规定的时间内完成作业内容		规定时间内全部完成，不加分。每超时 1 min，从总分中扣 2 分，总超时 5 min 停止作业		
合计			100			

考评员签字：　　　　　　　　　　认定人签字：　　　　　　　　　　年　　月　　日

S7　混凝土枕道岔改道作业(只改轨距、支距)

一、考场准备

需要改道作业的道岔一组；夜间考场内要有充足的照明。

二、材料工具准备

1. 材料准备:各型号轨距调整块、缓冲调距块、尼龙座、改道垫片、适量,扣件、长效油脂、油漆、燃油若干。

2. 工、量、刃、卡具准备。

序　号	名　称	规　格	精　度	数　量	备　注
1	道尺、支距尺			各1把	需贴加反光标记
2	弦线			1盒	需贴加反光标记
3	直尺	大于15 cm		1把	需贴加反光标记
4	起道机或改道器			1套	需贴加反光标记
5	电动扳手			1台	需贴加反光标记
6	T形扳手			1把	需贴加反光标记
7	发电机、砂轮机			各1台	需贴加反光标记
8	活口扳手			1把	需贴加反光标记
9	刷子			1只	需贴加反光标记
10	石笔			2支	
11	大灯			2台	需贴加反光标记
12	轨温计			1个	需贴加反光标记

三、考核要求

1. 考生按要求穿戴、配备劳动保护用品,夜间戴照明头灯。
2. 材料、工器具准备合理。
3. 检查工具、机具并校对量具。
4. 调查划撬准确无遗漏。
5. 改道后应符合《高速铁路线路维修规则》规定。
6. 计时从考生得到允许作业的命令之时开始,到考生汇报作业完毕之时结束。
7. 规定时间内全部完成,不加分。每超时1 min,从总分中扣2分,总超时5 min停止作业。
8. 作业完毕,按规定清理现场。

四、考核评分

1. 考评人员3名及以上。
2. 评分程序及规则:考评员根据考生操作情况对照计分标准在评分表上给予记录评分。
3. 评分方法:采用百分制,满分100分,60分及以上为及格。

五、铁道行业职业技能认定高速铁路线路工中级工实作技能考核评分记录表

单位:________ 姓名:________ 性别:________ 准考证号:________ 工种:________ 级别:________

试题名称:混凝土枕道岔改道作业

考核时间：60 min

操作开始时间： 时 分 操作结束时间： 时 分

序号	考核内容	考核要点	配分	评分标准	扣分	得分
1	工具使用与维护	按要求正确使用工具	10	工具使用不当或损坏扣10分		
2	作业程序	(1)作业准备： ①设置防护，清点工具、机具、材料，校正量具：上道前设好防护；改道作业前，对当日使用的各种量具进行检查核对。 ②布置好大灯，测量轨温，确认是否符合作业轨温条件，做到超温不作业。并严格执行作业前、作业中、作业后测量轨温制度。 (2)调查划撬：利用波形图分析结果，在道岔病害前20 m左右的钢轨上，目视直外股轨向，对目测出的轨向凹凸长度和方向进行粗略定位，用估测或10 m弦线测量的方法，确定改道量，然后用道尺逐根检查内直股轨距和轨距变化率，对照不同线路速度等级对轨距和轨距顺坡率的规定，找出超限处所，做好长度和方向标记。用支距尺测量各点支距，对照不同线路速度等级对支距的偏差规定，找出偏差处所，做好长度和方向标记；然后用道尺逐根检查曲下股轨距和轨距顺坡率。对照不同线路速度等级对轨距和轨距顺坡率的偏差的规定，确定超限处所，做好长度和方向标记。 (3)改道一次连续拆卸扣件不得超过15根轨枕： ①改正直外股轨向。 ②改正导曲线上股圆顺度。 ③改正内直股和曲下股轨距和变化率。 (4)补充、更换缺少、失效扣件。 (5)复核轨距、支距：对作业地点的轨距复核，确保轨距容许误差在±1 mm以内，轨距变化率不得大于1/1 500‰，支距在2 mm以内。 (6)安装扣件：位置要正确，扭矩要达标。 (7)回收旧料：对作业后更换下的废旧材料进行回收。 (8)作业回检：对作业地点及前后影响道岔扳动的处所要仔细检查，做好记名修。 (9)下道清点工、机具及材料，确认线路达到放行列车条件，人员、机具撤出限界后，撤除防护	40	(1)作业准备： ①未设置防护扣5分、未设置防护就上道作业，扣41分。未校正、检查量具扣5分。料具不全少一件扣5分。 ②未测轨温，一次扣5分；未布置好大灯，扣3分。 (2)未目测、弦测轨向扣2分，确认错误扣5分；未用波形图分析；或分析结果错误各扣5分；改道量错误扣5分；漏划、错划一处扣5分。 (3)改道一次连续松卸扣件范围超过15根，每头扣2分，改道作业顺序漏、错一项扣5分。 (4)未补充、更换缺少、失效扣件，一项扣4分。 (5)未复核，误差大于标准，一项扣4分。 (6)位置不正确，扭矩未达标每处扣2分。 (7)未回收旧料扣2分。 (8)未作业回检、未对作业地点及前后影响道岔扳动的处所要仔细检查、未做好记名修，每项扣5分。 (9)未按规定清点，未按规定撤除防护，每项扣10分		
3	作业质量	(1)轨距容许偏差在允许速度200 km/h$<v_{max}\leqslant$250 km/h作业验收容许偏差值为$^{+2}_{-2}$ mm；经常保养容许偏差值为$^{+4}_{-2}$ mm。允许速度250 km/h$<v_{max}\leqslant$350 km/h作业验收容许偏差值为$^{+1}_{-1}$ mm；经常保养容许偏差值为$^{+4}_{-2}$ mm。 (2)轨向容许偏差在允许速度200 km/h$<v_{max}\leqslant$250 km/h作业验收容许偏差值为2 mm；经常保养容许偏差值为4 mm。允许速度250 km/h$<v_{max}\leqslant$350 km/h作业验收容许偏差值为2 mm；经常保养容许偏差值为4 mm。	30	(1)超作业验收值扣4分，超保养值扣10分。 (2)超作业验收值扣4分，超保养值扣10分。		

续上表

序号	考核内容	考核要点	配分	评分标准	扣分	得分
3	作业质量	(3)轨距变化率作业验收容许偏差值为1/1 500;经常保养容许偏差值为1/1 000。 (4)支距。作业验收容许偏差值为2 mm,经常保养容许偏差值为3 mm。 (5)扣件扭矩符合规定。 (6)扣件无缺少、失效,作用良好	30	(3)超作业验收值扣4分,超保养值扣10分。 (4)超作业验收值扣4分,超保养值扣10分。 (5)不符合规定扣5分。 (6)缺少一个扣2分,作用不良扣1分		
4	作业安全	(1)按规定设好防护,作业完后撤除防护。 (2)工具贴加反光标记。 (3)邻线有车通过作业人员要按规定避车。 (4)考生按要求穿戴、配备劳动保护用品。 (5)作业前后要清点工具,确认工具齐全。 (6)人员、工具、材料撤出网外,最后撤除防护,次序正确。 (7)严格执行作业前、中、后测量轨温制度;确认是否符合作业轨温条件,做到超温不作业	10	(1)未按规定设好或撤除防护,扣10分;未设好防护就上道作业扣41分。 (2)工具未贴加反光标记,一件扣2分。 (3)邻线来车时作业人员未按规定避车,扣5分。 (4)未按要求穿戴、配备劳动保护用品,未执行扣5分。 (5)作业完前后要清点工具,确认工具齐全。未清点,一次扣5分。作业完毕工具遗留在现场扣41分。 (6)人员、工具、材料撤出网外,最后撤除防护。次序错误,扣5分。 (7)未执行作业前、中、后测量轨温制度;每一次扣5分。超温作业扣10分		
5	作业时间	在规定的时间内完成作业内容		规定时间内全部完成,不加分。每超时1 min,从总分中扣2分,总超时5 min停止作业		
合计			100			

考评员签字:　　　　认定人签字:　　　　年　月　日

S8　道岔检查及病害分析(不检查高低、轨向)

一、考场准备

普通单开道岔或提速道岔一组;夜间考场内要有充足的照明。

二、材料工具准备

序　号	名　称	规　格	精　度	数　量	备　注
1	轨距尺			1把	需贴加反光标记

续上表

序　　号	名　　称	规　　格	精　　度	数　　量	备　　注
2	支距尺			1 把	需贴加反光标记
3	检查小锤			1 个	需贴加反光标记
4	弦线			1 盒	需贴加反光标记
5	直尺			1 把	需贴加反光标记
6	石笔			2 支	
7	道岔检查记录本			1 本	
8	大灯			2 台	需贴加反光标记
9	防护备品			1 套	
10	头灯			1 人 1 个	
11	木折尺、塞尺			各 1 把	需贴加反光标记

三、考核要求

1. 考生按要求穿戴、配备劳动保护用品，夜间戴照明头灯。

2. 材料、工器具准备合理。

3. 作业准备充分合理。

4. 道岔检查方法正确，项目齐全，无遗漏。

5. 仔细分析数据，并圈画病害。

6. 计时从考生得到允许作业的命令之时开始，到考生汇报作业完毕之时结束。

7. 规定时间内全部完成，不加分。每超时 1 min，从总分中扣 2 分，总超时 5 min 停止作业。

8. 作业完毕，按规定清理现场。

四、考核评分

1. 考评人员 3 名及以上。

2. 评分程序及规则：考评员根据考生操作情况对照计分标准在评分表上给予记录评分。

3. 评分方法：采用百分制，满分 100 分，60 分及以上为及格。

五、铁道行业职业技能认定高速铁路线路工中级工实作技能考核评分记录表

单位：________ 姓名：________ 性别：________ 准考证号：________ 工种：________ 级别：________

试题名称：道岔检查及病害分析

考核时间：20 min

操作开始时间：　　时　　分　　　　　　　　　操作结束时间：　　时　　分

序号	考核内容	考核要点	配分	评分标准	扣分	得分
1	作业工具及使用	根据需要一次带够所有工具	10	工具不全，少一件扣 5 分		

续上表

序号	考核内容	考核要点	配分	评分标准	扣分	得分
2	作业程序	(1)作业准备:设置防护;清点工具、校对量具。 (2)布置灯光,检查道岔。 ①以直外股为标准股,导曲线以上股为标准股,对道岔及前后50 m(含道岔夹直线)线路轨距,水平、查照间隔进行检查。线路按每5根轨枕1查,道岔每3根轨枕1查。如遇不良地点,应加密检查,并将检查数据按"先轨距,后水平"的顺序记录在"道岔检查记录本"上的"轨距、水平及其他"栏内的对应位置,做好记录;检查尖轨、心轨时应将道尺及时拿出后再记录;随即用石笔写在相应的钢轨内侧轨底面上。 ②检查支距:轨距、水平检查完后,随即用支距尺在规定检查点上逐点检查支距,填写在记录本支距栏内。 ③用塞尺检查尖轨尖(心轨)与基本轨密贴、尖轨(心轨)密贴段密贴、长短心轨密贴、顶铁与尖轨密贴、尖轨与滑床板密贴等情况;用钢板尺检查动程、尖轨最小轮缘槽、护轨轮缘槽等尺寸;对道床、轨枕、钢轨、联结零件、标志标记、外观、路基等进行检查,尖轨、可动心轨处检查时,不得将手脚伸入其中,在检查过程中,随时注意检查其他项目(轨枕、接头、钢轨伤损、联结零件、线路外观等)的病害情况,如有超限和其他危及行车安全的处所,填写在相应栏内。 (3)撤除防护:线路检查完毕,下道清点工具,确认齐全。人员、料具撤出网以外后,撤除防护。 (4)病害分析:将检查数据,对照《道岔轨道静态几何尺寸容许偏差管理值》进行分析,写出道岔分析报告	30	(1)作业准备:未设置防护扣5分,未设置防护就上道作业,扣5分。未清点工具、未校正、检查量具,每项扣5分。料具不全,少一件扣5分。 (2)检查道岔,灯光布置不合理扣3分。 ①标准股确认错误扣5分,未记录一处扣2分,检查轨距、水平顺序、距离不均匀,一处扣2分,检查尖轨、心轨时未将道尺及时拿出,一次扣5分。 ②未检查扣5分;支距尺放置位置不正确,一处扣2分;未记录一处扣2分。 ③漏检1项扣5分、未记录一处扣2分,测量方法不正确一次扣2分。尖轨、可动心轨处检查时,手脚伸入其中,一次扣10分。 (3)撤除防护:未下道清点工具,确认齐全,扣5分。人员、料具撤出限界以外后,未撤除防护,扣5分。 (4)病害分析:未分析扣5分		
3	作业质量	(1)检查水平时,道岔直股以直内股为标准股,导曲线以下股为标准股,高于标准股为"+",低于标准股为"−"。 (2)轨距、水平、支距记录差值,查照间隔,护背距离以实数记录,其他间隔尺寸按实数记录。 (3)分析时对照标准无差错、无漏项,判断正确。 (4)记录的站名、道岔编号、道岔型号、检查日期、字迹齐全清晰	50	(1)"+"、"−"号不正确,扣5分。 (2)检查数据不准确误差超0.5 mm错误,每处扣2分。 (3)判断错误、漏项,一处扣2分。 (4)记录错误、不全,扣4分		
4	作业安全	(1)按规定设好防护,作业完后撤除防护。 (2)工具贴加反光标记。 (3)邻线有车通过作业人员要按规定避车。 (4)考生按要求穿戴、配备劳动保护用品。 (5)作业前后要清点工具,确认工具齐全。 (6)人员、工具、材料撤出网外,最后撤除防护,次序正确	10	(1)未按规定设好或撤除防护,扣10分;未设好防护就上道作业扣41分。 (2)工具未贴加反光标记,一件扣2分。 (3)邻线来车时作业人员未按规定避车,扣5分。 (4)未按要求穿戴、配备劳动保护用品,未执行扣5分。 (5)作业完前后要清点工具,确认工具齐全。未清点,一次扣5分。作业完毕工具遗留现场扣41分。 (6)人员、工具、材料撤出网外,最后撤除防护。次序错误,扣5分		

续上表

序号	考核内容	考核要点	配分	评分标准	扣分	得分
5	作业时间	在规定的时间内完成作业内容		规定时间内全部完成，不加分。每超时 1 min，从总分中扣 2 分，总超时 5 min 停止作业		
合计			100			

考评员签字： 认定人签字： 年 月 日

S9 电子道尺水平校正

一、考场准备

50 m 线路一段；夜间考场内要有充足的照明。

二、材料工具准备

工、量、刃、卡具准备：电子道尺(需贴加反光标记)1 把、石笔 1 支。

三、考核要求

1. 考生按要求穿戴、配备劳动保护用品，夜间戴照明头灯。
2. 材料、工器具准备合理。
3. 检查道尺是否在有效期内，状态是否良好，打开电子道尺电源开关，检查电量是否充足。
4. 校对后水平误差在 0.5 mm 以内。
5. 计时从考生得到允许作业的命令之时开始，到考生汇报作业完毕之时结束。
6. 规定时间内全部完成，不加分。每超时 1 min，从总分中扣 5 分，总超时 2 min 停止作业。
7. 作业完毕，按规定清理现场。

四、考核评分

1. 考评人员 1 名及以上。
2. 评分程序及规则：考评员根据考生操作情况对照计分标准在评分表上给予记录评分。
3. 评分方法：采用百分制，满分 100 分，60 分及以上为及格。

五、铁道行业职业技能认定高速铁路线路工中级工实作技能考核评分记录表

单位：_______ 姓名：_______ 性别：_______ 准考证号：_______ 工种：_______ 级别：_______

试题名称：电子道尺水平校正

考核时间:5 min

操作开始时间:　时　分　　　　　　操作结束时间:　时　分

序号	考核内容	考核要点	配分	评分标准	扣分	得分
1	向考评员报告	(1)我是×××,来自×××单位,考试项目是电子道尺水平校正。 (2)声音响亮,表达清楚	5	(1)未报告,扣5分。 (2)报告不清楚,扣2分		
2	工具清点检查	(1)清点工具:电子道尺、石笔。 (2)确定道尺的有效期。 (3)检查电子道尺的电量充足	5	(1)未清点工具,扣5分。 (2)未检查认定日期,扣5分。 (3)未检查电量,扣5分		
3	轨距校验	在工区检测平台已标记好的位置放置道尺,检查轨距,轨距误差大于1 mm时禁止上道	10	未进行轨距校验,扣5分;轨距误差大于1 mm时上道使用,扣10分		
4	水平校正	(1)道尺在测量显示状态下,同时按下"确定"键和"右移"键1 s以上,进入到现场校准输入密码界面,按"右移"键或"左移"键选择位数,按"查照"键或"护背"键选择数字,输入密码100000。 (2)按"确定"键进入现场校准状态,显示屏显示"正向校准1存储键保存",3 s后显示"正向校准1ADXXXXX"待AD显示值稳定后,且跳动范围小于±1时,按"存储"键,将道尺当前的水平值存储下来。显示屏显示"调头校准1存储键保存",进入到调头校准1步骤。 (3)将道尺调头旋转180°后在放到同一位置处,3 s后显示"调头校准1ADXXXXX",待AD显示值稳定后,且跳动范围小于±1时,按"存储"键后显示屏会显示"正向校准2存储键保存",进入到正向校准2步骤。 (4)进入到正向校准2步骤后,3 s后显示"正向校准2ADXXXXX"待AD显示值稳定后,且跳动范围小于±1时,按"存储"键,将检测尺当前的水平值存储下来。显示屏显示"调头校准2存储键保存",进入到调头校准2步骤。 (5)将检测尺调头旋转180°后在放到同一位置处,3 s后显示"调头校准2ADXXXXX",待AD显示值稳定后,且跳动范围小于±1时,按"存储"键保存,若听到一声鸣响,屏幕显示"水平校准成功",表明现场校准成功。若听到3声鸣响,显示屏同时提示"正向校准3存储键保存",表明校准操作有误,需要再校准一次	20	校对方法不正确,每次扣5分;一次未校对成功,扣10分		
5	作业质量	校正道尺的水平误差应在0.5 mm及以内	45	(1)水平误差在1 mm以上,扣41分。 (2)水平误差在1 mm及以内0.5 mm及以上,扣10分。 (3)水平误差在0.5 mm以内,不扣分		
6	工具清点	校对工具,清点下道	5	未进行校对、清点扣5分		

续上表

序号	考核内容	考核要点	配分	评分标准	扣分	得分
7	作业安全	(1)按规定穿戴劳保用品。 (2)保护和正确使用电子道尺。 (3)防止作业中发生滑倒摔伤、磕手碰脚等人身伤害事故	10	(1)未按规定穿戴劳保用品,扣5分。 (2)磕碰电子道尺扣41分。 (3)作业中发生滑倒摔伤、磕手碰脚等人身伤害事故,扣41分		
8	作业时间	在规定的时间内完成作业内容		规定时间内全部完成,不加分。每超时1 min,从总分中扣5分,总超时2 min停止作业		
合计			100			

考评员签字: 认定人签字: 年 月 日

S10 线路起道作业

一、考场准备

50 m线路一段;夜间考场内要有充足的照明。

二、材料工具准备

序 号	名 称	规 格	精 度	数 量	备 注
1	轨距尺			1把	需贴加反光标记
2	液压起道机			2台	需贴加反光标记
3	九齿叉			1把	需贴加反光标记
4	压机杆			1根	需贴加反光标记
5	冲击镐			1台	需贴加反光标记
6	大灯			2台	需贴加反光标记
7	油料			1桶	需贴加反光标记
8	油漆			若干	
9	排笔			1支	需贴加反光标记
10	防护备品			1套	
11	弦线			1盒	需贴加反光标记
12	轨温计			1个	需贴加反光标记
13	石笔			1支	

三、考核要求

1. 考生按要求穿戴、配备劳动保护用品,夜间戴照明头灯。
2. 材料、工器具准备合理。

3. 考生必须提前查阅作业地点的锁定轨温、曲线、坡度等技术资料,将技术资料填入“病害精细检查及整治跟踪表”中。

4. 按规定检查、校对量具,测量轨温。调查划撬准确无遗漏。

5. 起道作业结束后应符合《高速铁路线路维修规则》规定。

6. 计时从考生得到允许作业的命令之时开始,到考生汇报作业完毕之时结束。

7. 规定时间内全部完成,不加分。每超时 1 min,从总分中扣 2 分,总超时 5 min 停止作业。

8. 作业完毕,按规定清理现场。

四、考核评分

1. 考评人员 3 名及以上。

2. 评分程序及规则:考评员根据考生操作情况对照计分标准在评分表上给予记录评分。

3. 评分方法:采用百分制,满分 100 分,60 分及以上为及格。

五、铁道行业职业技能认定高速铁路线路工中级工实作技能考核评分记录表

单位:________ 姓名:________ 性别:________ 准考证号:________ 工种:________ 级别:________

试题名称:线路起道作业

考核时间:40 min

操作开始时间:　　时　　分　　　　　　　　操作结束时间:　　时　　分

序号	考核内容	考核要点	配分	评分标准	扣分	得分
1	作业工具	根据需要一次带够所有工具	10	工具不全,少一件扣 5 分		
2	作业程序	(1)按规定设置防护。 (2)对工机具进行清点,校对量具、轨距尺等。 (3)布置大灯,测轨温。 (4)方案复核:检查作业地点及前后 50 m 轨距、水平,同步将放置起道机位置和测量数据标注在钢轨(轨枕)面,目视复核起道起止位置及起道量。确定方案无误的情况下再进行作业。 (5)扒开道床 ①扒砟长度:钢轨两侧 450 mm。 ②扒砟深度:弹性良好道床:起道量在 5 mm 以下,枕木盒道砟预留 1/3;起道量在 5～8 mm,枕木盒道砟预留 1/2;起道量在 8 mm 以上可不扒开道床;不起道捣固:枕木盒道砟预留 1/4;弹性不良道床:起道量在 5 mm 以下,扒至轨枕底;起道量在 5 mm 以上,现场视具体情况而定。 (6)基准股起道:每隔 5～6 根轨枕在钢轨面上注明起道机放置位置(起道机严禁放在焊缝上。曲线上股放在外侧,曲线下股放在内侧),作业人员放置起道机于标注位置,起道机放置平整,不能歪斜,严禁翘起。按照测量数据利用道尺依次起道,单股一次性起道完毕后,先用道尺复核每撬起道量,再目视复核高低。当起道量超过 11 mm 时,严禁使用道尺复核起道。	20	(1)不设防护上线作业扣 41 分。未按规定设置防护,扣 5 分。 (2)未校正扣 5 分、未检查扣 5 分;料具不全少一件扣 5 分;未清点扣 5 分。 (3)未测轨温扣 5 分;照明大灯布置不合理扣 3 分。 (4)漏项扣 5 分,程序错扣 4 分。 (5)扒砟长度、深度不足,每项扣 3 分。 (6)起道机放置位置不对,每处扣 2 分。当起道量超过 11 mm 时,使用道尺复核起道量,扣 10 分。未目视复核高低,扣 5 分。		

续上表

序号	考核内容	考核要点	配分	评分标准	扣分	得分
2	作业程序	(7)基准股捣固:先在起道机左右两侧轨枕头进行捣固,捣固后撤出起道机,对高低进行目视复核。 (8)非基准股起道、捣固:在基准股起道机相对位置放置起道机,结合前后水平一次性起道完毕,再目视复核高低。先在起道机左右两侧轨枕头进行捣固,捣固后撤出起道机,对高低进行目视复核。再分段捣固,暂只对轨枕头单面进行捣固。 (9)全面捣固:捣固时捣八面镐。 (10)外观整理:用九齿叉回填及夯拍道床,回填后确保石砟不低于轨枕面 20 mm 且不高于轨枕面。 (11)作业回检:利用弦线对高低进行回检,利用道尺对水平进行回检,对个别不达标地段进行找细。高低水平控制在作业验收范围以内、外观达标,用油漆做好记名修,并在“病害精细检查及整治跟踪表”中做好记录。 (12)工机具及材料进行下道清点,确认齐全。人员、工机具、材料撤出网外后,撤除防护	20	(7)未对高低进行目视复核,扣 5 分。 (8)未目视复核高低,扣 3 分。 (9)未捣八面镐,每根轨枕扣 2 分。 (10)未用九齿叉回填及夯拍道床,扣 3 分。回填后质量不达标,扣 5 分。 (11)未回检扣 5 分。未用油漆做好记名修,扣 2 分。未在“病害精细检查及整治跟踪表”中做好记录,扣 2 分。 (12)未进行下道清点,确认齐全,扣 5 分。人员、工机具、材料撤出网外后,未撤除防护,扣 5 分		
3	作业质量	作业质量应符合《高速铁路线路维修规则》中作业验收的规定	50	(1)静态水平误差超作业验修扣 4 分,超保养值扣 10 分。 (2)三角坑超超作业验修扣 4 分,超保养值扣 10 分。 (3)高低超超作业验修扣 4 分,超保养值扣 10 分		
4	作业安全	(1)按规定设好防护,作业完后撤除防护。 (2)工具贴加反光标记。 (3)邻线有车通过作业人员要按规定避车。 (4)考生按要求穿戴、配备劳动保护用品。 (5)作业前后要清点工具,确认工具齐全。 (6)人员、工具、材料撤出网外,最后撤除防护,次序正确。 (7)严格执行作业前、中、后测量轨温制度;确认是否符合作业轨温条件,做到超温不作业	10	(1)未按规定设好或撤除防护,扣 5 分;未设好防护就上道作业扣 41 分。 (2)工具未贴加反光标记,一件扣 2 分。 (3)邻线来车时作业人员未按规定避车,扣 5 分。 (4)未按要求穿戴、配备劳动保护用品,未执行扣 5 分。 (5)作业前后要清点工具,确认工具齐全。未清点,一次扣 5 分。作业完毕工具遗留现场扣 41 分。 (6)人员、工具、材料撤出网外,最后撤除防护。次序错误,扣 10 分。 (7)未执行作业前、中、后测量轨温制度;每一次扣 5 分。超温作业扣 41 分		

续上表

序号	考核内容	考核要点	配分	评分标准	扣分	得分
5	作业时间	在规定的时间内完成作业内容		规定时间内全部完成,不加分。每超时 1 min,从总分中扣 2 分,总超时 5 min 停止作业		
合计			100			

考评员签字: 认定人签字: 年 月 日

第三部分　高　级　工

1. 道岔螺栓套管改锚作业中,如何拧入新套管?

答:

拧入新套管:在螺栓赶上套入一定长度垫圈,使螺栓拧入套管的深度只有一个螺母的宽度时,将立螺栓与塑料套管连接,用电动扳手将塑料套管拧入轨枕孔内,在将立螺栓取出,塑料套管留在轨枕孔内,对套管顶端与轨枕面不在同一水平面上的,应用角磨机给与磨平。

2. 简述胶接绝缘接头及胶接绝缘夹板的电绝缘性能的要求。

答:胶接绝缘接头干燥状态下电阻值大于 10 MΩ,潮湿状态下电阻值大于 1 000 Ω;胶接绝缘夹板干燥状态下电阻值大于 20 MΩ,潮湿状态下电阻值大于 1 000 Ω。

3. 简述胶接绝缘接头绝缘电阻不合格的处理。

答:(1)检查全断面夹板范围是否有异物接触,如道砟过高而接触轨底或露出的绝缘层表面脏污,若是则应清除。(2)检查轨缝处的轨形端板是否完好,以及表面是否脏污,若是则应清除。(3)检查轨缝处轨顶端面是否有被车轮压出飞边,若有飞边应及时打磨清除。

4.《高速铁路线路维修规则》中大型养路机械无缝线路地段的作业轨温条件是什么?

答:(1)一次起道量小于 30 mm,一次拨道量小于 10 mm 时,作业轨温不得超过实际锁定轨温±20 ℃。(2)一次起道量在 30～40 mm,一次拨道量在 10～20 mm 时,作业轨温不得超过实际锁定轨温－20～＋15 ℃。(3)一次拨道量在 20(不含)～30 mm 时,作业轨温不得超过实际锁定轨温±10 ℃。高温季节大机作业时,应监视线路状况,发现胀轨迹象应立即停止作业。

5. 简述高速铁路发生钢轨折断的紧急处理。

答:

发现钢轨折断应立即封锁线路:当断缝不大于 30 mm 时,可在断缝处上夹板或臌包夹板,用急救器或无损夹具加固,拧紧断缝前后各 50 m 范围内的扣件,并派专人看守,按不超过 45 km/h、其他列车不超过 45 km/h 速度放行列车,且邻线限速不超过 160 km/h。

6. 简述高速铁路发生钢轨折断的临时处理。

答:当钢轨折损严重、断缝超过 30 mm 或紧急处理后不能及时焊复时,应切除伤损部分,在两锯口间插入长度不短于6 m的同型钢轨,轨端钻孔,安装接头夹板,用10.9级螺栓拧紧,拧紧短轨前后各50 m范围内的扣件,按不超过160 km/h速度放行列车。

7. 简述高速铁路钢轨大机打磨作业中要求。

答:(1)打磨车作业速度应根据打磨性质和打磨车特性确定。(2)打磨车砂轮起落位置宜提高作业速度、降低打磨功率,尽量减小周期性磨痕或波磨谷深。(3)钢轨打磨车第一遍宜打磨轨头内外侧轨角,第二遍打磨应全面覆盖第一遍打磨区域、且越过第一遍打磨起点不小于20 m。(4)道岔打磨时,道岔与其两端线路的钢轨打磨重叠区域不应小于10 m,确保线岔结合部打磨后廓形连续贯通。(5)应及时检查钢轨廓形、切削量、磨面宽度等技术指标,根据钢轨实测廓形与目标廓形的差异及时调整打磨作业方案。(6)应及时检查砂轮下落处的轨面磨痕谷深,如超过规定要求,应及时进行处理。(7)无砟轨道地段雨雪天气不宜进行钢轨打磨作业。

8. 道岔密贴调整重点控制哪些部位?

答:道岔密贴调整重点控制尖轨与基本轨、心轨与翼轨、短心轨与岔跟尖轨;尖轨与顶铁、心轨与顶铁、岔跟尖轨与顶铁;尖轨轨底与滑床台板、心轨与滑床台板;弹条中部等密贴。

9. 平面控制网在框架平面控制网(CP 0)的基础上分为几级?主要起什么作用?

答:平面控制网在框架平面控制网的基础上分三级布设,第一级为基础平面控制网(CPⅠ),主要为勘测、施工和运营维护提供坐标基准;第二级为线路平面控制网(CPⅡ),主要为勘测和施工提供控制基准;第三级为轨道控制网(CPⅢ),主要为轨道铺设和运营维护提供控制基准。

10.《高速铁路线路维修规则》中规定的混凝土枕失效的判定标准是什么?

答:(1)折断。(2)轨枕横裂或斜裂(裂缝宽度超过0.5 mm或长度超过2/3枕高),轨枕环裂。(3)轨枕纵向裂缝:挡肩顶角裂缝,宽度大于1.5 mm;纵向水平贯通裂缝,裂缝宽度大于0.5 mm。(4)挡肩缺损,缺损面积超过1/2。(5)严重网状龟裂(裂缝宽度超过0.5 mm),或由网状龟裂导致轨枕掉块。(6)扣件预埋铁座损坏。(7)预埋件周围的混凝土裂缝宽度大于1.5 mm。(8)严重掉块造成预应力钢丝外露(长度超过150 mm)。

11. 简述高速铁路无砟轨道车间、工区管辖里程的规定。

答:无砟轨道线路车间管辖范围为150~200 km;维修工区、综合维修工区管辖营业里程,平原地区无砟轨道不宜小于60 km,站间距较小的城际铁路和山区、高原、严寒、枢纽地区可适当缩短;动车段(所)宜单独设置。

12. 高速铁路焊接接头位置应符合哪些要求?

答:(1)左右股单元轨节锁定焊接头相错量不宜超过100 mm。(2)铝热焊焊缝距轨枕边缘不应小于 100 mm。(3)现场焊接接头不应设置在不同轨道结构过渡段、不同线下基础过渡段、钢桁梁桥的伸缩纵梁上，且距桥台边墙和桥墩不应小于 2 m。

13. 高速铁路钢轨折断标准有哪些?

答:

钢轨折断是指发生下列情况之一者:(1)钢轨全截面断裂。(2)裂纹贯通整个轨头截面。(3)裂纹贯通整个轨底截面。(4)钢轨顶面上有长度大于 30 mm 且深度大于 5 mm 的掉块。

14. 简述高速铁路有砟轨道 FC 型扣件系统的组成。

答:(1)FC 型扣件系统由弹条、绝缘帽、覆盖板、绝缘套、预埋底座、绝缘轨距块和橡胶垫板等组成。(2)弹条分 FC1504 型、FC1502 型和 FC1306 型三种。一般地段安装 FC1504 型弹条(直径为 15 mm、配用 8494 型绝缘帽)，夹板处安装 FC1502 型弹条(直径为 15 mm、不安装绝缘帽)，小阻力地段安装 FC1306 型弹条(直径为 13 mm、配用 12133 型绝缘帽)。(3)绝缘轨距块共有十种规格，厚度分别为 6～15 mm。标准轨距时，外侧采用 10 mm，内侧采用 11 mm。

15. 简述高速铁路路基修理的基本任务。

答:(1)保持路基本体和防排水、支挡、防护等设备及附属设施的状态完好。(2)及时整治路基病害，预防病害的发展。(3)有计划地改善路基设备状态，保持路基整体稳定性。

16. 简述 WJ-8 型扣件弹条安装标准。

答:

弹条安装标准:弹条中部前端下颚与绝缘轨距块不宜接触，两者间隙不应大于 0.5 mm；螺旋道钉参考扭矩 W1 型弹条为 140～180 N·m，X2 型弹条为 90～120 N·m。

17. 什么是轨面不平顺？它形成的因素有哪些?

答:轨面不平顺时指钢轨顶面小范围的不平顺。

形成因素:轨面不均匀磨耗、擦伤、剥落掉块、焊缝不平、接头错牙以及钢轨在轧制矫直过程中由于轧辊等影响造成轨身垂向周期性的弯曲变形等。

18. 什么是高低不平顺？它形成的因素有哪些?

答:高低不平顺是指沿钢轨长度在垂向的凸凹不平顺。

形成因素:线路维修施工和大修作业的高程偏向、桥梁挠曲变形、道床和路基的残余变形、沉降不均匀、轨道各部件间的间隔不相等、存在暗坑、吊板以及轨道弹性不一致等。

19. 简述道岔轮缘槽伤损标准。

答:(1)查照间隔(心轨工作边至护轨头部外侧的距离)不得小于 1 391 mm，测量位置按设计图纸规定。(2)护轨轮缘槽宽度为 42 mm,容许误差为$^{+3}_{-1}$ mm,尖轨非工作边与基本轨工作边的最小距离不小于 63 mm。(3)岔后到发线连接曲线半径不应小于该道岔导曲线半径,超高不应大于 15 mm,顺坡率不应大于 2‰。

20. 简述 WJ-7 型扣件弹条养护标准。

答:弹条中部前端下颚与绝缘块不宜接触,两者间隙不得大于 1 mm;或使用扭矩扳手检测 T 形螺栓扭矩时,W1 型弹条为 100～140 N·m,X2 型弹条为 70～90 N·m。

21. 简述客专线(08)016 道岔允许铺设轨温范围。

答:客专线(08)016 道岔适用于跨区间无缝线路,尖轨跟端结构允许铺设轨温范围。(1)限位器式最大升温幅度为 49 ℃,最大降温幅度为 57 ℃。(2)间隔铁式最大升温幅度为 43 ℃,最大降温幅度为 51 ℃。(3)不设传力结构的最大升温幅度为 45 ℃,最大降温幅度为 45 ℃。

22. 简述有砟轨道精调的主要流程。

答:(1)方枕。按标准间距、人工先方正轨枕。(2)矫直硬弯和焊缝打磨。(3)精确测量。全面测量平、纵断面,计算起、拨道量。(4)改道。每根枕测量轨距,全面调整轨距、轨向。(5)大机作业。根据测量结果,组织大机拨道、捣固、稳定、配砟整形综合作业,如调整量较大,则采用分次起道。(6)道岔区脱杆捣固。在道岔捣固车不能作业的区域,人工同步采用冲击式捣固棒捣固。

23. 简述基本轨、翼轨、导轨和护轨伤损标准。

答:(1)弯折点位置或弯折尺寸不符合要求。(2)高锰钢摇篮出现裂纹。(3)道岔钢轨轨底上表面压痕深度大于等于 0.5 mm。(4)基本轨、翼轨、导轨头部磨耗达到重伤标准,其他伤损达到钢轨轻伤标准。

24. 简述高速铁路有砟轨道弹条Ⅴ型扣件系统的主要技术要求。

答:(1)弹条安装标准:弹条中部前端下颚与钢轨不宜接触,两者间隙不应大于 0.5 mm,螺旋道钉参考扭矩 W2 型弹条为 130～170 N·m,X3 型弹条为 80～110 N·m。(2)日常保持弹条中部前端下颚与钢轨不宜接触,两者间隙不应大于 1 mm,螺旋道钉参考扭矩 W2 型弹条为 130～170 N·m,X3 型弹条为 80～110 N·m。(3)钢轨与轨距挡板单边间隙不应大于 1 mm。轨距挡板应与承轨槽挡肩密贴,间隙不应大于 1 mm。轨距挡板不应压住轨下垫板或调高垫板。(4)轨距调整量为$^{+4}_{-8}$ mm,通过更换不同号码的轨距挡板实现轨距和轨向调整。(5)高低调整量为 10 mm,通过在轨下垫板和轨枕之间放入调高垫板进行调整,调高垫板不得放在轨下垫板上,放入调高垫板的总厚度不得大于 10 mm,数量不得超过 2 块(含有 0.5 mm 垫板时不超过 3 块)。(6)预埋套管中应有一定的防护油脂,油脂性能应符合相关规定。预埋套管底部不应有积水,以免产生冻胀。

25. 简述 WJ-8 型扣件的维修作业要求。

答：(1)扣件零部件缺失或损坏时，应及时安装或更换，安装和更换时应采用原有规格的零部件。夹板处应安装接头轨距挡板和接头绝缘轨距块。(2)预埋套管中缺油或无油时，应在预埋套管中注入或在螺旋道钉螺纹部分涂专用防护油脂。(3)弹条安装状态应采用塞尺检查，确保弹条中部前端下颚与绝缘轨距块间隙满足要求。(4)绝缘轨距块与钢轨或铁垫板挡肩间缝隙较大时，应通过更换不同号码绝缘轨距块的方式进行调整。轨距挡板与轨枕或轨道板承轨面或承轨槽挡肩不密贴时，应更换轨距挡板。(5)发现弹条锈蚀严重，应及时更换。(6)发现铁垫板减薄情况，应及时更换为标准厚度的铁垫板(厚度 16 mm)。(7)发现铁垫板下未安装弹性垫板或安装减薄的弹性垫板时，应及时安装标准规格的弹性垫板(厚度 12 mm)。(8)发现铁垫板承轨面未安装轨下垫板或轨下垫板安装位置不正确时，应及时安装或恢复垫板的正常安装位置。(9)无缝线路应力放散时，应将弹条松开。应力放散结束后，应检查轨下垫板和绝缘轨距块位置是否正确，如有错位，应在调整后再安装弹条。(10)不得用锤或其他工具敲击螺旋道钉。

26. 简述 WJ-7 型扣件的维修作业要求。

答：(1)扣件零部件缺失或损坏时，应及时安装或更换，安装和更换时应采用原有规格的零部件。(2)对 T 形螺栓进行定期涂油，防止螺栓锈蚀。预埋套管中缺油或无油时，应在预埋套管中注入或在锚固螺栓螺纹部分涂专用防护油脂。(3)弹条安装状态应采用塞尺检查，确保弹条中部前端下颚与绝缘块间隙满足要求。(4)紧固锚固螺栓应采用扭矩扳手检查，确保扭矩满足要求。(5)绝缘块与钢轨或铁垫板挡肩间缝隙较大时，应通过更换不同号码绝缘块的方式进行调整。(6)发现弹条锈蚀严重，应及时更换。(7)发现铁垫板轨底坡方向未朝向轨道内侧时，应及时进行调整。(8)发现铁垫板上未安放轨下垫板或安装减薄的轨下垫板时，应及时安装标准规格的轨下垫板(A 类垫板厚度为 12 mm、B 类垫板厚度为 14 mm)，防止铁垫板限位挡块硌伤钢轨。(9)发现铁垫板下未安装绝缘缓冲垫板，应及时安装绝缘缓冲垫板。(10)发现平垫块方向不对时，应及时调整到正常安装状态。(11)无缝线路应力放散时，应将弹条松开。应力放散结束后，应检查轨下垫板和绝缘块位置是否正确，如有错位，应在调整后再安装弹条。(12)不得用锤或其他工具敲击锚固螺栓。

27. 简述高速铁路钢轨伸缩调节器养护维修的注意事项。

答：(1)应加强钢轨伸缩调节器维修，使其保持尖轨锁定、基本轨可伸缩状态，防止尖轨爬行或基本轨异常伸缩。(2)单向钢轨伸缩调节器应加强尖轨及其后 50～100 m 范围内钢轨锁定，双向钢轨伸缩调节器应加强尖轨锁定。(3)尖轨或基本轨伤损需更换时，宜同时更换。焊连时，不得对钢轨伸缩调节器基本轨、尖轨及其所焊连的钢轨进行拉伸或顶推作业。更换后尖轨位置以及基本轨相对尖轨位置应符合设计要求，焊接接头质量应满足相关规定。基本轨、尖轨更换后但未焊接时，限速不超过 160 km/h，钢轨接头轨面及内侧错牙不得大于 1 mm，并应尽快恢复原结构。(4)钢轨伸缩调节器精调精整应注重几何尺寸与结构相结合，降低值修复与廓形打磨相结合。(5)钢轨伸缩调节器各部位间隙、润滑及扭矩应符合设计要求。(6)纵梁(联结钢梁)活动端伸缩范围内的轨枕及道床顶面应低于纵梁(联结钢梁)底面,防止纵梁(联结钢梁)伸缩受阻。(7)活动钢枕、梁端固定轨枕应保持方正,轨枕间距应保持均匀,轨枕偏斜量、间距偏差应符合设计要求。(8)定期观测并分析基本轨伸缩量、焊缝位置与气温关系,如发现伸缩故障应及时消除。

28. 采用全站仪、轨道几何状态测量仪等检测设备对道岔进行数据采集时有哪些要求?

答:(1)数据采集前,复核输入的CPⅢ数据库、线路设计数据和精测系统参数等。(2)数据采集时,轨道几何状态测量仪由远及近向全站仪方向进行测量,且与全站仪最小距离不宜小于5 m,并保证工作的连续性。(3)第一站采集完成后,下一测站与上一站最后一个测点距离约50 m,且两站后视至少有4个CPⅢ点相重叠,采集数据重叠至少10跟岔枕,下站以此类推。

29. 轨道巡检系统如何指导现场维修和养护?

答:通过分析轨道图像数据,发现钢轨表面擦伤、扣件缺失等缺陷,并按缺陷位置、类别及损伤程度进行缺陷报告,指导养护维修工作。通过分析波磨检测系统检测数据,确定线路存在钢轨波磨的位置,指导现场打磨维修。通过分析钢轨轮廓和磨耗检测数据,确定钢轨磨耗超限位置,指导钢轨打磨。系统能存储钢轨廓形数据,供工务人员分析轮轨关系,为高铁安全、平稳、舒适运行提供指导。

30. 在哪些地点可设置异物侵限现场采集设备?

答:(1)线路允许速度大于160 km/h的区段,必要时设置异物侵限现场采集设备。(2)护栏防撞性能达到SB级、设计车速不超过40 km/h的公跨铁立交桥,结合公跨铁立交桥两端的线形、路侧情况等交通条件,由设计确定是否设置异物侵限现场采集设备。(3)公路与高速铁路相邻并行且机动车有可能侵入高速铁路的区段,优先考虑工程防护措施,在确有必要时设置异物侵限现场采集设备。(4)隧道口、高边坡处的落石、塌方防护,优先考虑工程防护措施,困难情况下设异物侵限现场采集设备。

31. 简述高速道岔尖轨、心轨、叉跟尖轨伤损标准。

答:

尖轨、心轨、叉跟尖轨出现以下不良状态或伤损,应进行修理或更换:(1)尖轨尖端至第一牵引点与基本轨或可动心轨尖端至第一牵引点与翼轨间隙大于1 mm,尖轨与基本轨、可动心轨与翼轨其他密贴段间隙超过2 mm。叉跟尖轨尖端与短心轨间隙大于1.5 mm。(2)尖轨、可动心轨侧弯造成轨距不符合要求。(3)尖轨、可动心轨拱腰造成与滑床台间隙超过2 mm。(4)尖轨相对于基本轨降低值、心轨相对于翼轨降低值偏差超过1 mm,且对行车平稳性有影响。(5)尖轨与心轨因扭转或磨耗等原因造成光带异常,且对行车平稳性有影响。(6)尖轨、心轨、叉跟尖轨头部磨耗达到重伤标准,其他伤损达到钢轨轻伤标准。

32. 无砟轨道扣件出现哪些不良状态或伤损，应进行修理或更换？

答：(1)零部件损坏、缺失或安装不正确。(2)预埋套管损坏。(3)锚固螺栓(WJ-7型、SFC型)扭矩不满足要求。(4)有螺栓弹条(WJ-7型、WJ-8型、W300-1型扣件)紧固状态弹条中肢前端间隙超过1 mm。(5)无螺栓弹条(SFC型扣件)不能保持应有的扣压力。(6)螺栓、弹条、铁垫板、铸铁底板严重锈蚀。(7)弹性垫板静刚度超过60 kN/mm(其中客货共线铁路弹性垫板静刚度超过80 kN/mm)。(8)轨下垫板窜出。

33. 简述钢轨伸缩调节器涂油作业标准。

答：(1)钢轨伸缩调节器各部螺栓、伸缩装置剪刀叉(剪刀装置)销轴螺栓应定期涂油。预埋套管中缺油或无油时，应在预埋套管中注入或在垫板螺栓螺纹部分涂专用防护油脂。(2)各滑动部位应定期清除杂物并涂油，涂油每3个月不少于1遍。(3)所有基本轨轨撑(含双联轨撑)与基本轨轨腰、轨底接触表面。(4)可滑动扣铁(扣板)与纵梁(联结钢梁)侧面及上部滑动面、可滑动垫板与纵梁底面。(5)尖轨与基本轨轨头密贴形成的V形沟槽。(6)不得对尖轨轨撑贴合面和台板顶面进行涂油和污染，不得涂到尖轨与基本轨轨头顶面，不得污染弹性橡胶垫板。

34. 无缝线路钢轨位移观测桩的设置应满足哪些要求？

答：(1)区间钢轨位移观测桩按单元轨节等距离设置，且桩间距离不应大于500 m。(2)无缝道岔岔头、限位器(或间隔铁)、岔尾(含直、曲股)，以及无缝道岔管理单元(一般车站咽喉区分为四个单元)两端道岔外方50 m、200 m处设置钢轨位移观测桩。(3)钢轨伸缩调节器在尖轨尖端、基本轨两端设置钢轨位移观测桩。(4)钢轨位移观测桩应预先埋设牢固，均匀布置，桥梁地段应在固定支座上方设置。

35. 简述高速铁路区间正线线间距的技术要求。

答：高速铁路、客货共线铁路区间正线线间距不应小于表的规定，三线及四线区间的第二线与第三线线间距不应小于5.3 m。线间有建(构)筑物或有影响限界的设施时，最小线间距按建筑限界计算确定。城际铁路的线间距应符合《铁路技术管理规程(高速铁路部分)》的相关规定。

36. 简述高速铁路未被平衡超高的一般要求。

答：(1)仅运行旅客列车的线路，欠超高一般不大于40 mm，困难条件下不大于60 mm，其中250 km/h仅运行旅客列车的线路半径为3 500 m的曲线欠超高不大于65 mm；过超高不大于70 mm。(2)客货共线铁路，欠超高一般不大于40 mm，困难情况下不大于60 mm，其中半径为3 500 m的曲线欠超高不大于65 mm；过超高一般不大于30 mm，困难情况下不大于50 mm。

37. 高速铁路路基面的宽度是如何规定的?

答:(1)路基面的宽度,应考虑设计速度、轨道类型、线间距、电缆槽、接触网支柱、路肩宽度等计算确定。(2)有砟轨道路肩宽度:线路设计速度为 200 km/h 区段的路肩宽度不应小于 1.0 m;250 km/h 及以上区段双线不应小于 1.4 m,单线不应小于 1.5 m。(3)无砟轨道路肩宽度:根据无砟轨道形式、电缆槽和接触网基础类型等确定。(4)曲线地段路基外侧加宽办法按相关规定执行。

38. 简述大型养路机械施工作业验收要求。

答:(1)大型养路机械施工作业验收主要项目包括起道、拨道、捣固、动力稳定和钢轨打磨等。(2)大型养路机械施工作业后应运用安全生产管理信息系统状态分析模块进行作业效果评价。(3)大型养路机械施工作业应采用静态和动态相结合的验收办法,具体验收办法由铁路局集团公司规定。

39. 高速铁路插板式声屏障维护应满足哪些要求?

答:(1)立柱间净距和单元板长度应符合设计要求。(2)单元板两端插入 H 型钢立柱翼缘的深度符合设计要求。(3)H 型钢立柱间的同一单元板两端的高程偏差、上下板前后侧偏差、H 型钢立柱左右两块相邻单元板的高程偏差应符合设计要求。(4)H 型钢立柱与单元板间、上下单元板间、最下部单元板与钢支架间、钢支架与立柱及遮板间橡胶和封堵梁端遮板间缝隙的橡胶应采取可靠方式固定,必要时在梁端应采取钢立柱翼缘板加固补强措施。

40. 简述高速铁路防风预警检测系统的组成及安装规定。

答:(1)系统组成。防风预警检测系统由现场监控设备(风速风向仪、现场数据单元)、现场监控主机和中心系统组成。现场监控设备采集到的数据传送到现场监控主机的防风预警监测单元,再通过传输网络上传至中心系统。(2)设备安装。风速风向仪的设置地点根据当地的地理环境和铁路构造物的结构决定,设置在大风区段的长大桥、高桥、高路堤等处。为了确保信息的可靠性,防风预警监测系统现场设备应根据现场情况,远离现场障碍物干扰。风速风向仪在保证监测效果的基础上,尽量利用 GSM-R 基站铁塔安装,在不具备铁塔安装条件的监测点,采取利用接触网支柱或另立支柱安装等方式解决。

41. 轨道出现哪些连续三波、多波及长波轨道不平顺应尽快处理?

答:

在出现以下情况时均应尽快处理:(1)允许速度为 250 km/h$<v\leqslant$350 km/h 的线路区段,高低或轨向幅值达到 4 mm 时;120 m 长波高低达到 7 mm 且车体垂向振动加速度达到 1.5 m/s^2 时;120 m 长波轨向达到 6 mm 且车体横向振动加速度达到 0.9 m/s^2 时。(2)允许速度为 200 km/h$\leqslant v\leqslant$250 km/h 的线路区段,高低或轨向幅值达到 5 mm 时;70 m 长波高低

达到 6 mm 且车体垂向振动加速度达到 1.5 m/s^2 时；70 m 长波轨向达到 6 mm 且车体垂向振动加速度达到 0.9 m/s^2 时。

42. 简述双块式无砟道床结构及主要技术要求。

答：(1)路基地段连续道床结构由双块式轨枕、道床板、支承层、端梁等部分组成。路基地段单元道床结构由双块式轨枕、道床板、隔离层、底座、凹槽周围弹性垫层等部分组成。曲线超高一般在基床表层或底座上设置。(2)桥梁地段道床结构由双块式轨枕、道床板、隔离层、底座(或钢筋混凝土保护层)、凹槽(或凸台)周围弹性垫层等部分组成。道床板和底座沿线路纵向分块设置。道床板与底座(或保护层)间设置隔离层，底座凹槽(凸台)侧立面粘贴弹性垫层。曲线超高在底座上设置。(3)隧道地段道床结构由双块式轨枕、道床板等部分组成。曲线超高在道床板上设置。(4)道床板混凝土不得有横向或竖向贯通裂缝。双块式轨枕和道床板混凝土间应密贴。(5)支承层或底座不得有竖向贯通裂缝(不含假缝)，支承层或底座与道床板、路基基床表层间应密贴。(6)排水通道应保持通畅，道床板表面不得积水。

43. 聚氨酯固化道床应满足哪些要求？

答：聚氨酯固化道床应满足设计要求，排水通道应保持通畅；聚氨酯固化道床区段严禁捣固和清筛作业，相邻区段有砟轨道捣固时应做好顺坡；高低、轨向通过扣件进行调整，其他维修作业可参照有砟轨道执行。

44. 简述弹条Ⅴ型扣件系统组成。

答：(1)弹条Ⅴ型扣件系统由螺旋道钉、平垫圈、弹条、轨距挡板、轨下垫板和预埋套管等组成，还包括钢轨高低位置调整用的调高垫板。(2)弹条分为两种，即：一般地段使用的 W2 型弹条(直径为 14 mm)和桥上可能使用的 X3 型弹条(直径为 13 mm)两种。(3)轨下垫板分为两种，即：橡胶垫板和桥上可能使用的复合垫板。桥上需要降低线路阻力时，采用 X3 型弹条并配用复合垫板。(4)轨距挡板分 2 号～8 号七种规格。标准轨距时，外侧采用 4 号，内侧采用 6 号。轨道精调时，可增设 0.5 mm 级别的轨距挡板。(5)调高垫板按厚度分为 0.5 mm、1 mm、2 mm、5 mm 和 8 mm 五种规格，放置于轨下垫板与轨枕承轨面之间。(6)在夹板处，当在小号码轨距挡板上安装 W2 型弹条和 X3 型弹条有困难时，应安装弹条Ⅰ型扣件 A 型弹条。

45. 弹条Ⅱ型、弹条Ⅲ型扣件应符合什么要求？

答：(1)弹条Ⅱ型、弹条Ⅲ型扣件应保持齐全，位置正确，按标准要求进行铺设和维修，确保作用良好。(2)弹条Ⅱ型扣件安装时，使弹条中部前端下颚与轨距挡板接触，离缝不应大于 1 mm，参考扭矩为 100～120 N·m；日常保持离缝不应大于 2 mm，扣件松弛时应及时复拧。(3)弹条Ⅲ型扣件小圆弧内侧与预埋铁座端部相距 8～10 mm，弹条初装扣压力不应小于 9 kN，日常保持弹条扣压力不应小于 8 kN。(4)客货共线有砟轨道小阻力扣件，弹条安装时，使弹条中部前端下颚与钢轨刚好接触,离缝不应大于 1 mm,参考扭矩为 70～90 N·m;日常保持离缝不应大于 2 mm,扣件松弛时应及时复拧。

46. 简述高速铁路钢轨预打磨、预防性打磨和修理性打磨。

答:钢轨打磨应以预防性打磨为主、修理性打磨为辅。钢轨打磨应根据打磨前钢轨状态,在满足目标廓形、保证打磨深度和消除病害的前提下使打磨切削量最小。(1)新建铁路的钢轨预打磨应在轨道精调完成后进行,对运营铁路新上道的钢轨应及时安排预打磨。(2)钢轨预防性打磨周期按相关规定执行。(3)对重复出现动车组异常振动、成段光带不良、轨道冲击响应指标超过管理值,或出现超过规定的钢轨病害地段,应及时进行修理性打磨。(4)钢轨打磨前,应根据车辆和钢轨调查资料进行钢轨打磨廓形设计。

47. 简述钢轨预防性打磨的周期和时机。

答:钢轨打磨列车预防性打磨原则上通过总质量每 60 Mt 左右进行一次,一般不宜超过 4 年;在相邻两次钢轨打磨列车预防性打磨之间宜安排钢轨快速打磨车进行快速打磨。道岔预防性打磨宜与正线线路钢轨同步。钢轨打磨列车打磨作业与大型养路机械捣固维修作业时间相近时,应先捣固后打磨。

48. 简述高速铁路钢轨打磨深度要求。

答:(1)预打磨:轨顶中心区域(−1°～+3°)最小打磨深度不小于 0.2 mm。其中道岔打磨以保证轨头廓形为主,打磨深度可适当减少。(2)预防性打磨:轨顶中心区域不小于 0.1 mm。(3)修理性打磨:钢轨修形后达到目标廓形;波磨钢轨打磨后符合验收标准;擦伤钢轨打磨后轨面硬度不得高于邻近母材轨面硬度 50 HB;钢轨鱼鳞纹应消除;小型打磨机打磨时不得灼伤钢轨。

49. 简述大型养路机械检查标定要求。

答:(1)检查标定捣固下插深度零点和最大值的对应线性度符合标准。(2)检查标定电子摆、抄平传感器、拨道传感器零点和最大值的对应线性度符合标准,零点误差不大于 1.0 mm。更换电子摆、抄平传感器、拨道传感器时,应重新标定其零点误差,并检查其线性度符合标准。(3)标定抄平精度:选择在没有坡度和竖曲线的直线上进行调试;调整抄平传感器机械零点,确保起道表数值在±3 mm 范围时,起道方表表针能调整到零位;且左右两股机械零点相差不大于 2 mm。同组同型号捣固车须在同一点进行调试,同组捣固车抄平传感器机械零点相差不大于 3 mm。(4)标定拨道精度:选择在没有坡度和竖曲线的直线上进行调试,拨道零点误差不应大于 2 mm,左右股拨道零点相差不应大于 1 mm。同组同型号捣固车须在同一点进行调试,左右加载拨道零点误差应重合。(5)检查伺服阀零点是否漂移,确认各液压系统压力值是否正常。

50. 简述高速铁路钢轨打磨平面最大宽度要求。

答：(1)轨顶纵向中心线两侧 10 mm 区域为 10 mm，10～25 mm 区域为 7 mm，其余打磨区域为 5 mm。(2)沿钢轨纵向 100 mm 范围内，打磨平面宽度最大变化量不应大于打磨平面最大宽度的 25%。(3)直线和曲线下股轮轨接触光带应基本居中，宽度为 20～30 mm；曲线上股轮轨接触光带应偏向内侧。

51. 简述扣件预埋套管失效修理方法。

答：

扣件预埋套管失效时应及时采用相同型号套管进行修复，修复时应满足以下要求：(1)取出失效套管时，油渍或油脂不得污染孔壁。(2)失效套管取出后，应清除混凝土枕或轨道板孔内残渣，并用高压风吹净。(3)应在孔内注入或在新套管外壁涂敷适量的锚固胶。(4)植入的新套管定位应准确。(5)新套管锚固强度应达到抗拔力要求后方可安装扣件。(6)采用的修复方案及锚固胶应提前进行试验，确定修复工艺参数。

52. 无砟道床伤损达到哪些条件之一时，应及时修理或更换？

答：(1)轨道板(轨枕)挡肩缺损大于 50%。(2)轨道板挡肩顶面裂缝宽度大于 1.5 mm。(3)轨道板沿线路纵向贯通裂缝宽度大于 0.5 mm。(4)轨道板严重网状龟裂(裂缝宽度大于 0.5 mm)。(5)轨道板(轨枕)预埋件周围的混凝土裂缝宽度大于 1.5 mm。(6)CRTSⅡ型板式无砟轨道水泥乳化沥青砂浆充填层离缝面积比大于 60%。(7)凸形挡台、侧向挡块混凝土劈裂。(8)双块式轨枕环裂(裂缝大于 0.5 mm)。

53. 简述道岔辊轮系统及其部件应满足的要求(CN 道岔除外)。

答：(1)辊轮安装与调整应符合铺设图或设计图要求，各零部件应保持齐全，作用良好。(2)尖轨闭合状态下，单辊轮及双辊轮中的内侧辊轮与尖轨轨底侧面的空隙应为 1～2 mm；尖轨斥离状态下，尖轨轨底与滑床台上表面的间隙应为 1～3 mm。(3)辊轮槽排水孔应保持畅通。(4)辊轮上、下部分联结螺栓松动、折断、缺失或辊轮转动不灵活、破损时应及时修理或更换。

54. 简述现场焊接钢轨作业要求。

答：(1)焊接作业人员应具有相应的资质。(2)焊接环境和轨温应符合钢轨焊接标准(TB/T 1632.1～TB/T 1632.4)要求，并应避免大风和雨雪等不良天气。确需在不良天气进行焊轨作业时，应采取相应措施。(3)焊接工艺应符合 TB/T 1632.1～TB/T 1632.4 要求。(4)钢轨焊接后应在 24 h 内对焊缝进行全断面探伤。(5)焊接作业应记录焊缝位置、作业轨温、钢轨拉伸量、无缝线路锁定轨温等关键参数。(6)钢轨的焊接修复，可进行原位焊接或插入钢轨焊复。钢轨锯切应符合焊接标准要求。插入钢轨的钢种、轨型应与线上既有的钢轨相同。应对插入短轨进行打磨，使其与线路上的钢轨匹配。(7)拉伸焊接时应采用具有拉伸、保压功能的焊接设备。(8)铝热焊接材料应符合 TB/T 1632.3 要求。(9)钢轨焊接修复应积极采用闪光焊轨车和气压焊轨车进行焊接。

55. 简述钢轨打磨技术要求的目标廓形。

答:(1)直线及大半径曲线地段一般采用 60N 廓形。(2)设计速度 350 km/h 线路曲线半径小于或等于 7 000 m 地段、设计速度 300 km/h 线路曲线半径小于或等于 5 000 m 地段、设计速度 250 km/h 及以下线路曲线半径小于或等于 3 500 m 地段,可采用 60N 廓形或根据轮轨匹配关系单独设计打磨廓形。(3)钢轨修理性打磨应先在消除病害的同时修正轨头廓形。(4)钢轨应严格按目标廓形打磨,同一线路的钢轨打磨目标廓形(除单独设计区段外)应一致。

56. 钢轨打磨深度应符合哪些要求?

答:(1)预打磨:轨顶中心区域(−1°～+3°)最小打磨深度不小于 0.2 mm。其中道岔打磨以保证轨头廓形为主,打磨深度可适当减小。(2)预防性打磨:轨顶中心区域不小于 0.1 mm。(3)修理性打磨:钢轨修形后达到目标廓形;波磨钢轨打磨后符合验收标准;擦伤钢轨打磨后轨面硬度不得高于邻近母材轨面硬度 50 HB;钢轨鱼鳞纹应消除;小型打磨机打磨时不得灼伤钢轨。

57. 简述高速铁路轮轨接触光带的检测。

答:(1)在打磨作业后两周内,应采用车载式光带测量系统或钢板尺检测轮轨接触光带,同时检查焊缝前后的光带。(2)轮轨接触光带未形成前,可在钢轨上喷漆,经过 1～2 d 后测量钢轨接触光带。(3)轮轨接触光带测点应避开砂轮起落及焊缝区域。道岔内轮轨接触光带测点;道岔区前后 100 m 线路、站内正线、道岔间夹直线等地段应各设 1 个测点。

58. 简述 GLC 系列道岔螺栓扭矩要求。

答:螺栓为道岔的主要联结零件。对转辙器跟端用间隔铁、限位器螺栓、翼轨叉跟间隔铁螺栓、长短心轨间螺栓副、咽喉前翼轨间隔铁螺栓、防跳卡铁,顶铁螺栓,岔枕螺栓必须采用扭矩扳手按规定的扭矩紧固。(1)弹条螺栓联结副(限位螺母＋防松螺母)扭矩要求:弹条的紧固以弹条中部前端下颚与轨距块接触为准;限位螺母扭矩为 120～150 N·m;防松螺母扭矩为(300±30)N·m。(2)岔枕螺栓联结副扭矩要求:250～300 N·m。(3)尖轨跟端限位器、尖轨跟端间隔铁、翼轨间隔铁螺栓联结副扭矩要求:1 100 N·m。(4)长、短心轨联结螺栓副扭矩要求:600 N·m。(5)其他 4.8 级、5.6 级螺栓联结副(如顶铁螺栓副、护轨螺栓副、轨撑水平螺栓副)扭矩要求:以弹性垫圈平齐控制,不宜采用过大扭矩,但不小于 150 N·m。

59. 预防、整治道岔方向不良的措施有哪些?

答:(1)做好道岔前后 50 m 线路的整体维修,经常保持轨面平、方向顺。(2)做好直股基本轨方向,拨好道岔位置。(3)弯好曲基本轨弯折点,做好轨距加宽递减。(4)检查确认基本轨弯折量,按标准做好弯折段长度和矢量。(5)加强捣固作业,除按规定捣固外,还应根据道岔构造的特点进行适当加强。(6)补充夯实道床,道岔转辙部分设置转辙杆、连接杆,各枕木孔道砟应比岔枕顶面底 50~60 mm,并夯实道床。(7)加强各部零件的养护维修,充分发挥各种扣件固定钢轨位置的作用。

60. 简述 GLC 系列道岔扣件系统的轨距调整配置。

答:扣件系统具有−12~+8 mm 轨距调整量,通过调整轨距块(9-11、13-15、7-17)实现轨距调整,轨距调整的具体配置见表 3-1。

表 3-1 轨距调整具体配置

轨距偏差	一股钢轨		另一股钢轨	
	轨距块		轨距块	
	非工作边	工作边	工作边	非工作边
0	11	13	13	11
−2	13	11	13	11
−4	13	11	11	13
−6	15	9	11	13
−8	15	9	9	15
−10	17	7	9	15
−12	17	7	7	17
+2	9	15	13	11
+4	9	15	15	9
+6	7	17	15	9
+8	7	17	17	7

61. GLC(08)01 道岔滑床板处和护轨垫板处的轨距如何调整?

答:对滑床板和护轨垫板,由于钢轨一侧为滑床台,不能通过钢轨另一侧与铁垫板挡肩间的轨距块进行钢轨左右位置的调整,只能通过整体移动滑床板和护轨垫板进行轨距调整,具体调整可通过更换不同号码的复合偏心套(11-13、9-15)实现;复合偏心套初始配置为 11-13 型、轨距块的初始配置为 9-11 型的 11 号轨距块,见表 3-2。

表 3-2 滑床板和护轨垫板处复合偏心套配置

轨距偏差	钢轨内侧复合偏心套		钢轨外侧复合偏心套	
	外侧	内侧	内侧	外侧
−4	15	9	15	9
−2	13	11	13	11
0	11	13	11	13
+2	9	15	9	15

62. 简述高速铁路有砟道岔区晃车的原因。

答:(1)道岔铺设时与前后线路的方向、水平衔接不好。(2)钢轨件顶面轮廓不好,出现光带突变。(3)道岔的类型不同,有砟道岔较无砟道岔容易出现晃车。(4)道岔钢轨件结构特点虽然存在不平顺,但转辙器尖轨、基本轨相对高差,辙叉心轨与翼轨的相对高差偏差较大。(5)尖轨降低值不良。(6)转辙部位轨距过小都会引起高速道岔晃车。

63. 对冻害可采用垫、撤垫板的办法进行整治,整治作业应满足哪些要求?

答:(1)垫板使用应符合规定,必须保留符合设计要求的轨下弹性垫板。(2)调整调高垫板厚度无法消除冻害峰值时,应在冻害两端垫入调高垫板,并做好顺坡。(3)在正线上垫入或撤出冻害垫板,两端顺坡率不应大于 $1/(10v_{max})$。道岔上冻害垫板作业,不得在辙叉和转辙部分设变坡点。(4)调整调高垫板时,应相应调整轨距块、轨距挡板,必要时可设置轨道加强设备。

64. 简述高速铁路线路维修作业管理内容。

答:(1)线路维修应做到精确检测、全面分析、精准修理。(2)应综合分析线路动静态检查和检测监测资料,以制定合理维修作业方案和计划。(3)线路维修作业应按其复杂程度和作业量大小,对作业方案进行分级审批。未经检查分析、作业方案制定和审批的,不得进行动道作业。(4)维修作业应实行“检查分析—方案制定—方案审批—作业实施—质量回检”闭环管理,规范作业流程。(5)线路维修应加强现场作业过程控制,作业负责人应确定作业范围和作业量,组织作业回检,确认作业质量达标,并做好现场清理、旧料回收及作业情况记录。

65. 简述道岔打磨机的操作方法。

答:(1)启动发动机前,应先检查机器的各部状态是否良好,将机具抬到要打磨的道岔部位上,放置平稳,保证砂轮离开打磨面再启动发动机。(2)横向移动台车,将砂轮磨头调整至需要打磨的面。(3)转动偏转手柄,偏转磨头架,使砂轮磨头偏转至需要打磨的圆弧面和斜面的倾斜角度。(4)转动升降手柄,上下调节磨头高度。(5)随着发动机的启动,压推台车将砂轮紧贴所需打磨的面,移动走行进行打磨,动作要协调,用力要均匀、平顺。(6)根据打磨侧面和圆弧面的倾斜角度,用偏移手轮调节机器磨头的斜角度,以满足所需要的打磨角度。(7)关闭机器时,应先横向移动台车,将砂轮磨头离开打磨面。

66. 简述无砟轨道精调作业基本步骤。

答:(1)精调时先确定基准轨,将基准轨轨向、高低调整到位后,再依据基准轨通过轨距、水平调整另一股钢轨。(2)精调作业完成后,当日对几何尺寸进行复核、记录偏差值,复核扣件扭矩,记录调整区段的扣件、垫板型号,建立台账。当一个单元精调作业完成后,应及时安排轨道测量仪进行复测。

67. 简述无缝道岔应力放散作业要求。

答:(1)应力放散作业前,应制订专项技术方案、施工方案及应急预案,并经铁路局集团公司审查。(2)无缝道岔应在设计锁定轨温范围内锯切钢轨自然放散应力,放散时采用滚筒或摩擦副配合撞轨。(3)辙叉不应进行应力放散。放散时应将尖轨跟端限位器或间隔铁、辙叉作为控制点。(4)应力放散时,应在尖轨尖端、尖轨跟端限位器或间隔铁、辙叉跟端等处设置临时位移观测点观测钢轨位移。(5)应力放散后,应按实际锁定轨温及时修改有关技术资料和位移观测标记。

68. 简述曲线检查作业(操作)方法和步骤。

答:(1)上道检查前,先确认检测量具是否规范、合格、有效,检查前先校对水平。(2)检查曲线头、尾位置,判别是否存在"鹅头"或"反弯",两端直线段几何尺寸是否有偏差。(3)确定基准股:水平以曲下股为基准,轨向以曲上股为基准。(4)检查轨距、水平、轨向、高低、三角坑和递减顺坡率,测量曲线正矢。(5)检查钢轨磨耗、接头状态、轨枕失效、歪斜、零配件缺损失效,以及接头对方和线路爬行情况。(6)检查道床、路肩、外观和排水设备,最后看标记和标志是否齐全、准确、清晰。(7)将检查出来每个项目的数据(包括工作量),填写在指定记录簿相应的位置。(8)汇总分析:根据曲线状态检查结果,对偏差处所正确判定,认真分析该曲线存在的主要病害及状态质量,需要采取哪些针对性的方法和措施。

69. 简述道岔工电结合部可动心轨部位整治作业内容。

答:(1)固定叉心位置,调整前后开口尺寸,改正轨距。(2)垫好咽喉部位宽度,改善长心轨与翼轨轨线的连接顺延。(3)配合电务调整心轨动程。(4)垫好长、短心轨间隔铁尺寸。(5)改正直、曲股翼轨间框架尺寸:一般采用拨道、改道和零配件调整来解决,特殊情况要测量翼轨弯折位置和矢度,必要时重新矫整,辅助方正岔枕位置,直、曲股翼轨间加装支距拉杆进行控制。(6)整正直向、侧向心轨竖切部分与翼轨间隙;道岔扳动时,短心轨活动灵活、靠贴。(7)消灭翼轨腰部顶铁与心轨的间隙。(8)更换断裂、脱焊和磨耗严重滑床板。修理整正压溃、歪斜垫板及胶垫。(9)消灭空吊板,全面调整几何尺寸。(10)整治心轨爬行,拧紧扣件,锁定钢轨。

70. 简述轨道测量仪安博格小车测设设站技术指标。

答:(1)严格检查设计数据(平曲线,竖曲线,超高,控制点),检核无误输入到计算机中。(2)到达现场后检查控制点是否发生变形或遭到破坏。(3)全站仪采用后方交会的方法进行设站,设站距离应控制在 70 m 内;测量条件较差时,根据具体环境缩短目标距离。(4)为了确保全站仪得设站精度,建议使用 8 个控制点,如果现场条件不满足,至少应使用 6 个控制点。设站中误差:东坐标/北坐标/高程;0.7 mm,方向:1.4″;与轨件小车同向的控制点自由设站计算时弃用要谨慎。(5)全站仪搬站后进行设站时,应使用上次设站已经用过的 4～6 个控制点,以保证轨道线形的平顺性。(6)将一个 CPⅢ点当作水准点,用水准仪复核轨面高程时,应使用自由设站高程残差最小的 CPⅢ点。(7)全站仪设站的位置应靠近线路中心,不可在两侧控制点的外侧。(8)两次设站后交叠段的重复测量偏差应小于 2 mm,交叠补偿量可参照 1 mm/10 m 的比例进行换算;补偿一般在下一站测量区间进行。

71. 简述大型养路机械无缝线路地段的作业轨温条件。

答:(1)一次起道量小于 30 mm,一次拨道量小于 10 mm 时,作业轨温不得超过实际锁定轨温±20 ℃。(2)一次起道量在 30～40 mm,一次拨道量在 10～20 mm 时,作业轨温不得超过实际锁定轨温－20～＋15 ℃。(3)一次拨道量在 20(不含)～30 mm 时,作业轨温不得超过实际锁定轨温±10 ℃。(4)高温季节大机作业时,应监视线路状况,发现胀轨迹象应立即停止作业。

72. 简述机具拨道的作业程序。

答:(1)上道前,要检查使用的拨道器性能是否良好(在负荷作用下有无漏油,溢流阀是否完好)。(2)设好防护,上道作业。(3)安放拨道器:两人分股同向,用扒砟叉适当拨出轨底下道砟,放入拨道器。(4)拨动线路:调整回油阀,拨道,眼观指挥者手势,前后扳动摇杆,当指挥者发出拨道完毕的手势后立即停止摇动。(5)撤出转移拨道器,调整回油阀,取出拨道器。(6)根据需要转移。(7)作业完毕,质量回检。(8)质量符合规定后,撤除防护。

73. 轨道精调前应做好哪些准备工作?

答:(1)应使用轨道测量仪进行轨道精测,必要时应先进行 CPⅢ复测,更新 CPⅢ数据,再进行轨道精测。(2)测量前轨道应具备以下条件:①钢轨无污染、低塌、硬弯等缺陷。②扣件安装正确,弹条与轨距挡板密贴,扣件扭矩符合设计要求。③轨下垫板安装正确,无缺少、空吊。④钢轨焊接接头平直度符合标准要求。(3)按照“绝对控制与相对平顺相结合、调整量最优”的原则,分析测量数据,制定轨道精调方案。(4)调查轨道精调地段调高垫板厚度、轨距挡板及绝缘轨距块规格,并准备调整件。(5)制定轨道精调作业组织方案。(6)有砟轨道线路补充、均匀道砟。

74. 哪些地段应安排轨道精调?

答:轨道精调计划应根据设备状态和动静态检查数据分析确定。

原则上以下地段应安排轨道精调:(1)轨道质量指数(TQI)超过Ⅱ级管理值。(2)基础变形明显,轨道几何尺寸接近或达到Ⅱ级偏差管理值的地段。(3)成段更换钢轨、扣件、道床板等地段。(4)冻害等其他需要进行精调的地段。

75. 简述高速道岔钢轨件与结构特征。

答:

钢轨件与结构特征:(1)高速道岔应采用可动心轨辙叉。(2)基本轨采用 60 kg/m 钢轨制造。(3)尖轨采用 60AT2 或 60AT3 钢轨制造。可动心轨可采用 60AT2 钢轨组合结构或前端整体锻制再与相应钢轨焊接结构。(4)尖轨、心轨应采用整根钢轨加工制造。(5)翼轨可采用轧制钢轨制造或高锰钢整铸结构。(6)18 号道岔侧向宜设置防磨护轨。(7)尖轨和心轨跟端锻压成 60 kg/m 钢轨断面,过渡段长度不小于 150 mm、成型段长度不小于 450 mm。(8)42 号和 62 号道岔可动心轨辙叉的心轨应采用双肢弹性可弯结构。(9)转辙器部位应设置辊轮。(10)设计配轨长度按轨缝 8 mm 计算确定。

76. 电气化铁路更换钢轨时,应遵守哪些规定?

答:(1)在同一地点同时更换两股钢轨时,无论该地段接触网是否停电,换轨前必须在被换钢轨两端的左右轨节间横向各设一条截面不小于 70 mm^2 的铜导线,在被换一股钢轨两端轨节间纵向安装一条截面不小于 70 mm^2 的铜导线。导线两端用夹具牢固夹持在相邻的轨底上。作业完毕后方准拆除接地线和导线。(2)更换一股钢轨时,换轨前应在被换钢轨两端的左右轨节间横向各设一条截面不小于 70 mm^2 的铜导线。导线两端用夹具牢固夹持在相邻的轨底上。(3)更换钢轨需拆装扼流变钢轨引线时,应有电务部门配合,拆装作业由电务人员完成;未设置好分路电缆之前,不得将扼流变钢轨引线从钢轨上拆开;如扼流变吸上线需拆开时,还应有供电人员配合。(4)在站内更换钢轨或夹板时,其钢轨导线的连接方法,必须考虑轨道电路和车站作业的要求。

77. 简述 CRTS Ⅲ型板式无砟轨道道床结构。

答:(1)道床结构由轨道板、自密实混凝土层、隔离层、弹性垫层以及具有限位结构的钢筋混凝土底座等部分组成;曲线超高在底座上设置。(2)轨道板为预制预应力混凝土结构,单块轨道板长为 5 600 mm,宽为 2 500 mm,厚度 210 mm,采用 C60 混凝土制作。(3)自密实混凝土层为单元结构,长度和宽度同轨道板,厚 100 mm。轨道板与自密实混凝土通过门型连接筋成为复合板结构,自密实混凝土层设置凸台,底座对应凸台位置设置凹槽,通过凸台凹槽咬合进行轨道限位。

78. 简述高速道岔可动心轨辙叉组装要求。

答:(1)钢轨件、弹性铁垫板、联结零件及转换设备应组装成可动心轨辙叉组件。(2)咽喉宽度尺寸极限偏差为−1～+2 mm。(3)趾、跟端开口距极限偏差为±1 mm。(4)心轨实际尖端至直股翼轨趾端距离极限偏差为 0～+4 mm。(5)长、短心轨支距极限偏差为±1 mm。(6)长短心轨轨底间隙应大于等于 0.5 mm。(7)18 号及以下的辙叉沿直股工作边的长度极限偏差为±4 mm,30 号及以上的辙叉沿直股工作边的长度极限偏差为±6 mm。(8)牵引点处翼轨轨头外侧面与轨底外侧面相对距离极限偏差为±1.0 mm,牵引点处两翼轨轨头外侧非工作边距离极限偏差为±3 mm。(9)可动心轨辙叉直股工作边直线度为 0.2 mm/1 m、1 mm/10 m,心轨尖端向后 1 m 范围内不应抗线。侧股工作边为曲线时,工作边应圆顺,不应出现硬弯。(10)心轨轨头宽度 15 mm 断面至降低值起点断面范围内,各检测断面相对于翼轨的降低值极限偏差为±0.5 mm。(11)可动心轨轨底应与滑床台板接触。滑床台板与轨底的间隙应小于

1.0 mm,且大于等于0.5 mm的间隙不应连续出现。(12)转换设备锁闭状态下,可动心轨在轨头切削范围内应分别与两翼轨密贴,密贴间隙应小于0.5 mm。(13)侧股开通时,叉跟尖轨与短心轨的间隙应小于1.0 mm。(14)长心轨前端设置防跳间隔铁时,长心轨前端上表面与防跳间隔铁防跳工作面间隙为2~6 mm。(15)顶铁与心轨轨腰、叉跟尖轨轨腰的间隙应小于1.0 mm,防跳顶铁与心轨轨肢上表面的间隙为3~5 mm,安装的顶铁调整片不应多于2片,总厚度不应大于3 mm。(16)相邻铁垫板间距极限偏差为±3 mm,最远两块铁垫板间距极限偏差为±5 mm。(17)长短心轨联结铁与翼轨轨底的距离极限偏差为±3 mm。

79. 高速铁路路基排水设施布置应符合哪些规定?

答:(1)地面横坡明显地段的排水沟、天沟可在横坡上方一侧设置;地面横坡不明显时,宜在路基两侧设置。(2)路堑地段应于路肩两侧设置侧沟。(3)年降水量大于等于400 mm地区,路堑边坡平台宜设置截水沟,并应将边坡平台截水沟的水引入相邻排水设施。(4)地面排水设施的纵坡不应小于2‰。(5)排水沟沟顶应高出设计水位不小于0.2 mm。(6)天沟不应向路堑侧沟排水,受地形限制需排入侧沟时,必须设置急流槽及挡水设施,并根据流量调整下游侧沟截面尺寸。(7)路堑地段汇水面积较大时,根据具体情况可在天沟外增设截水沟。(8)沿铁路纵向的排水坡段长度不宜大于400 m,必要时应增设横向排水设施将水流引出路基外,并排入至自然河槽或沟渠内。(9)排水沟、侧沟及天沟的水应引入桥涵、沟渠,其端部沟底高程不应低于桥涵沟底高程。(10)侧沟、天沟、排水沟及急流槽等排水设施严禁设在虚填土上。

80. 简述CRTS Ⅰ型板式无砟道床结构及各部主要技术要求。

答:(1)道床结构由轨道板、水泥乳化沥青砂浆充填层、混凝土底座、凸形挡台及其周围填充树脂等部分组成。曲线超高在底座上设置。(2)各部主要技术要求:①水泥乳化沥青砂浆充填层厚度为50 mm,不应小于40 mm。减振型板式轨道水泥乳化沥青砂浆充填层厚度为40 mm,不应小于35 mm。②水泥乳化沥青砂浆应灌注饱满,与轨道板底部密贴,轨道板边角悬空深度应小于30 mm。③凸形挡台分为圆形和半圆形,半径为260 mm,其周围填充树脂厚度为40 mm,不应小于30 mm。④预应力混凝土轨道板不允许开裂,普通混凝土框架板混凝土裂缝宽度不得大于0.2 mm。⑤底座混凝土裂缝宽度不得大于0.2 mm,路基和隧道地段混凝土底座间伸缩缝宽度为20 mm,状态应良好。⑥排水通道,特别是框架式轨道板内排水、底座内预埋横向排水管道,应保持通畅。

81. 简述高速铁路声屏障检查的重点工作。

答:(1)基础沉降、破损、掉块。(2)底部重力式流动砂浆开裂、破损、空洞、脱落、掉块。(3)声屏障联结螺栓缺少、松动、锈蚀。(4)声屏障立柱歪斜、间距超标,立柱连接处积水、锈蚀。(5)插板式声屏障单元板破损、开裂、窜动、横向晃动。整体混凝土板开裂、破损、空洞,钢筋锈蚀,吸声板脱离。(6)单管橡胶垫、橡胶条、解耦装置等橡胶制品以及铆钉等部件缺件、脱落。

(7)金属件锈蚀。(8)梁缝处声屏障伸缩变化。(9)T 形梁声屏障(焊接式)焊缝状态。(10)安全通道门(作业门)状态。(11)综合接地线连接状态。

82. 路基上有砟—无砟轨道过渡段(过渡段下部基础为路基)**铺设辅助轨时应如何设置?**

答:(1)过渡段总长 25 m,其中有砟轨道内长 20 m,无砟轨道内长 5 m。在过渡段的两基本轨之间设置两根 60 kg/m、长 25 m 的辅助轨,基本轨和辅助轨中心距为 500 mm,辅助轨配套采用扣板式扣件。(2)靠分界点无砟轨道一侧的轨道板或道床板上,预埋辅助轨扣件套管,在其连续的 5 块轨道板上采用 WJ-7B 型扣件,轨下垫层静刚度为(25±5)kN/mm;靠分界点有砟轨道一侧的过渡段范围内铺设长度为 2.6 m 的过渡枕,过渡枕上预埋基本轨和辅助轨扣件套管,基本轨配套使用 WJ-7A 型扣件,其轨下垫层静刚度与有砟轨道的轨下垫层静刚度相同,为(60±10)kN/mm。(3)靠分界点有砟轨道一侧,砟下设置钢筋混凝土搭板,搭板长 8 m,板厚 250 mm,混凝土强度等级与无砟轨道底座混凝土相同,搭板范围内的枕下道床厚 35 cm。

83. 简述弹条Ⅴ型扣件维修及轨道几何尺寸的调整方法。

答:(1)零部件损坏应及时更换,更换时应采用相同规格的零部件。(2)预埋套管中缺油或无油时,应在预埋套管中注入或在螺旋道钉螺纹部分涂专用防护油脂。(3)紧固弹条时应采用扭矩扳手检查,确保扭矩满足要求。(4)钢轨与轨距挡板、轨距挡板与承轨槽挡肩间缝隙较大时,应更换不同号码轨距挡板进行调整。(5)在进行大型养路机械起道捣固作业前,应将调高垫板全部撤除。(6)轨距和轨向调整:通过更换不同号码的轨距挡板实现轨距和轨向调整。(7)高低调整:高低和水平出现较小不平顺时,应提升钢轨,在轨下垫板和轨枕之间安放调高垫板。调高垫板不得安放于轨下垫板上,调高垫板的总厚度不得大于 10 mm,数量不得超过 2 块。

84. 简述道岔区间隙、间隔与降低值调整作业。

答:(1)通过增减顶铁调整片,调整尖轨、心轨顶铁间隙,并同时考虑轨距、支距状态。通过调整转换设备状态和整修轨件确保尖轨与基本轨密贴,可动心轨在轨头切削范围内应分别与两翼轨密贴。(2)尖轨或可动心轨轨底与台板间隙超标时,可采取以下作业方法:①调整滑床板高低位置,使之处于同一平面上。②配合电务专业调整转辙器滑床板上辊轮,使其状态符合要求。(3)通过调整扣件,更换调整片使护轨轮缘槽宽度、查照间隔满足要求。(4)尖轨相对于基本轨降低值偏差超过 1 mm 且影响行车平稳性时,可通过更换不同厚度基本轨轨下橡胶垫板或滑床台,调整尖轨相对于基本轨降低值。降低值调整量在 1～2 mm 时,应设置两级过渡;降低值调整量大于 2 mm 时,应更换尖轨与基本轨组件。

85. 简述钢轨打磨作业操作步骤。

答:

点前准备:(1)作业负责人对作业人员上道点名、分工技术交底、安全教育和健康问询。(2)作业负责人组织对工机具、材料、数量、状态进行确认。(3)人员上道前作业负责人(防护员)必须对天窗时间命令和轨道车运行情况进行确认。

作业前:(1)上道前作业负责人对工机具材料进行清点,确认工机具材料无误后,防护员汇报封锁命令及时间,作业负责人通知防护员打开工作门,职工按顺序保持安全距离依次进网作业。(2)防护设置完毕,调查打磨工作量。确定打磨部位、打磨量,并标出打磨符号,做好记录,作业负责人下达施工命令。

作业中:(1)焊接接头目视检查。目视检查接头有无裂纹、明显压痕、划伤,检查接头两侧各 500 mm 范围内有无明显缺陷。检查后报告接头目视检查情况。(2)焊接接头测量。作业人员按标准测量焊接接头顶面及侧面平直度并做好记录。(3)焊接接头打磨。①作业人员使用自备的打磨机具进行焊缝打磨。②打磨过程中监视打磨效果,视打磨情况定时测量轨顶面平直度,以防过渡打磨。③打磨结束后应做好质量自检(主要为轨顶面平直度检测及表面状态目视检查),并做好记录。

作业后:检查结束,由材料员清点工具,负责人组织检查现场,在材料机具登记本上登记,确保现场无杂物后,组织撤离现场。

86. 简述 SFC 型扣件维修作业。

答:(1)扣件零部件缺失或损坏时,应及时安装或更换,安装和更换时应采用原有规格的零部件。(2)预埋套管中缺油或无油时,应在预埋套管中注入或在锚固螺栓螺纹部分涂专用防护油脂。(3)安装铸铁底板时,应使轨底坡方向朝向轨道内侧。锯齿垫片应与铸铁底板牙型啮合紧密,两片 M22 贝氏垫片应背靠背安装。紧固锚固螺栓应采用专用扭矩扳手,确保扭矩满足要求。(4)弹条应采用专用工具安装。发现弹条锈蚀严重,应及时更换。(5)绝缘轨距块与钢轨或铸铁底板挡肩间缝隙较大时,应通过更换不同号码绝缘轨距块进行调整。(6)无缝线路应力放散时,应采用专用工具将弹条松开。应力放散结束后,应检查橡胶垫板和绝缘轨距块位置是否正确,如有错位,应在调整后再安装弹条。(7)不得用锤或其他工具敲击锚固螺栓。

87. 简述 W300-1 型扣件维修作业。

答:(1)扣件零部件缺失或损坏时,应及时安装或更换,安装和更换时应采用原有规格的零部件。(2)预埋套管中缺油或无油时,应在预埋套管中注入或在螺旋道钉螺纹部分涂专用防护油脂。(3)弹条安装状态应采用塞尺检查,确保弹条中部前端与轨距挡板前端突起部分间隙满足要求。(4)钢轨与轨距挡板间缝隙较大时,应通过更换不同号码轨距挡板进行调整。轨距挡板与轨枕或轨道板承轨面与承轨槽挡肩不密贴时,应更换轨距挡板。(5)发现弹条锈蚀严重,应及时更换。(6)发现铁垫板减薄情况,应及时更换为标准厚度的铁垫板(厚度 16 mm)。(7)发现铁垫板下未安装弹性垫板或安装减薄的弹性垫板时,应及时安装标准规格的弹性垫板(厚度 12 mm)。(8)发现铁垫板承轨面未安装轨下垫板或轨下垫板安装位置不正确时,应及时安装或恢复垫板的正常安装位置。(9)无缝线路应力放散时,应将弹条松开。应力放散结束后,应检查轨下垫板和轨距挡板位置是否正确,如有错位,应在调整后再安装弹条。(10)不得用锤或其他工具敲击螺旋道钉。

88. 简述钢轨修理作业要求。

答:(1)为预防和整治钢轨病害,改善轮轨匹配关系,延长钢轨使用寿命,应做好钢轨修理工作。(2)当钢轨出现规定病害时,应及时进行整修。(3)当探伤发现焊缝轻伤时,可采用无损加固处理。无损加固装置应满足疲劳性能、纵向阻力和绝缘性能的要求。(4)伤损加固时,应尽量使伤损部位处于夹板中部,严禁夹板与焊筋接触。(5)钢轨钻孔位置应在螺栓孔中心线上,且必须倒棱。两螺栓孔净距不得小于大孔径的两倍。其他专业需在钢轨上钻孔或加装设备时,必须经铁路局集团公司工务部门同意,并在工务设备管理单位配合下实施。(6)严禁焊补钢轨,严禁在钢轨的任何部位进行引弧、电弧焊、电阻点焊、黄铜钎焊等作业,严禁使用火焰切割钢轨或烧孔,严禁使用剁子和其他工具强行截断钢轨及冲孔,严禁锤击轨底。

89. 简述更换道岔尖轨作业的安全控制措施。

答:(1)作业人员按规定穿戴、使用劳动保护用品,人员和工机具与接触网必须保持 2 m 以上距离,不得坐靠接触网支柱拉线及基础。(2)严格执行进出作业门管理制度。作业人员统一路径行走。作业过程中严禁依靠桥梁栏杆,防止高空坠落。(3)汽车运行严格执行相关规定,加强出乘前的检查,不准带病运行。(4)机具使用执行相关操作规程,防止造成事故。(5)作业轨温条件严格遵守《高速铁路线路维修规则》规定。(6)作业时,不得碰轧连接线、电容线、接地线、吸上线等。(7)双线地段严禁在两线间摆放工机具、材料。(8)作业前、作业中,严禁跨越未封锁线路。如必须跨越时,设置专人防护,执行“手比、眼看、口呼”制度,确认无车时,方可通过。(9)需电务配合,涉及供电设备时,需供电配合。必须在配合部门人员的配合下进行。(10)放行列车时,轨温应在 300 ℃以下。(11)乙炔瓶不得靠近热源和电气设备。乙炔瓶与明火的距离不得小于 10 m,与氧气瓶间距离不得小于 5 m。(12)高温反应时,人员站在坩埚 3 m 以外。(13)废弃坩埚、灰渣高温时不得放置在电缆附近,温度降低后就近掩埋,严禁放置在易燃品附近。(14)焊接时坩埚下应设有托盘。(15)需翻动或拨动尖轨时,要指派业务熟悉人员进行,其他人不能站在尖轨附近,防止尖轨及撬棍伤人。

90. 如何对动态检测结果进行现场复查?

答:综合汇总各种检测报表,对轨道检测报告中Ⅱ～Ⅳ级偏差、轨道检测波形图中突变点、动力学检测指标超限点、动车添乘明显晃车处所等进行静态检查,分析静态复测资料,确定缺陷类型。对报表缺陷里程前后各 50 m 范围采用轨道几何状态测量仪、轨距尺、弦线、1 m 平尺、塞尺等进行检查,必要时适当扩大检查范围。首先对区段范围内的扣件、垫板进行全面检查,确认无异常后开始轨道几何尺寸检查。轨向用 10 m、20 m 弦线和轨道几何状态测量仪检查,轨距用轨距尺检查,水平、高低用轨距尺、弦线和轨道几何测量仪检查,轨向、轨距及高低水平均逐根轨枕连续测量。三角坑(基长 2.5 m)根据水平测量值,每隔 3 根轨枕计算水平变化率。对轨道质量指数 TQI 明显偏大(3.6 及以上)区段、轨道检测几何尺寸成区段连续多点接近Ⅱ级偏差、轨道检测波形图中存在连续多波不平顺区段、动车添乘区段连续晃车等地段采用轨道几何状态测量仪对轨道状态进行全面、系统测量。查找到缺陷后，按照静态调整方法进行调整。

91. 简述高速铁路无砟轨道道岔其他零部件应满足的要求。

答:(1)其他零部件安装应符合铺设图要求，缺少时应及时补充。(2)应使用铁路专用防腐油脂定期对螺栓涂油，螺栓保持润滑状态。(3)间隔铁、限位器的联结螺栓、护轨螺栓、长短心轨联结螺栓、接头铁螺栓必须齐全，作用良好，折断时必须立即更换。同一部位同时有两条螺栓或接头铁螺栓有一条缺少或折损时，道岔应停止使用。(4)顶铁、心轨防跳铁、尖轨防跳限位装置等各部件的连接和固定螺栓变形、损坏或作用不良时应进行修理或更换。(5)尖轨防跳限位装置、心轨防跳顶铁和心轨防跳卡铁损坏或作用不良时应进行修理或更换。

92. 简述钢轨外观及表面伤损检查。

答:(1)应采用巡检设备检查与人工巡检相结合的方式对钢轨外观及表面伤损进行检查。人工巡视检查每年不少于1遍。发现钢轨光带不良、擦伤、硌伤、鱼鳞纹、磨耗、锈蚀及其他伤损时，应进行复核，伤损未处理前应加强检查。(2)磨耗达到轻伤的钢轨应使用钢轨轮廓(磨耗)测量仪进行检查，每半年不少于1遍，其中道岔及钢轨伸缩调节器钢轨每季不少于1遍。(3)钢轨鱼鳞纹、剥离掉块、擦伤、硌伤的检查，每季不少于1遍，必要时采用涡流探伤等方法进行钢轨表面检查。(4)正线钢轨现场焊焊接接头平直度应使用钢轨平直度测量仪检查，每年不少于1遍；道岔尖轨跟端和低塌达到轻伤的焊接接头每季检查不少于1遍。(5)钢轨外观及表面伤损检查结果应做好记录。

93. 简述呼和浩特局集团公司高速铁路进出作业门的管理要求。

答:(1)作业人员、工机具、材料进出作业门(包括在作业过程中多次出入作业门)均应严格执行清点、登记确认制度，并按规定形式报工务段安全生产调度指挥中心进行确认或备案。下道作业人员、工机具数量应与上道数量一致，材料使用和旧料回收数量应与作业方案相符。(2)作业人员进入作业门前，作业负责人应对调度命令进行复核，确认作业地点、作业项目与计划一致，并在调度命令规定的作业时间范围内上线作业；开通前，作业负责人应组织对作业质量、作业现场进行检查，确认工务设备状态达到放行列车条件及人员、工机具、材料撤出防护栅栏后，方可销记。使用扫码确认时，若遇扫码机故障，必须进行人工清点并登记。(3)材料进出作业门登记。由作业负责人组织清点并登记。多个作业组利用同一个天窗点作业时，确定总负责人。每个作业小组负责人负责对本小组作业使用材料进行清点和登记，并报总负责人登记。凡消耗新材料，必须收集废旧材料，保证出入作业门材料数量相同。如遇到使用调高垫板调整轨道几何尺寸、使用护轨调整片调整护轨等消耗材料作业或撤除调高垫板作业，造成进出作业门材料数量不一致时，应详细记录。但当日材料使用情况应与当日作业方案中的材料数量一致。(4)使用轨道车出行时，工机具、材料装卸车比照进出作业门清点和登记。(5)积极应用作业门远程控制、门禁管理技术；利用视频记录、监控等设备，加强作业人员、工机具及材料出入作业门的管理。

94. 简述钢轨探伤对道岔、钢轨伸缩调节器探伤要求。

答:道岔、钢轨伸缩调节器钢轨探伤采用超声探伤、涡流探伤与手工检查相结合的方式,包括常规探伤、专项探伤。(1)常规探伤:使用单轨探伤仪与手工相结合的方式对道岔和钢轨伸缩调节器钢轨、合金钢组合辙叉进行探伤。采用手工方式对高锰钢整铸辙叉进行检查。(2)专项探伤:使用道岔涡流探伤仪结合焊缝探伤仪或通用探伤仪(对同一部位的探伤可只选择使用其中一种合适的探伤仪)对可放置探头实施检测的道岔、钢轨伸缩调节器钢轨特殊部位进行专项探伤。

95. 简述道岔、钢轨伸缩调节器探伤周期。

答:(1)常规探伤:正线道岔及钢轨伸缩调节器的钢轨每月 1 遍,到发线道岔每年 4 遍,其他站线道岔每年 1 遍。(2)专项探伤:①对尖轨、心轨轨底部位以及轨头宽度小于 50 mm 钢轨的轨头、轨腰部位的探伤,正线道岔每半年不少于 1 遍,到发线道岔每年不少于 1 遍,其中对运用时间超过 10 年或累计通过总质量超过 2 亿 t 的尖轨、心轨,正线道岔每季不少于 1 遍,冬季宜适当增加探伤遍数,到发线道岔每半年不少于 1 遍。②对可动心轨辙叉翼轨(不与车轮接触的翼轨区段除外)轨底部位的探伤,正线和到发线道岔每年不少于 1 遍。③对基本轨轨底部位的探伤,正线和到发线道岔每年不少于 1 遍。④对运用时间超过 10 年或累计通过总质量超过 2 亿 t 的正线道岔其他直向钢轨轨底的探伤,每年不少于 1 遍。⑤铁路局集团公司可根据道岔直向、侧向通过列车情况,适当调整直、侧向钢轨的专项探伤范围和周期,对通过列车较少的钢轨可延长专项探伤周期,对不通过列车的钢轨可不进行专项探伤。动车段(所)内和段管线的道岔钢轨可不进行专项探伤。⑥对钢轨伸缩调节器尖轨轨底部位以及轨头宽度小于 50 mm 钢轨的轨头、轨腰部位的探伤,每半年不少于 1 遍;对基本轨轨底部位的探伤每年不少于 1 遍。

96. 高速铁路区段,线路的高平顺性主要体现在哪些方面?

答:(1)桥梁、道床、路基变形和轨道铺设精度直接相关的中长波不平顺,高低、轨向、水平、扭曲和轨距偏差等局部孤立存在的不平顺幅值要小。(2)连续成段大量存在的各种不平顺幅值要小。敏感波长和中期性不平顺的幅值要小,轨道不平顺的功率谱密度值都要很小。(3)与钢轨平直度和轨头表面状态有关的短波不平顺。①焊缝不平度,要极小。②新轨的平直性偏差要极小。③轨头剥离、掉块、擦伤、波纹波浪行磨耗等不允许存在,一出现就要尽快消灭。(4)道岔区不能有接头轨缝、有害空间等不平顺。

97. GLC 系列道岔的养护检查工具有哪些?分别有什么用途?

答:(1)轨道几何状态测量仪:测量轨距、方向、水平、高低。(2)轨距尺(道尺):测量轨距、查照间隔、水平。(3)支距尺:测量支距。(4)方尺:测量道岔始端钢轨对齐、岔枕垂直度。

(5)长钢卷尺:测量道岔全长、岔枕间距。(6)卷尺:局部长度、距离测量。(7)塞尺:测量轨头密贴、轨底与台板密贴、顶铁离缝。(8)游标卡尺:间距测量、局部尺寸测量。(9)水平仪:高低测量。(10)平尺:轨顶、工作边直线度、轨底平直度、平直度测量,主要用于调整、心轨尖端抗线测量。(11)弦线(绷线器):岔枕纵向对齐、工作边方向、轨顶高低、岔枕高低、直线度。(12)扭矩扳手:测试各部螺栓扭矩。(13)辊轮调整工具:调整辊轮用。(14)弹簧称:配合测量道岔长度、钢轨件长度。

98. 高速铁路道岔自主研发的尖轨其特点有哪些?

答:自主研发道岔尖轨采用 60D40 钢轨制造(质量:70 kg/m、轨高:142 mm),未采用 60AT 钢轨。其优点是高度较小,便于滑床板的结构设计,横向刚度较小,有利于减小扳动力。尖轨顶面加工 1∶40 轨顶坡,尖轨尖端采用藏尖结构,其深度为 3 mm,尖轨跟端锻压成 60 kg/m 钢轨断面,成型段长度为 450 mm,过渡段长度 150 mm。

99. 高速铁路线路按桥梁结构形式分为哪些?其基本特点有哪些?

答:高速铁路桥梁主要结构形式包括梁式桥、预应力混凝土连续梁桥、框构桥、拱桥、钢构连续梁桥、组合体系桥和斜拉桥等。(1)混凝土简支箱梁桥:常用跨度有 20 m、24 m、32 m。(2)简支 T 形梁桥:T 形截面梁是梁式桥中应用广泛的一种梁型,在分片架设后再将横隔板和桥面通过施加横向预应力连成整体,构造简单,运输、架设方便。(3)混凝土连续梁桥:常用跨度有 32 m+48 m+32 m、40 m+56 m+40 m、40 m+64 m+40 m、48 m+80 m+48 m、60 m+100 m+60 m、80 m+128 m+80 m。(4)框构桥:常用跨度有 6 m、8 m、16 m,可分为单孔、双孔、多孔。主要用于城市立交道路。

高速铁路桥梁的基本特点:(1)高速铁路桥梁结构动力效应大。(2)桥上无缝线路与桥梁共同作用。(3)保证高速列车具有良好的旅客乘坐舒适性。(4)在预定作用和预定的维修和使用条件下,主要承力结构要满足 100 年设计使用年限的耐久性要求。(5)桥梁结构在构造上应十分注意改善结构的耐久性和使结构便于检查、养护及维修,尽可能达到少维修、容易维修。

100. 简述高速铁路异物监控子系统监控装置的设置原则。

答:(1)设计速度大于 160 km/h 区段内上跨铁路的道路桥梁处应设置异物侵限现场采集设备。(2)现场控制器应邻近异物侵限监测装置,设置于铁路用地界内,且不得侵入铁路建筑限界。(3)异物侵限现场监测装置宜采用双电网传感器,设置于上跨铁路的道路桥梁两侧。(4)双电网传感器的设置范围应结合工程特点及现场的实际情况,根据上跨铁路的道路桥梁防撞护栏的防撞性能、铁路轨面至上跨铁路的道路桥梁桥面的高度、铁路线路与上跨铁路的道路桥梁的交叉角度、上跨铁路的道路桥梁上机动车的走向等因素计算确定。(5)双电网传感器应采用结合上跨铁路的道路桥梁的安装方式,不具备条件时可采用独立结构安装方式。双电网传感器的安装方式应具备维修条件。

S1　有砟轨道线路保养质量评定

一、考场准备

有待检查的有砟线路 50 m;夜间考场内要有充足的照明。

二、材料工具准备

1. 材料准备:石笔、书写笔各 1 支,红、白油漆各 1 桶。
2. 工、量、刃、卡具准备。

序　号	名　称	规　格	精　度	数　量	备　注
1	电子道尺	0 级/1 级	±0.25 mm	1 把	需贴加反光标记
2	钢卷尺	5 m		1 把	需贴加反光标记
3	弦线			1 盒	需贴加反光标记
4	钢板尺	150 mm		1 把	需贴加反光标记
5	毛笔			1 支	需贴加反光标记
6	塞尺			1 把	需贴加反光标记
7	检查锤			1 把	需贴加反光标记
8	扭矩扳手			1 把	需贴加反光标记
9	线路检查记录本			1 本	需贴加反光标记

三、考核要求

1. 考生按要求穿戴、配备劳动保护用品,夜间戴照明头灯。
2. 材料、工器具准备合理。
3. 检查各个项目的方法正确。
4. 正确分析并圈画病害。评定应符合《高速铁路线路维修规则》规定。
5. 计时从考生得到允许作业的命令之时开始,到考生汇报作业完毕之时结束。
6. 规定时间内全部完成,不加分。每超时 1 min,从总分中扣 2 分,总超时 5 min 停止作业。
7. 作业完毕,按规定清理现场。

四、考核评分

1. 考评人员 3 名及以上。
2. 评分程序及规则:考评员根据考生操作情况对照计分标准在评分表上给予记录评分。
3. 评分方法:采用百分制,满分 100 分,60 分及以上为及格。

五、铁道行业职业技能认定高速铁路线路工高级工实作技能考核评分记录表

单位:________　姓名:________　性别:________　准考证号:________　工种:________　级别:________

试题名称:有砟轨道线路保养质量评定

考核时间:45 min

操作开始时间:　　时　　分　　　　　　　　　　　　　操作结束时间:　　时　　分

序号	考核内容	考核要点	配分	评分标准	扣分	得分
1	作业工具及使用	(1)根据需要一次带够所有工具、材料。 (2)正确使用各种工具	10	(1)工具、材料不全,少一件扣5分。 (2)使用方法不当或工具损坏,扣5分		
2	作业程序	(1)作业准备: ①清点工具、材料数量。 ②校对量具:对道尺进行检查核对。 ③在天窗点内作业按规定设置现场防护,方可上道作业。 (2)检查线路: ①检查方向和高低:检查人跨站线路一侧钢轨上目测线路轨向,再用弦线测量线路轨向;俯身于钢轨上看轨头下颚纵向水平延长线上的凹凸,目测线路高低,再用弦线测量线路高低,并在《线路检查记录本》上的"轨向、高低及其他"栏内的轨号对应位置做好记录。 ②在检查过程中,随时注意检查其他项目(钢轨、轨枕、联结零件、纵向位移、道床、排水设施、标志标识等)的病害情况,如有超限和其他危及行车安全的处所,填写在"轨向、高低及其他"栏内。 ③检查轨距和水平:在规定的检查点上(隔二检一)按"先轨距,后水平"的顺序检查并记录在"轨距、水平、三角坑"栏内,随即用石笔或油漆写在相应的钢轨内侧轨底面上。对伤损钢轨应按《高速铁路线路维修规则》规定,在相应的钢轨内侧轨底面上做好轻伤、轻伤有发展、重伤标记。 ④曲线地段检查时,要对照曲线的几何要素,将道尺放在曲线各点进行检查,并将曲线的五大桩位用"△"标记,并用汉语拼音大写字母 ZH、HY、QZ、YH、HZ 如实填写在"轨向、高低及其他"栏内的对应位置,曲线半径、超高、顺坡率填写在记录本右上方。 (3)撤除防护:线路检查完毕,清点人员,工、机、量具,材料并撤出限界以后,撤除防护。 (4)分析评定:将检查数据,对照《线路静态几何尺寸容许偏差管理值》标准进行勾画分析,超过经常保养标准的在相应数据上打"√",超过临时补修标准的在相应数据上打"×"。三角坑用折线"∨∨"连接,并对照线路保养质量评定标准进行评定	40	(1)作业准备: ①工、机、量具,材料不全,少一件扣5分。 ②未检查有效期扣5分,未校准扣5分。 ③未在天窗点内作业或未按规定设置现场防护,扣5分。 (2)检查线路: ①未检查方向、高低扣5分,未记录一处扣5分。 ②错、漏一项扣5分。 ③顺序错误、距离不均匀、记录不正确一次扣5分,伤损未标记、标记不正确扣5分。错、漏一项扣5分。 ④曲线标记不正确,扣5分;错、漏,一处扣5分。 (3)撤除防护:人员,工、机、量具,材料遗留现场扣41分,未清点扣5分,未按规定撤除防护扣5分。 (4)分析不正确扣5分,超限数据漏划、错划一处扣5分,未评定一处扣5分		
3	作业质量	(1)线路评定项目检查方法正确。 (2)检查记录误差:检查记录数值与标准检查数据比较,误差不大于±1 mm。 (3)保养质量评定逐项扣分符合标准。 (4)保养质量评定最终结论正确	40	(1)评定项目检查方法不正确,扣10分。 (2)检查记录数值与标准检查数据比较,每超过1 mm扣2分。 (3)评定错误每处扣5分。 (4)保养质量评定最终结论错误,扣10分		

续上表

序号	考核内容	考核要点	配分	评分标准	扣分	得分
4	作业安全	(1)损坏工具、量具等。 (2)人身安全。 (3)工、机、量具均贴加反光标记	10	(1)若有工(量)具损坏，每次扣5分。 (2)作业中发生滑倒、碰手碰脚等扣10分。 (3)未贴加反光标记，每件扣5分		
5	作业时间	在规定的时间内完成作业内容		规定时间内全部完成，不加分。每超时1 min，从总分中扣2分，总超时5 min停止作业		
合计			100			

考评员签字：　　　　认定人签字：　　　　年　月　日

S2　测量曲线钢轨磨耗

一、考场准备

曲线钢轨磨耗地段100 m线路；夜间考场内要有充足的照明。

二、材料工具准备

1. 材料准备：石笔、书写笔各1支，记录用表格2张。
2. 工、量、刃、卡具准备：笔记本电脑、钢轨轮廓仪。

三、考核要求

1. 考生按要求穿戴、配备劳动保护用品，夜间戴照明头灯。
2. 材料、工器具准备合理。
3. 能够正确组装仪器，并通过调试使仪器能够正常使用。
4. 能够利用仪器检测钢轨的磨耗量。
5. 根据检测结果判断钢轨伤损级别，并制定相应的处理方案。
6. 计时从考生得到允许作业的命令之时开始，到考生汇报作业完毕之时结束。
7. 规定时间内全部完成，不加分。每超时1 min，从总分中扣2分，总超时5 min停止作业。
8. 作业完毕，按规定清理现场。

四、考核评分

1. 考评人员3名及以上。
2. 评分程序及规则：考评员根据考生操作情况对照计分标准在评分表上给予记录评分。
3. 评分方法：采用百分制，满分100分，60分及以上为及格。

五、铁道行业职业技能认定高速铁路线路工高级工实作技能考核评分记录表

单位:________ 姓名:________ 性别:________ 准考证号:________ 工种:________ 级别:________

试题名称:测量曲线钢轨磨耗

考核时间:45 min

操作开始时间: 时 分 操作结束时间: 时 分

序号	考核内容	考核要点	配分	评分标准	扣分	得分
1	作业工具及使用	(1)根据需要一次带够所有工具、材料。 (2)正确使用各种工具	10	(1)工具、材料不全,少一件扣5分。 (2)使用方法不正确或工具损坏,扣5分		
2	作业程序	(1)作业准备: ①清点工具、材料数量。 ②确认工具使用状态。 ③在天窗点内作业按规定设置现场防护,方可上道作业。 (2)组装钢轨轮廓仪。 (3)测量钢轨磨耗量。 (4)判断钢轨轻重伤并做出标记。 (5)制定轻重伤钢轨处理意见。 (6)清理现场。 (7)撤除防护:作业完毕,人员、料具撤出限界以后,撤除防护	40	(1)作业准备: ①工、机、量具,材料不全,少一件扣5分。 ②未确认扣5分。 ③未在天窗点内作业或未按规定设置现场防护,扣41分。 (2)错、漏一项扣5分。 (3)错、漏一项扣5分。 (4)未判断一项扣5分,未做标记扣5分。 (5)未制定处理意见扣10分。 (6)未清理现场扣5分。 (7)人员,工、机、量具,材料遗留现场扣41分,未清点扣5分,未按规定撤除防护扣5分		
3	作业质量	(1)检测结果准确,误差不大于0.5 mm。 (2)伤损判断并标记正确:正线60 kg/m钢轨,200 km/h以上线路,区间钢轨,垂向磨耗超过8 mm,侧向磨耗超过10 mm,总磨耗超过9 mm为轻伤;垂向磨耗超过10 mm,侧向磨耗超过12 mm为重伤。 (3)处理意见合理正确	40	(1)检测结果与标准值比较偏差大于0.5 mm,每处扣5分。 (2)判断轻重伤钢轨错一处扣5分;未做出标记每处扣2分。 (3)处理意见不正确扣10分		
4	作业安全	(1)损坏工具、量具等。 (2)人身安全。 (3)工、机、量具均贴加反光标记	10	(1)若有工(量)具损坏,每次扣5分。 (2)作业中发生滑倒、碰手碰脚等扣10分。 (3)未贴加反光标记,每件扣5分		
5	作业时间	在规定的时间内完成作业内容		规定时间内全部完成,不加分。每超时1 min,从总分中扣2分,总超时5 min停止作业		
合计			100			

考评员签字: 认定人签字: 年 月 日

S3 利用闭合线路法进行高程测量

一、考场准备

选择视野开阔，无遮挡物，高差在 1 m 以内，长度不小于 300 m，宽度不小于 10 m 的场地，标注起始点，并在起点假设已知高程；夜间考场内要有充足的照明。

二、材料工具准备

1. 材料准备：红油漆 0.5 kg，A4 计算纸 5 张，记录手簿 1 张。
2. 工、量、刃、卡具准备。

序 号	名 称	规 格	精 度	数 量	备 注
1	测量伞			1 把	
2	尺	3 m	1 cm	2 把	铟钢尺
3	毛笔	中号		1 支	
4	铅笔	HB		1 支	
5	水准仪	DS05 型	±0.5 mm	1 台	
6	三脚架			1 副	与水准仪配套
7	尺垫			2 个	
8	工具袋			1 个	
9	铅笔刀			1 把	

三、技术要求

1. 考生按要求穿戴、配备劳动保护用品，夜间戴照明头灯。
2. 材料、工器具准备合理。
3. 检查工具、材料及仪器是否齐全，状态是否良好。
4. 正确使用各种工具、仪器。
5. 置镜点、转点位置设置合理。读数准确、规范，记录簿填写清楚。
6. 计时从考生得到允许作业的命令之时开始，到考生汇报作业完毕之时结束。
7. 规定时间内全部完成，不加分。每超时 1 min，从总分中扣 2 分，总超时 5 min 停止作业。
8. 作业完毕，按规定清理现场。

四、考核评分

1. 考评人员 3 名及以上。
2. 评分程序及规则：考评员根据考生操作情况对照计分标准在评分表上给予记录评分。
3. 评分方法：采用百分制，满分 100 分，60 分及以上为及格。

五、铁道行业职业技能认定高速铁路线路工高级工实作技能考核评分记录表

单位:________ 姓名:________ 性别:________ 准考证号:________ 工种:________ 级别:________

试题名称:利用闭合线路法进行高程测量

考核时间:60 min

操作开始时间: 时 分 操作结束时间: 时 分

序号	考核内容	考核要点	配分	评分标准	扣分	得分
1	作业工具及使用	(1)根据需要一次带够所有工具、材料。 (2)正确使用各种工具	10	(1)工具、材料不全,少一件扣5分。 (2)使用方法不当或工具损坏,扣5分		
2	作业程序	(1)清点仪器,搜集测区内已知点数据,准备记录表格(包括原始数据准备表格、计算表格、成果表格)。 (2)了解施测精度选择适当的测量方法(由考生口述)。 (3)设置转点:根据场地情况合理设置2个转点,并用红漆标记。 ①转点应设置在视野开阔,能与前后测站通视的地方。 ②转点一般选在地基基础好,场地平整,易于到达的地方,当不得已设在地基基础松软的地方时,应设置尺垫。 ③相邻转点间距离应大致相等,不得相差过大。 ④转点标记应规范,不易破坏,地点固定,易于找寻。 (4)安置仪器,观测记录: ①选择测站:在两测点间大致中间位置设置测站,保证测站前后视距大致相等,相差不得过大。 ②安置仪器:在测站上打开三脚架,调节架腿使高度适中,目估使架头大致水平,检查脚架腿是否安置稳固,脚架伸缩螺旋是否拧紧,然后打开仪器箱取出水准仪,置于三脚架头上,一只手扶住仪器,以防仪器从架头滑落,另一只手用联结螺栓将仪器牢固的连接在架头上。 ③粗略整平:旋转脚螺旋使圆水准器的气泡居中。然后使仪器转动180°并观察圆水准器气泡是否居中,如不居中则应更换仪器。 ④瞄准水准尺:首先转动目镜螺旋使十字丝清晰;松开制动螺旋,用照门和准星瞄准水准尺,拧紧制动螺旋;通过望远镜观察水准尺,并调焦、转动微动螺旋使目标清晰,位置准确,期间应注意消除视差。 ⑤精平与读数:通过目镜左方的符合气泡观察窗看水准管气泡,右手转动微倾螺旋,使气泡两端的像吻合;点击采集,读出水准尺上读数,估读到毫米,且保证每个读数均为4位。 ⑥在记录手簿上,正确位置,清楚、规范地填写观测数据,并随时符合观测数据,确保正确无误。 整理仪器到下一测站按上述步骤进行测量记录。 (5)作业完毕,整理并归位所有材料、设备及机具	30	(1)缺此项扣5分。 (2)缺此项扣5分。 (3)转点设置不合理或未标记,一处扣5分。 (4)安置仪器,观测记录: ①选择错误扣5分。 ②仪器安置位置不符合规定,一次扣5分。 ③仪器安置未整平读数扣5分。 ④程序错误扣5分。 ⑤程序错误扣5分。 ⑥记录手簿填写错误或有涂改扣5分。 (5)未整理并归位扣5分		

续上表

序号	考核内容	考核要点	配分	评分标准	扣分	得分
3	作业质量	内业计算：在记录簿上进行数据处理，得出实际测量的高差，并进行检核，在误差允许范围内时调整闭合差并计算待测点高程	50	内业计算错误，一处扣5分；闭合差超过容许误差扣8分；成果检核超限扣8分		
4	作业安全	(1)损坏工具、量具等。 (2)人身安全。 (3)工、机、量具轻拿轻放、摆放整齐	10	(1)若有工(量)具损坏，每次扣5分。 (2)作业中发生滑倒、碰手碰脚等，扣10分。 (3)磕碰工、机、量具扣5分；摆放不整齐扣2分		
5	作业时间	在规定的时间内完成作业内容		规定时间内全部完成，不加分。每超时1 min，从总分中扣2分，总超时5 min停止作业		
合计			100			

考评员签字：　　　　　　认定人签字：　　　　　　年　　月　　日

水准测量记录手簿

观测日期　　天气状况　　仪器编号　　观测者　　记录者　　校核者

测　　点	水准尺读数		高　　差		高　　程	备　　注
	后视	前视	+	−		
计算检核						

S4　更换普通单开道岔护轨作业

一、考场准备

普通单开道岔1组，型号、规格根据考场情况而定；夜间考场内要有充足的照明。

二、材料工具准备

1. 材料准备:

(1)普通单开道岔护轨1根,型号、规格根据考场情况而定。

(2)各种类型护轨插片、偏心锥若干,石笔和书写笔各1支。

2. 工、量、刃、卡具准备。

序 号	名 称	规 格	精 度	数 量	备 注
1	电子道尺	0级/1级	±0.25 mm	1把	需贴加反光标记
2	钢板尺	150 mm		1把	需贴加反光标记
3	钢卷尺	30 m		1把	需贴加反光标记
4	轨温计			1个	需贴加反光标记
5	抬杠			2根	需贴加反光标记
6	抬轨卡			2套	需贴加反光标记
7	活口扳手	450 mm		2把	需贴加反光标记
8	加力杆			1根	需贴加反光标记
9	撬棍			2根	需贴加反光标记
10	内燃扳手			1台	需贴加反光标记
11	扭矩扳手			1把	需贴加反光标记
12	翻轨器			1把	需贴加反光标记
13	白色记号笔			1支	需贴加反光标记

三、考核要求

1. 考生按要求穿戴、配备劳动保护用品,夜间戴照明头灯。

2. 材料、工器具准备合理。

3. 各单项作业标准规范。

4. 按规定进行更换护轨的基本作业。上紧螺栓使达到规定扭矩。

5. 质量回检,确保各检查项目均符合《高速铁路线路维修规则》规定。

6. 计时从考生得到允许作业的命令之时开始,到考生汇报作业完毕之时结束。

7. 规定时间内全部完成,不加分。每超时1 min,从总分中扣2分,总超时5 min停止作业。

8. 作业完毕,按规定清理现场。

四、考核评分

1. 考评人员3名及以上。

2. 评分程序及规则:考评员根据考生操作情况对照计分标准在评分表上给予记录评分。

3. 评分方法:采用百分制,满分100分,60分及以上为及格。

五、铁道行业职业技能认定高速铁路线路工高级工实作技能考核评分记录表

单位：________　姓名：________　性别：________　准考证号：________　工种：________　级别：________

试题名称：更换普通单开道岔护轨作业

考核时间：40 min

操作开始时间：　　时　　分　　　　　　　　　　操作结束时间：　　时　　分

序号	考核内容	考核要点	配分	评分标准	扣分	得分
1	作业工具及使用	(1)根据需要一次带够所有工具。 (2)正确使用工具，工具无损坏	10	(1)工具不全，少一件扣5分。 (2)工具使用不当或损坏扣5分		
2	作业程序	(1)作业准备： ①清点工具、材料数量。 ②校对道尺，确认工具使用状态。 ③在天窗点内作业按规定设置现场防护，方可上道作业。 ④测量轨温，确认作业条件。 (2)检查确认：检查新旧护轨类型是否一致，并摆放到位(检查内容包括型号、长度、孔数、孔距等)。 (3)转运新护轨： ①将准备换入的护轨稳固放置在外侧轨枕头外的道床上。 ②护轨放在砟肩时距线路上钢轨轨头外侧不少于150 mm，新护轨面超出线路上钢轨不大于25 mm(点前)。 (4)拆卸旧护轨： ①松开与基本轨相联的螺栓及轨撑立螺栓。 ②有间隔铁的护轨，先松掉轨撑垫板螺栓，起高基本轨，移动轨撑垫板，使护轨与轨撑脱离。 (5)拔出旧护轨：护轨拔出后，将护轨放置在不影响作业的位置，清扫垫板、卸下的螺栓、间隔铁等。 (6)换入新护轨： ①新护轨换入后，装好间隔铁、轨撑，穿入螺栓。 ②用护轨插片调整轮缘槽尺寸、查照间隔，复紧螺栓，安装开口销或防松螺帽。 (7)回检找细、清理现场：对轮缘槽宽度、轨距、查照间隔及零件等进行找细，使之达到技术标准。 (8)撤除防护：确认线路达到放行列车条件，人员、机具撤出限界以外后，撤除防护	30	(1)作业准备： ①未清点或工、机、量具，材料不全，少一件扣5分。 ②未检查有效期扣5分，未校准扣5分。未确认工具使用状态扣5分。 ③未在天窗点内作业或未按规定设置现场防护，扣41分。 ④未测量轨温，确认作业条件扣5分。 (2)未检查确认，少一项扣5分。 (3)错、漏一项扣5分。 (4)错、漏一项扣5分。 (5)错、漏一项扣5分。 (6)错、漏一项扣5分。 (7)未回检找细、未清理现场每项扣5分。 (8)未确认线路达到放行列车条件，放行列车扣41分，人员，工、机、量具，材料遗留现场扣41分，未清点扣5分，未按规定撤除防护扣5分		
3	作业质量	(1)护轨轮缘槽宽度42 mm，误差小于$^{+3}_{-1}$ mm。 (2)护轨与基本轨高差符合规定。 (3)查照间隔、轨道几何尺寸符合《高速铁路线路维修规则》作业验收标准。 (4)螺栓扭矩达标	50	(1)护轨轮缘槽宽度不符合规定每项扣10分。 (2)护轨与基本轨高差不符合规定每项扣10分。 (3)超作业验收标准每项扣5分，超经常保养标准每项扣10分。 (4)螺栓扭矩不达标，每个扣2分		

续上表

序号	考核内容	考核要点	配分	评分标准	扣分	得分
4	作业安全	(1)损坏工具、量具等。 (2)人身安全。 (3)工、机、量具均贴加反光标记	10	(1)若有工(量)具损坏,每次扣5分。 (2)作业中发生滑倒、碰手碰脚等扣10分。 (3)未贴加反光标记,每件扣5分		
5	作业时间	在规定的时间内完成作业内容		规定时间内全部完成,不加分。每超时1 min,从总分中扣2分,总超时5 min停止作业		
合计			100			

考评员签字: 认定人签字: 年 月 日

S5 无砟轨道WJ-7型扣件地段轨道精调作业

一、考场准备

待精调的直线地段25 m线路。使用无砟轨道WJ-7型扣件地点;夜间考场内要有充足的照明。

二、材料工具准备

1. 材料准备。

序号	名称	规格	数量	备注
1	石笔、书写笔		各1支	
2	绝缘轨距块	9号/10号	若干	根据精调方案需要配置
3	轨下垫板	0.5 mm/1 mm/2 mm/5 mm/8 mm	若干	根据精调方案需要配置
4	铁垫板下调高垫板	8 mm	若干	根据精调方案需要配置
5	绝缘缓冲垫板	2 mm/6 mm	若干	根据精调方案需要配置
6	专用防护油脂		若干	根据精调方案需要配置

2. 工、量、刃、卡具准备。

序号	名称	规格	精度	数量	备注
1	电子道尺	0级	±0.25 mm	1把	需贴加反光标记
2	轨温计			1个	需贴加反光标记
3	弦线	20 m		1盒	需贴加反光标记
4	钢板尺	150 mm		1把	需贴加反光标记
5	内燃扳手			1台	需贴加反光标记
6	扭矩扳手			1把	需贴加反光标记

续上表

序号	名称	规格	精度	数量	备注
7	改道器			1 台	需贴加反光标记
8	起道器			2 台	需贴加反光标记
9	塞尺			1 把	需贴加反光标记
10	毛刷			1 把	需贴加反光标记
11	线路检查记录本			1 本	需贴加反光标记

三、考核要求

1. 考生按要求穿戴、配备劳动保护用品，夜间戴照明头灯。
2. 材料、工器具准备合理。
3. 按审批后的轨道精调作业方案作业。
4. 轨道精调作业流程规范。
5. 作业后应符合《高速铁路线路维修规则》规定。
6. 计时从考生得到允许作业的命令之时开始，到考生汇报作业完毕之时结束。
7. 规定时间内全部完成，不加分。每超时 1 min，从总分中扣 2 分，总超时 5 min 停止作业。
8. 作业完毕，按规定清理现场。

四、考核评分

1. 考评人员 3 名及以上。
2. 评分程序及规则：考评员根据考生操作情况对照计分标准在评分表上给予记录评分。
3. 评分方法：采用百分制，满分 100 分，60 分及以上为及格。

五、铁道行业职业技能认定高速铁路线路工高级工实作技能考核评分记录表

单位：________ 姓名：________ 性别：________ 准考证号：________ 工种：________ 级别：________

试题名称：无砟轨道 WJ-7 型扣件地段轨道精调作业

考核时间：65 min

操作开始时间：　时　分　　　　操作结束时间：　时　分

序号	考核内容	考核要点	配分	评分标准	扣分	得分
1	作业工具及使用	(1)根据需要一次带够所有工具、材料。 (2)正确使用各种工具	10	(1)工具、材料不全，少一件扣 5 分。 (2)使用方法不当或工具损坏，扣 5 分		
2	作业程序	(1)作业准备： ①清点工具、材料。 ②校对道尺，确认工具使用状态。	40	(1)作业准备： ①未清点或工、机、量具，材料不全，少一件扣 5 分。 ②未检查有效期扣 5 分，未校准扣 5 分。未确认工具使用状态扣 5 分。		

续上表

序号	考核内容	考核要点	配分	评分标准	扣分	得分
2	作业程序	③在天窗点内作业按规定设置现场防护,方可上道作业。 ④测量轨温,确认作业条件。 (2)轨距和轨向调整: ①先选定一股钢轨作为基准股,对基准股钢轨方向进行精确调整,固定基准股钢轨后,再调整另一股钢轨轨距、方向,曲线地段以上股为基准轨,直线地段选择与前方曲线上股同侧钢轨为基准轨。 ②根据轨道精调作业方案调查划撬,确认调整范围。 ③松开锚固螺栓,用改道器横向挪动铁垫板予以调整,确认轨向、轨距合适。 ④在挪动铁垫板时,如果出现平垫块和铁垫板卡阻现象,平垫块调边使用,使窄边朝向钢轨,继续挪动铁垫板,直至轨向和轨距合适,拧紧锚固螺栓。 ⑤当绝缘块与铁垫板挡肩的缝隙大于 1 mm 时应更换为 10 号绝缘块。 ⑥调整位置不正的 T 形螺栓。 ⑦在拧紧锚固螺栓前,检查铁垫板与平垫块的标记线是否对齐。 (3)高低和水平调整: ①先选定一股钢轨作为基准股,对基准股钢轨高低进行精确调整,曲线地段以下股为基准轨,直线地段以与前方曲线下股同侧钢轨为基准轨。 ②根据轨道精调作业方案调查划撬,确认调整范围。 ③调整值为负值高低位置时,卸下锚固螺栓,提升钢轨,先将铁垫板下 6 mm 厚的绝缘缓冲垫板更换为 2 mm 厚的绝缘缓冲垫板,钢轨复位,检查轨向和轨距符合标准后,拧紧锚固螺栓,然后再根据调整量,选择在轨下垫板和铁垫板之间垫入所需厚度的轨下调高垫板。 ④调整+1~+10 mm 范围高低位置时,松开弹条,取出绝缘块,提升钢轨,在轨下垫板与铁垫板之间,选择不同规格的轨下调高垫板,实现调高目的。 ⑤调整+11~+26 mm 范围高低位置时,先卸下锚固螺栓,提升钢轨,在铁垫板和绝缘缓冲垫板之间垫入所需厚度的铁垫板下调高垫板,总厚度不得超过 16 mm,块数不超过 2 块,钢轨复位,检查轨向和轨距符合标准后,拧紧锚固螺栓,如还需调整,可再根据调整量,选择在轨下垫板和铁垫板之间垫入所需厚度的轨下调高垫板。 ⑥符合高度要求后,落下钢轨,确认轨向符合标准,按规定扭矩拧紧螺母。 ⑦水平调整时固定基准股钢轨,再调整另一股钢轨高低,并校核水平,同时确认轨向、轨距符合标准,拧紧螺栓。 ⑧卸下锚固螺栓时,要注意避免泥污掉入绝缘套管内。预埋套管中缺油或无油时,应在预埋套管中注入或在锚固螺栓螺纹部分涂专用防护油脂。 ⑨将更换情况做好记录存档待查。 (4)清理现场。 (5)撤除防护:作业完毕,确认线路达到放行列车条件,清点人员、工机具、材料并撤出限界以后,撤除防护	40	③未在天窗点内作业或未按规定设置现场防护,扣 41 分。 ④未测量轨温,确认作业条件扣 5 分。 (2)轨距和轨向调整: ①基准股选择错误扣 5 分。 ②未根据轨道精调作业方案调查划撬,确认调整范围扣 10 分。 ③超松一个螺栓扣 2 分,未确认轨向、轨距合适扣 5 分。 ④平垫块未调边使用扣 5 分。 ⑤未更换 10 号绝缘块扣 5 分。 ⑥未调整位置不正的 T 形螺栓扣 5 分。 ⑦未检查扣 2 分。 (3)高低和水平调整: ①基准股选择错误扣 5 分。 ②未根据轨道精调作业方案调查划撬,确认调整范围扣 10 分。 ③调换错误一处扣 5 分。 ④调换错误一处扣 5 分。 ⑤调换错误一处扣 5 分。 ⑥不符合高度要求或未确认轨向扣 5 分。 ⑦未固定基准股钢轨、未校核水平或未确认轨向、轨距扣 5 分。 ⑧未清理污泥或未涂油脂扣 5 分。 ⑨未做存档记录扣 5 分。 (4)未清理现场扣 5 分。 (5)未确认线路达到放行列车条件,放行列车扣 41 分,人员,工、机、量具,材料遗留现场扣 41 分,未清点扣 5 分,未按规定撤除防护扣 5 分		

续上表

序号	考核内容	考核要点	配分	评分标准	扣分	得分
3	作业质量	(1)轨道精调几何尺寸调整满足无砟轨道静态几何尺寸容许偏差管理标准作业验收标准。 (2)调整作业后，轨距挡板、铁垫板、绝缘垫板、调整垫板的螺栓中心与预埋套管的中心对正。 (3)钢轨与绝缘块、绝缘块与铁垫板挡肩间缝隙之和不得大于 1 mm，弹条中部前端下颚与绝缘块的间隙不大于 1 mm(不宜贴靠)。 (4)T形螺栓扭矩 W1 型弹条时满足 100～140 N·m，X2 型弹条时满足 70～90 N·m；锚固螺栓扭矩为 300～350 N·m。 (5)最多连续松开扣件个数满足无缝线路作业轨温条件。 (6)轨下调高垫板使用时，总厚度不大于 10 mm，块数不超过 2 块，且较薄的垫板放在下面。 (7)铁垫板下调高垫板使用时，总厚度不大于 16 mm，块数不超过 2 块	40	(1)超作业验收标准每处扣 2 分，超经常保养标准每处扣 5 分。 (2)中心未对正每处扣 5分。 (3)间隙超限每处扣 5 分。 (4)T 形螺栓及锚固螺栓扭矩不满足规定扭矩要求每根扣 5 分。 (5)不满足无缝线路作业轨温条件每处扣 10 分。 (6)总厚度大于 10 mm，块数超过 2 块，每处扣 5 分。 (7)总厚度大于 16 mm，块数超过 2 块，每处扣 5 分		
4	作业安全	(1)损坏工具、量具等。 (2)人身安全。 (3)工、机、量具均贴加反光标记	10	(1)若有工(量)具损坏，每次扣 5 分。 (2)作业中发生滑倒、碰手碰脚等扣 10 分。 (3)未贴加反光标记，每件扣 5 分		
5	作业时间	在规定的时间内完成作业内容		规定时间内全部完成，不加分。每超时 1 min，从总分中扣 2 分，总超时 5 min 停止作业		
合计			100			

考评员签字： 认定人签字： 年 月 日

S6 曲线超高顺坡计算设置作业

一、考场准备

缓和曲线一条；夜间考场内要有充足的照明。

二、材料工具准备

1. 材料准备：计算纸 5 张/人，红、白油漆适量。
2. 工、量、刃、卡具准备。

序 号	名 称	规 格	精 度	数 量	备 注
1	设备综合图			1 套	需贴加反光标记
2	钢卷尺	30～50 m		1 把	需贴加反光标记
3	记录本			1 本	需贴加反光标记
4	石笔			2 支	需贴加反光标记

续上表

序　号	名　称	规　格	精　度	数　量	备　注
5	毛笔			1支	需贴加反光标记
6	计算器			1部	需贴加反光标记
7	书写笔			1支	需贴加反光标记

三、考核要求

1. 考生按要求穿戴、配备劳动保护用品,夜间戴照明头灯。
2. 材料、工器具准备合理。
3. 曲线现场资料调查准确。
4. 计算缓和曲线相关数据准确无误。超高顺坡检查点设置正确,标记准确清楚。
5. 设置完毕后应符合《高速铁路线路维修规则》规定。
6. 计时从考生得到允许作业的命令之时开始,到考生汇报作业完毕之时结束。
7. 规定时间内全部完成,不加分。每超时 1 min,从总分中扣 2 分,总超时 5 min 停止作业。
8. 作业完毕,按规定清理现场。

四、考核评分

1. 考评人员 3 名及以上。
2. 评分程序及规则:考评员根据考生操作情况对照计分标准在评分表上给予记录评分。
3. 评分方法:采用百分制,满分 100 分,60 分及以上为及格。

五、铁道行业职业技能认定高速铁路线路工高级工实作技能考核评分记录表

单位:________　姓名:________　性别:________　准考证号:________　工种:________　级别:________

试题名称:曲线超高顺坡计算设置作业

考核时间:40 min

操作开始时间:　　时　　分　　　　　　　　操作结束时间:　　时　　分

序号	考核内容	考核要点	配分	评分标准	扣分	得分
1	作业工具及使用	(1)根据需要一次带够所有工具。 (2)正确使用工具	10	(1)工具不全,少一件扣5分。 (2)工具损坏,一件扣5分		
2	作业程序	(1)作业准备: ①清点工具、材料数量。 ②确认工具使用状态。 ③在天窗点内作业按规定设置现场防护,方可上道作业。	30	(1)作业准备: ①未清点或工、机、量具,材料不全,少一件扣5分。 ②未确认工具使用状态扣5分。 ③未在天窗点内作业或未按规定设置现场防护,扣41分。		

续上表

序号	考核内容	考核要点	配分	评分标准	扣分	得分
2	作业程序	(2)曲线现场资料调查。 (3)计算缓和曲线相关数据。 ①计算缓和曲线各检查点上的超高顺坡值。 ②检算顺坡率是否符合规定。 (4)设置超高顺坡检查点： ①检查点 5 m 间隔设置。 ②检查点 6.25 m 间隔设置。 (5)做好标记。 (6)撤除防护：清点人员、工机具、材料并撤出限界以外后，撤除防护	30	(2)错、漏一项扣 5 分。 (3)错、漏一项扣 5 分。 (4)检查点错误、漏项一处扣 5 分。 (5)未做标记每处扣 5 分，现场曲线数据未与图表核对扣 5 分。 (6)人员，工、机、量具，材料遗留现场扣 41 分，未清点扣 5 分，未按规定撤除防护扣 5 分		
3	作业质量	(1)曲线超高顺坡必须在缓和曲线内完成，测点间距要求，顺坡坡度不应大于 $1/(10v_{max})$，困难条件下不应大于 $1/(9v_{max})$。 (2)曲线 5 大桩齐全，位置正确，字迹清晰，曲线要素准确。 (3)钢轨标记齐全，位置正确，清晰无错误	50	(1)未在缓和曲线内完成，不符要求一项扣 8 分。 (2)桩标不全、位置不对、要素不清一项扣 5 分。 (3)轨腰标记不全、位置不对、不清晰，一处扣 2 分		
4	作业安全	(1)损坏工具、量具等。 (2)人身安全。 (3)工、机、量具均贴加反光标记	10	(1)若有工(量)具损坏，每次扣 5 分。 (2)作业中发生滑倒、碰手碰脚等扣 10 分。 (3)未贴加反光标记，每件扣 5 分		
5	作业时间	在规定的时间内完成作业内容		规定时间内全部完成，不加分。每超时 1 min，从总分中扣 2 分，总超时 5 min 停止作业		
合计			100			

考评员签字： 认定人签字： 年 月 日

S7 有砟无缝道岔拨道作业

一、考场准备

需要拨道作业的有砟无缝道岔一组。

二、材料工具准备

1. 材料准备：油漆、石笔若干，毛笔、书写笔各 1 支。

2. 工、量、刃、卡具准备。

序 号	名 称	规 格	精 度	数 量	备 注
1	电子道尺	0 级/1 级	±0.25 mm	1 把	需贴加反光标记
2	轨温计			1 个	需贴加反光标记

续上表

序　号	名　称	规　格	精　度	数　量	备　注
3	弦线	20 m		1盒	需贴加反光标记
4	钢板尺	150 mm		1把	需贴加反光标记
5	内燃扳手			1台	需贴加反光标记
6	扭矩扳手			1把	需贴加反光标记
7	起拨道器			2台	需贴加反光标记
8	石砟叉			1把	需贴加反光标记
9	线路检查记录本			1本	需贴加反光标记

三、考核要求

1. 考生按要求穿戴、配备劳动保护用品,夜间戴照明头灯。
2. 材料、工器具准备合理。
3. 根据审批后的轨道精调作业方案调查划撬准确无遗漏。
4. 拨道作业符合各单项作业标准。
5. 作业后应符合《高速铁路线路维修规则》规定。
6. 计时从考生得到允许作业的命令之时开始,到考生汇报作业完毕之时结束。
7. 规定时间内全部完成,不加分。每超时 1 min,从总分中扣 2 分,总超时 5 min 停止作业。
8. 作业完毕,按规定清理现场。

四、考核评分

1. 考评人员 3 名及以上。
2. 评分程序及规则:考评员根据考生操作情况对照计分标准在评分表上给予记录评分。
3. 评分方法:采用百分制,满分 100 分,60 分及以上为及格。

五、铁道行业职业技能认定高速铁路线路工高级工实作技能考核评分记录表

单位:________　姓名:________　性别:________　准考证号:________　工种:________　级别:________

试题名称:有砟无缝道岔拨道作业

考核时间:60 min

操作开始时间:　　时　　分　　　　　　　　操作结束时间:　　时　　分

序号	考核内容	考核要点	配分	评分标准	扣分	得分
1	作业工具及使用	(1)根据需要一次带够所有工具、材料。 (2)正确使用各种工具,工具无损坏	10	(1)材料、工具不全,少一件扣 5 分。 (2)工具使用不当或损坏扣 5 分		

续上表

序号	考核内容	考核要点	配分	评分标准	扣分	得分
2	作业程序	(1)作业准备： ①清点工具、材料数量。 ②校对道尺，确认工具使用状态。 ③在天窗点内作业按规定设置现场防护，方可上道作业。 ④测量轨温，确认作业条件。 ⑤拨道量超出规定值时，提前通知电务、供电部门配合。 (2)调查划撬，复核拨道作业方案数据： ①确定标准股：正线道岔以连接正线标准股的一侧作为标准股，站线道岔以直外轨作为标准股。 ②按照线路与道岔、道岔与道岔衔接顺畅的原则，对照道岔不同速度等级轨向的静态几何尺寸容许偏差"经常保养"管理值，跨站在标准股上，看钢轨上的光带或钢轨内侧，指挥点撬人前后移动，确定钢轨拨动方向、长度、拨道量，复核拨道作业方案数据，确定起拨道器安放位置。 (3)扒起拨道器窝： ①在指定的位置扒出起拨道器窝。 ②扒窝深度为120～125 mm；若连续拨动还应间隔5～7根继续扒窝。 ③避开铝热焊缝和绝缘接头处。 (4)扒松道床：扒开拨动方向一侧的枕端道砟，留有一定宽度的缝隙。 (5)放置起拨道器：在扒好的起拨道器窝中心位置放置平整，钢轨底部边缘位于凸起的横铁与圆轮之间。 (6)拨正道岔： ①作业负责人跨站在标准股上，距拨道地点30 m或更远的位置，根据拨道作业方案，采用目测、弦测方式，逐撬拨正道岔轨向，使该组道岔轨向与两端线路或道岔在同一直线上。 ②遇到焊缝(接头)时，须增加撬数。 (7)回落起拨道器： ①钢轨移动到位后，起拨道器操作手停止摇动。 ②与拨动方向同侧的后一台起拨道器先行回落，并将起拨道器两侧1～4根轨枕端部的道砟进行竖向捣实。 ③前一台起拨道器在轨枕端部捣实后回落。 ④经作业负责人确认不用返工后，将起拨道器转移至下一拨道位置，以此类推。 (8)封起拨道器窝：填满枕盒道砟，并整好道床。 (9)质量回检。 (10)清理现场。 (11)撤除防护：确认线路达到放行列车条件，清点人员、机具、材料并撤出限界以外后，撤除防护	30	(1)作业准备： ①未清点或工、机、量具，材料不全，少一件扣5分。 ②未检查有效期扣5分，未校准扣5分。未确认工具使用状态扣5分。 ③未在天窗点内作业或未按规定设置现场防护，扣41分。 ④未测量轨温或未确认作业条件扣5分。 ⑤未提前通知相关单位配合扣5分。 (2)错、漏一项扣5分。 (3)错一项扣5分。 (4)错、漏一项扣5分。 (5)错、漏一项扣5分。 (6)错、漏一项扣5分。 (7)错一项扣5分。 (8)错、漏一项扣5分。 (9)未进行质量回检，扣5分。 (10)未清理现场，扣5分。 (11)未确认线路达到放行列车条件，放行列车扣41分，人员，工、机、量具，材料遗留现场扣41分，未清点扣5分，未按规定撤除防护扣5分		

续上表

序号	考核内容	考核要点	配分	评分标准	扣分	得分
3	作业质量	(1)作业后几何尺寸未超过《高速铁路线路维修规则》道岔静态几何尺寸容许偏差管理值作业验收标准。 (2)道岔转辙部分、连接部分和辙叉前后方向应平顺良好。 (3)道岔位置正确,线路与道岔、道岔与道岔之间互相衔接平顺。 (4)由于拨道引起的有关项目,应恢复到符合各项标准	50	(1)超作业验收值一处扣4分,超保养值扣10分。 (2)道岔各部分前后方向不平顺扣5分。 (3)衔接不平顺扣5分。 (4)其他有关项目未恢复到标准每一处扣5分		
4	作业安全	(1)损坏工具、量具等。 (2)人身安全。 (3)工、机、量具均贴加反光标记	10	(1)若有工(量)具损坏,每次扣5分。 (2)作业中发生滑倒、碰手碰脚等扣10分。 (3)未贴加反光标记,每件扣5分		
5	作业时间	在规定的时间内完成作业内容		规定时间内全部完成,不加分。每超时1 min,从总分中扣2分,总超时5 min停止作业		
合计			100			

考评员签字:　　　　　　　　　　认定人签字:　　　　　　　　　　年　　月　　日

S8　轨道检查仪检查线路作业

一、考场准备

待检查的曲线500 m;夜间考场内要有充足的照明。

二、材料工具准备

1. 材料准备:石笔、书写笔各1支。
2. 工、量、刃、卡具准备。

序　　号	名　　称	规　　格	精　　度	数　　量	备注
1	轨道检查小车	0级/1级		1台	需贴加反光标记
2	坚固型笔记本电脑			1台	需贴加反光标记
3	小车电池			2块	需贴加反光标记
4	检查记录本			1本	需贴加反光标记

三、考核要求

1. 考生按要求穿戴、配备劳动保护用品,夜间戴照明头灯。
2. 材料、工器具准备合理。

3. 采集规定长度的轨道数据。

4. 计时从考生得到允许作业的命令之时开始，到考生汇报作业完毕之时结束。

5. 规定时间内全部完成，不加分。每超时 1 min，从总分中扣 2 分，总超时 5 min 停止作业。

6. 作业完毕，按规定清理现场。

四、考核评分

1. 考评人员 3 名及以上。

2. 评分程序及规则：考评员根据考生操作情况对照计分标准在评分表上给予记录评分。

3. 评分方法：采用百分制，满分 100 分，60 分及以上为及格。

五、铁道行业职业技能认定高速铁路线路工高级工实作技能考核评分记录表

单位：________ 姓名：________ 性别：________ 准考证号：________ 工种：________ 级别：________

试题名称：轨道检查仪检查线路作业

考核时间：30 min

操作开始时间：　　时　　分　　　　　　操作结束时间：　　时　　分

序号	考核内容	考核要点	配分	评分标准	扣分	得分
1	作业工具及使用	(1)根据需要一次带够所有工具及材料。 (2)正确使用各种工具	10	(1)工具及材料不全，少一件扣 5 分。 (2)使用方法不正确或工具损坏，扣 5 分		
2	作业程序	(1)作业准备： ①清点工具、材料数量。 ②确认工具使用状态。 ③在天窗点内作业按规定设置现场防护，方可上道作业。 ④确认作业条件。 (2)组装仪器拼装大梁—安装电池—安装推杆—安装电脑—连接数据线。 (3)检查清洁轨距轮和走行轮。 (4)将仪器平稳放置到轨道上(先将侧臂放置到轨道上，将左伸缩轴压缩进轨道)。 (5)打开小车电源，启动电脑，进行电脑初始设置： ①关闭杀毒软件。 ②电脑不要设置屏幕保护(屏幕保护选项设置为“无”)。 ③电源选项属性设置为“一直开着”。 (6)启动数据分析处理软件，进行软件初始设置： ①设置标准，按考评员给定的标准进行设置。 ②导入所检测线路的曲线参数，创建文件，按“考试编号”命名，设置检查信息(包括线路名称、起始里程、检查人员编号等)。	50	(1)作业准备： ①工、机、量具，材料不全，少一件扣 5 分。 ②未确认扣 5 分。 ③未在天窗点内作业或未按规定设置现场防护，扣 41 分。 ④未确认作业条件扣 5 分。 (2)错、漏一项扣 5 分。 (3)未清洁扣 5 分。 (4)错、漏一项扣 5 分。 (5)错、漏一项扣 5 分。 (6)错、漏一项扣 5 分。		

续上表

序号	考核内容	考核要点	配分	评分标准	扣分	得分
2	作业程序	(7)开始检测,将仪器处于静止状态,等陀螺仪完成初始化,即进度条走完 20 s 后开始推行检测。 (8)仪器检测保持匀速推行。 (9)结束检测,并保存文件,导出临修报表、线路检查表、曲线检查表及缺陷报表。 (10)按照小车上警示牌"先推后提"的提示,将伸缩轴压缩,使左轮架顺利取出轨道,拆卸仪器装箱。 (11)分析数据,生成临修报表、线路检查表、曲线检查表、缺陷报表,并保存文件。 (12)人员、机具撤出限界以外后,撤除防护	50	(7)错、漏一项扣 5 分。 (8)未匀速推行扣 5 分。 (9)作业程序错、漏一项扣 5 分。 (10)未按规定执行扣 5 分。 (11)文件未保存扣 5 分。 (12)人员、机具未下道,未撤除防护扣 5 分		
3	作业标准	(1)推行速度不超过 4 km/h。 (2)特殊情况暂停测量。 (3)标记曲线特征点。 (4)记录线路缺陷。 (5)在半公里或整公里处修正里程。 (6)作业中正确使用回拉测量。 (7)使用超限报警功能。 (8)导出报表无缺少,报表内检测项目无漏项,检测数据无异常	30	(1)速度超过 4 km/h 扣 2 分。 (2)特殊情况未暂停扣 2 分。 (3)曲线特征点每少标记一处扣 1 分。 (4)线路缺陷未记录每处扣 2 分。 (5)半公里或整公里处未修正里程扣 1 分。 (6)作业中失误,未使用回拉测量每次扣 1 分。 (7)未使用超限报警功能扣 1 分。 (8)缺少报表每个扣 3 分,报表内检测项目漏项每项扣 2 分,检测数据严重异常扣 10 分		
4	作业安全	(1)损坏工具、量具等。 (2)人身安全。 (3)工、机、量具轻拿轻放、摆放整齐,均贴加反光标记	10	(1)若有工(量)具损坏,每次扣 5 分。 (2)作业中发生滑倒、碰手碰脚等扣 10 分。 (3)未贴加反光标记,每件扣 5 分		
5	作业时间	在规定的时间内完成作业内容		规定时间内全部完成,不加分。每超时 1 min,从总分中扣 2 分,总超时 5 min 停止作业		
合计			100			

考评员签字： 认定人签字： 年 月 日

S9 无砟轨道 WJ-8 型扣件地段轨道精调作业

一、考场准备

待精调的直线地段 25 m 线路，使用无砟轨道 WJ-8 型扣件地点；夜间考场内要有充足的照明。

二、材料工具准备

1. 材料准备。

序 号	名 称	规 格	数 量	备 注
1	石笔		2 支	
2	轨距挡块	4 号/7 号/10 号	若干	根据精调方案需要配置
3	绝缘轨距块	7～11 号	若干	根据精调方案需要配置
4	轨下垫板	2～6 mm	若干	根据精调方案需要配置
5	轨下微调垫板	1 mm/2 mm/5 mm	若干	根据精调方案需要配置
6	铁垫板下调高垫板	10 mm/20 mm	若干	根据精调方案需要配置
7	专用防护油脂		若干	根据精调方案需要配置

2. 工、量、刃、卡具准备。

序 号	名 称	规 格	精 度	数 量	备 注
1	电子道尺	0 级	±0.25 mm	1 把	需贴加反光标记
2	轨温计			1 个	需贴加反光标记
3	弦线	20 m		1 盒	需贴加反光标记
4	钢板尺	150 mm		1 把	需贴加反光标记
5	内燃扳手			1 台	需贴加反光标记
6	扭矩扳手			1 把	需贴加反光标记
7	改道器			1 台	需贴加反光标记
8	起道器			2 台	需贴加反光标记
9	塞尺			1 把	需贴加反光标记
10	毛刷			1 把	需贴加反光标记
11	线路检查记录本			1 本	需贴加反光标记

三、考核要求

1. 考生按要求穿戴、配备劳动保护用品，夜间戴照明头灯。
2. 材料、工器具准备合理。
3. 轨道精调作业流程规范。
4. 作业后应符合《高速铁路线路维修规则》规定。

5. 计时从考生得到允许作业的命令之时开始,到考生汇报作业完毕之时结束。

6. 规定时间内全部完成,不加分。每超时 1 min,从总分中扣 2 分,总超时 5 min 停止作业。

7. 作业完毕,按规定清理现场。

四、考核评分

1. 考评人员 3 名及以上。

2. 评分程序及规则:考评员根据考生操作情况对照计分标准在评分表上给予记录评分。

3. 评分方法:采用百分制,满分 100 分,60 分及以上为及格。

五、铁道行业职业技能认定高速铁路线路工高级工实作技能考核评分记录表

单位:________ 姓名:________ 性别:________ 准考证号:________ 工种:________ 级别:________

试题名称:无砟轨道 WJ-8 型扣件地段轨道精调作业

考核时间:60 min

操作开始时间:　　时　　分　　　　操作结束时间:　　时　　分

序号	考核内容	考核要点	配分	评分标准	扣分	得分
1	作业工具及使用	(1)根据需要一次带够所有工具、材料。 (2)正确使用各种工具	10	(1)工具、材料不全,少一件扣 5 分。 (2)使用方法不当或工具损坏,扣 5 分		
2	作业程序	(1)作业准备: ①清点工具、材料。 ②确认工具使用状态。 ③在天窗点内作业按规定设置现场防护,方可上道作业。 ④测量轨温,确认作业条件。 (2)轨距和轨向调整: ①先选定一股钢轨作为基准股,先对基准股钢轨方向进行精确调整,固定基准股钢轨后,再调整另一股钢轨轨距、方向,曲线地段以上股为基准轨,直线地段选择与前方曲线上股同侧钢轨为基准轨。 ②根据轨道精调作业方案调查划撬,确认调整范围。 ③松开螺旋道钉,使用改道器移动钢轨。 ④单股钢轨调整量在±2 mm 以内时,调换不同规格的绝缘轨距块即可达到目的;单股钢轨调整量大于±2 mm 时,同时调换不同规格的绝缘轨距块和轨距挡板来进行。 ⑤确认轨向或轨距合适,按规定扭矩拧紧螺旋道钉。 (3)高低和水平调整: ①先选定一股钢轨作为基准股,对基准股钢轨高低进行精确调整,曲线地段以下股为基准轨,直线地段以与前方曲线下股同侧钢轨为基准轨。 ②根据轨道精调作业方案调查划撬,确认调整范围。	40	(1)作业准备: ①未清点或工、机、量具,材料不全,少一件扣 5 分。 ②未确认工具使用状态扣 5 分。 ③未在天窗点内作业或未按规定设置现场防护,扣 41 分。 ④未测量轨温,确认作业条件扣 5 分。 (2)轨距和轨向调整: ①基准股选择错误扣 5 分。 ②未根据轨道精调作业方案调查划撬,确认调整范围扣 10 分。 ③超松一个螺栓扣 2 分。 ④调换错误一处扣 5 分。 ⑤未确认扣 5 分。 (3)高低和水平调整: ①基准股选择错误扣 5 分。 ②未根据轨道精调作业方案调查划撬,确认调整范围扣 10 分。		

续上表

序号	考核内容	考核要点	配分	评分标准	扣分	得分
2	作业程序	③调整－4～0 mm范围高低位置时，松开螺旋道钉，提升钢轨，选择更换2 mm、3 mm、4 mm、5 mm或6 mm不同厚度的轨下垫板即可实现；调整＋1～＋10 mm范围高低位置时，松开螺旋道钉，在轨下垫板与铁垫板之间选择不同规格的微调垫板，配合不同厚度的轨下垫板，实现调高目的；调整＋11～＋26 mm范围高低位置时，松下螺旋道钉，选择不同厚度的铁垫板下调高垫板和微调垫板，再配合不同厚度的轨下垫板，实现调高目的。 ④铁垫板下调高垫板使用时，由两块相同厚度的组成一副，分别从两侧插入，放置在弹性垫板之下的轨枕面上，螺旋道钉应穿入铁垫板下调高垫板的螺孔。铁垫板下的调高垫板只能单副使用，不得重叠使用，总厚度不得超过20 mm。当钢轨相对正常状态的调高量大于15 mm时，应采用长度为116 mm的S3型螺旋道钉。 ⑤符合高度要求后，落下钢轨，确认轨向符合标准，按规定扭矩拧紧螺栓。 ⑥水平调整时固定基准股钢轨，再调整另一股钢轨高低，并校核水平，同时确认轨向、轨距符合标准，拧紧螺栓。 ⑦卸下螺旋道钉时，要注意避免泥污掉入绝缘套管内。预埋套管中缺油或无油时，应在预埋套管中注入或在锚固螺栓螺纹部分涂专用防护油脂。 ⑧将更换情况做好记录存档待查。 (4)清理现场。 (5)撤除防护：作业完毕，确认线路达到放行列车条件，清点人员、工机具、材料并撤出限界以后，撤除防护	40	③调换错误一处扣5分。 ④铁垫板下的调高垫板重叠使用或总厚度超过20 mm每处扣5分，调高量大于15 mm时，未使用S3型螺旋道钉每处扣5分。 ⑤不符合高度要求或未确认轨向扣5分。 ⑥未固定基准股钢轨、未校核水平或未确认轨向、轨距扣5分。 ⑦未清理污泥或未涂油脂扣5分。 ⑧未做存档记录扣5分。 (4)未清理现场扣5分。 (5)未确认线路达到放行列车条件，放行列车扣41分，人员，工、机、量具，材料遗留现场扣41分，未清点扣5分，未按规定撤除防护扣5分		
3	作业质量	(1)轨道精调几何尺寸调整满足无砟轨道静态几何尺寸容许偏差管理标准作业验收标准。 (2)轨距挡板与承轨槽挡肩间隙不大于1 mm，钢轨与绝缘轨距块、绝缘轨距块与铁垫板挡肩间隙之和不大于1 mm，拧紧螺旋道钉，使弹条中部前端下颚与绝缘轨距块的间隙不大于1 mm(不宜贴靠)。 (3)螺旋道钉扭矩使用W1型弹条时满足130～170 N·m，X2型弹条时满足90～120 N·m。 (4)最多连续松开扣件个数满足无缝线路作业轨温条件。 (5)轨下微调垫板使用时，总厚度不得大于10 mm，块数不超过2块，且较薄的垫板放在下面	40	(1)超作业验收标准每处扣2分，超经常保养标准每处扣5分。 (2)间隙大于1 mm每处扣5分。 (3)螺旋道钉扭矩不满足规定扭矩要求每根扣5分。 (4)不满足无缝线路作业轨温条件每处扣10分。 (5)总厚度大于10mm，块数超过2块，每处扣5分		
4	作业安全	(1)损坏工具、量具等。 (2)人身安全。 (3)工、机、量具均贴加反光标记	10	(1)若有工(量)具损坏，每次扣5分。 (2)作业中发生滑倒、碰手碰脚等扣10分。 (3)未贴加反光标记，每件扣5分		

续上表

序号	考核内容	考核要点	配分	评分标准	扣分	得分
5	作业时间	在规定的时间内完成作业内容		规定时间内全部完成,不加分。每超时 1 min,从总分中扣 2 分,总超时 5 min 停止作业		
合计			100			

考评员签字:　　　　认定人签字:　　　　年　月　日

S10　有砟道岔保养质量评定

一、考场准备

有待检查的有砟道岔一组;夜间考场内要有充足的照明。

二、材料工具准备

1. 材料准备:石笔、记录笔各 1 支。
2. 工、量、刃、卡具准备。

序　号	名　称	规　格	精　度	数　量	备　注
1	电子道尺	0 级/1 级	±0.25 mm	1 把	需贴加反光标记
2	钢卷尺	50 m		1 把	需贴加反光标记
3	支距尺	2 m		1 把	需贴加反光标记
4	弦线			1 盒	需贴加反光标记
5	钢板尺	150 mm		1 把	需贴加反光标记
6	塞尺			1 把	需贴加反光标记
7	平直尺	1 m		1 把	需贴加反光标记
8	尖轨降低值尺			1 把	需贴加反光标记
9	扭矩扳手			1 把	需贴加反光标记
10	检查锤			1 把	需贴加反光标记
11	道岔检查记录本			1 本	需贴加反光标记

三、考核要求

1. 考生按要求穿戴、配备劳动保护用品,夜间戴照明头灯。
2. 材料、工器具准备合理。
3. 检查各个项目的方法正确。
4. 计时从考生得到允许作业的命令之时开始,到考生汇报作业完毕之时结束。
5. 规定时间内全部完成,不加分。每超时 1 min,从总分中扣 2 分,总超时 5 min 停止作业。

6. 作业完毕，按规定清理现场。

四、考核评分

1. 考评人员3名及以上。
2. 评分程序及规则：考评员根据考生操作情况对照计分标准在评分表上给予记录评分。
3. 评分方法：采用百分制，满分100分，60分及以上为及格。

五、铁道行业职业技能认定高速铁路线路工高级工实作技能考核评分记录表

单位：________ 姓名：________ 性别：________ 准考证号：________ 工种：________ 级别：________

试题名称：有砟道岔保养质量评定

考核时间：60 min

操作开始时间： 时 分 操作结束时间： 时 分

序号	考核内容	考核要点	配分	评分标准	扣分	得分
1	作业工具及使用	(1)根据需要一次带够所有工具及材料。 (2)正确使用各种工具	10	(1)工具及材料不全，少一件扣5分。 (2)使用方法不正确或工具损坏，扣5分		
2	作业程序	(1)作业准备： ①清点工、量具，材料。 ②确认工、量具使用状态。 ③校对量具：对道尺进行检查核对。 ④在天窗点内作业按规定设置现场防护，方可上道作业。 (2)检查道岔： ①检查轨道几何尺寸：检查轨距、水平、轨向、高低、支距、扭曲、轨距变化率、查照间隔、转辙器最小轮缘槽宽度、护轨轮缘槽宽度等。 ②检查密贴：检查尖轨与基本轨密贴，可动心轨与翼轨密贴，短心轨与叉跟尖轨密贴，尖轨、可动心轨与顶铁密贴，尖轨、可动心轨与滑床台密贴等。 ③检查钢轨：检查尖轨相对于基本轨、心轨相对于翼轨降低值，弯折点位置或弯折尺寸，钢轨光带、肥边，钢轨其他轻伤，焊缝，绝缘接头等。 ④检查纵向位移：检查钢轨位移，道岔两尖轨尖端相错量，尖轨、可动心轨允许伸缩位移，位移观测桩或位移观测记录等。 ⑤检查联结零件：检查轨撑离缝、螺栓、辊轮、扣件等。 ⑥检查岔枕：检查岔枕失效、吊板率等。 ⑦检查道床：检查道床外观外形、清洁度等。 ⑧检查标志标识：检查警冲标、其他线路标识等。 ⑨边检查边将检查结果记录到道岔保养质量评定记录表格中。	40	(1)作业准备： ①未清点或不全，少一件扣5分。 ②未确认状态。 ③未检查有效期扣5分，未校准扣5分。 ④未在天窗点内作业或未按规定设置现场防护，扣41分。 (2)检查道岔： ①每漏一项扣5分。 ②每漏一项扣5分。 ③每漏一项扣5分。 ④每漏一项扣5分。 ⑤每漏一项扣5分。 ⑥每漏一项扣5分。 ⑦每漏一项扣5分。 ⑧每漏一项扣5分。 ⑨未记录，每漏一项扣5分。		

续上表

序号	考核内容	考核要点	配分	评分标准	扣分	得分
2	作业程序	(3)撤除防护:道岔检查完毕,人员,工、量具,材料撤出限界以后,撤除防护。 (4)分析评定:将检查数据对照《道岔保养质量评定标准》、《道岔轨道静态几何尺寸容许偏差管理值》标准进行分析,对道岔保养质量逐项评定扣分	40	(3)撤除防护:人员,工、机、量具,材料遗留现场扣41分,未清点扣5分,未按规定撤除防护扣5分。 (4)分析评定:未对照标准进行分析评定每项扣10分		
3	作业质量	(1)道岔评定项目检查方法正确,如检查水平时,道岔直股以直内股为标准股,导曲线以下股为标准股。 (2)检查记录的结果、站名、道岔编号、道岔型号、检查日期等字迹齐全清晰,无涂改。 (3)轨距、水平、支距记录差值,查照间隔,护背距离,其他间隔尺寸按实数记录,记录数值与标准检查数据比较,误差不大于±1 mm。 (4)保养质量评定逐项扣分符合标准。 (5)保养质量评定最终结论正确	40	(1)道岔评定项目检查方法不正确,每项扣10分。 (2)检查记录不齐全不清晰或涂改,每项扣2分。 (3)检查数据误差超过±1 mm扣2分。 (4)评定漏一处扣5分。 (5)保养质量评定最终结论错误,扣10分		
4	作业安全	(1)损坏工具、量具等。 (2)人身安全,尖轨、可动心轨处检查时,应及时与驻站防护员联控,不得将手脚伸入其中,尖轨转动时应将工具及时拿出。 (3)工、机、量具均贴加反光标记	10	(1)工(量)具损坏,每次扣5分。 (2)作业中发生道岔挤伤、滑倒、碰手碰脚等扣10分。 (3)未贴加反光标记,每件扣5分		
5	作业时间	在规定的时间内完成作业内容		规定时间内全部完成,不加分。每超时1 min,从总分中扣2分,总超时5 min停止作业		
合计			100			

考评员签字:　　　　认定人签字:　　　　年　月　日

第四部分　技　　师

1. 在无缝线路上进行维修作业时,应掌握哪些制度,做好哪些工作?

答:

无缝线路作业必须掌握实际锁定轨温,根据作业轨温条件进行作业,严格执行"作业前、作业中、作业后测量轨温"制度,并应注意做好以下各项工作:(1)有砟轨道在维修地段应按需要备足道砟,扒开的道床应及时回填、夯实。(2)起、拨道器不得安放在铝热焊焊缝及胶接绝缘接头处。

2. 胶接绝缘接头维修应做好哪些工作,拉开时如何处理?

答:应加强胶接绝缘接头维修,做好胶接绝缘接头前后扣件紧固和轨端肥边打磨工作,发现胶层及端板破损、扣件与夹板或螺栓可能接触时应及时处理。

胶接绝缘接头拉开时,应立即复紧两端各 50 m 线路的扣件,限速不超过 160 km/h,并及时进行永久处理。绝缘失效时,应立即进行临时处理并于当日天窗时间内进行永久处理。

3. 简述铝热焊钢轨预热流程。

答:(1)钢轨预热。安装预热器支架,调整预热枪头到合适高度。调节火焰。先打开氧气阀门,后开丙烷阀门,然后点火,逐渐交替开大两个阀门,以此调节火焰大小,直至火焰长度达到规定要求。固定预热枪。(2)将预热枪放置在预热支架上,枪头对准砂模中心,然后固定,并用秒表开始计时。(3)预热时间。应根据使用的焊剂类型和钢轨型号来决定预热时间,在湿冷气候条件下,应适当延长预热时间。预热过程中,应随时观察氧气和丙烷的工作压力是否正常,且必须谨防火焰过氧。(4)达到预热时间后,关火移枪,并关闭氧气阀门和丙烷阀门。

4. 轨道动态几何不平顺的检测项目有哪些?

答:轨道动态几何不平顺的检测项目包括高低、轨向、轨距、水平、三角坑、复合不平顺、轨距变化率、车体垂向和横向振动加速度等。

5. 钢轨波磨病害达到什么程度应及时整修?

答:

钢轨表面有周期性波磨且平均谷深超过以下限值应及时整修:波长 10～100 mm(不含)时 0.03 mm,波长 100～300 mm(不含)时 0.04 mm,波长 300～1 000 mm(不含)时 0.15 mm。

6. 焊接接头及距焊接接头 1～3 m 区域平直度超过什么标准时应及时整修?

答:轨顶面为≤－0.2 mm 或＞＋0.4 mm("＋"表示凸出,"－"表示凹进);轨头内侧工作边为≤－0.6 mm 或≥＋0.6 mm("＋"表示凹进,使轨距增大;"－"表示凸出,使轨距减小)。

7. 简述 GW 型外锁闭装置密贴调整方法。

答:(1)道岔密贴调整通过增减密贴调整片进行,多机牵引道岔密贴调整原则上应从辙叉往岔尖方向逐点顺序调整。(2)道岔尖轨、心轨第一牵引点在锁闭铁与锁闭框间累加 0.5 mm 密贴调整片,直到道岔不能锁闭为止,然后再取出 1.5 mm±0.5 mm 调整片。密贴段其他牵引点密贴调整时,在锁闭铁与锁闭框间累加 0.5 mm 密贴调整片,直到道岔不能锁闭为止,然后再取出 2.0 mm±1.5 mm 调整片。

8. 高速铁路线路静态检查,钢轨及扣件的主要检查内容有哪些?

答:(1)钢轨母材、焊接接头、胶接绝缘接头等伤损状况。(2)钢轨磨耗状况(垂直磨耗、侧面磨耗、波浪型磨耗、钢轨母材轨顶面凹陷或接头马鞍型磨耗)。(3)钢轨硬弯、焊缝凹凸、肥边状况。(4)钢轨擦伤或剥离掉块等状况。(5)平直度。(6)扣件松动、缺损情况。

9. 简述日月明轨道检查仪仪器拼装注意事项。

答:(1)大梁和侧壁的结合面必须清理干净,不允许存有砂粒或其他杂质。(2)大梁的编号必须与侧壁的编号一致,不允许接错。(3)大梁插入侧壁定位销孔时应小心轻推,严禁用其他工具用力敲击。(4)确保大梁与侧壁对接后紧固,不允许在未锁紧的情况下上道工作。(5)注意拼接时的操作顺序。

10. 高速铁路线路静态检查,各种零件的主要检查内容有哪些?

答:(1)各种联结螺栓、顶铁和间隔铁损坏、变形或作用状况。(2)滑床板损坏、变形状况。(3)弹性垫板、轨下及铁垫板下橡胶垫板、弹性夹、偏心套等损坏状况。(4)尖轨辊轮定位、转动、破损或裂纹状况。(5)其他各种零件损坏、变形或作用状况。(6)限位器作用状况。

11. 简述波形图上的里程与现场里程用参照复核法核对的方式。

答:

参照复核法:在现场复核超限病害时,可先找幅值较大的、明显的、比较容易确定的病害点(如高低、方向等),再在状态波形图上根据病害点之间的相对位置,在地面上查找复核其他病害。

12. 导致车体加速度超标的主要原因是什么?现场核查时应重点注意哪些问题?

答:导致车体加速度超标的主要原因是中长波的轨向和高低不平顺。现场核查时应重点检查道岔尖轨顶面光带、道岔和区间轨道的顺接情况。

13. 无缝线路应力放散施工组织设计应采取哪些应急预案？

答：(1)拉伸、焊接或探伤中发现伤损不能保证安全时，必须采取插入短轨方式进行临时处理，必要时申请降低行车速度，确保行车安全。(2)加强对夜间照明设备的检修，施工期间应有备用照明设备一套。

14. 简述测量钢轨、道岔的磨耗作业程序及作业质量。

答：(1)作业程序：①检查测量工具。②测量仪器及工具进行测量。③测量钢轨、叉心的伤损情况。④达到轻、重伤设备进行标记。(2)作业质量：①测量部位准确。②测量数据误差小于 1 mm。③无漏判错判。④对重伤钢轨提出更换要求。

15. 简述预防和整治钢轨伤损的措施。

答：(1)线路维修要坚持钢轨接头打磨、道床清筛、全起全捣三大程序，使道床的弹性得以改善。消除因线路质量导致钢轨受力严重不良的钢轨不平顺振动源。(2)严禁在钢轨上用锯、剁痕标示曲线正矢点、道岔矢距点等严重影响钢轨受力、导致钢轨断裂的有害作业。(3)把握钢轨状态，合理安排大修周期，提高大修施工的线路质量。(4)加大钢轨探伤力度，提高伤损检测能力。(5)严格监控制度，做好防断工作，正确、及时处理伤损钢轨。

16. 简述高速铁路里程射频标签布设要求。

答：里程射频标签每 5 km 布设不少于 1 对(单线 1 个)，长大隧道、桥梁、曲线、分相区、进站信号机以及长短链、长期重点监测处所应就近布设。工务段负责里程射频标签的安装、检查、维护和管理。铁路基础设施检测中心负责里程射频标签的信息管理。

17. 200～250 km/h 线路轨道动态质量容许偏差管理值中，水平的Ⅰ、Ⅱ、Ⅲ、Ⅳ级偏差的标准分别是多少？

答：水平的Ⅰ级偏差为 5 mm，Ⅱ级偏差为 8 mm，Ⅲ级偏差为 10 mm，Ⅳ级偏差为 13 mm。

18. 简述钢轨伸缩调节器的组成。

答：高速铁路钢轨伸缩调节器左右股对称，单向钢轨伸缩调节器由基本轨、尖轨、铁垫板总成、轨枕或轨道板组成；双向钢轨伸缩调节器由基本轨、双向尖轨、铁垫板总成、轨枕或轨道板组成，长度约是同类型单向钢轨伸缩调节器长度的 2 倍。钢轨伸缩调节器尖轨工作边提供轨距线，其基本轨伸缩、尖轨锁定。基本轨允许伸缩量为±400 mm。铁垫板总成其零部件包括基本轨和尖轨轨撑、轨撑螺栓、轨距调整片、铁垫板、弹性垫板及调高垫板、垫板螺栓副。

19. 简述钢轨铝热焊反应浇铸的流程。

答：(1)打开坩埚盖，在焊剂顶部插入高温火柴，再盖上坩埚盖，并再次检查砂模密封情况，确认后装好灰渣盘。(2)将坩埚放置在砂模正上方,点燃高温火柴,斜插入焊剂中,盖上坩埚盖,开始反应。上述步骤必须在预热完成后 30～60 s 内完成。操作人员必须戴上墨镜,观察反应过程。(3)反应完成后,钢水注入砂模,开始浇铸。当灰渣停止流入灰渣盘时,用秒表开始计时。(4)浇铸完成 1 min 后,移去坩埚,将其放在干燥的地方,再撤走灰渣盘。

20. 简述双块式无砟轨道轨枕与道床板分离整治施工作业的工艺流程。

答:(1)机具、材料和作业人员准备。(2)检查轨道几何尺寸并记录。(3)测量轨枕承轨台与道床板顶面的高差,确定轨枕底部位置,标注水平钻孔位置并钻孔。清理轨枕两侧杂物,用吹风机吹干注浆孔,并观察轨枕周边离缝处是否有热风散出,若无热风应重新钻孔。(4)配制环氧树脂注浆液,安装注浆嘴,从水平孔开始注浆。当轨枕两侧离缝处有浆液冒出时立即用水泥封堵,直至所有缝隙都有浆液溢出。若注浆压力已达 0.5 MPa,仍有部分离缝未注满,应停止注浆,并在邻近位置再钻斜孔注浆。(5)松开扣件,更换调高垫板,使轨底预留 1～1.5 mm 的缝隙。(6)全面检查轨道几何尺寸,确保达到列车放行条件。(7)清理现场。

21. 简述高速铁路有砟轨道大型养路机械无缝线路地段的作业轨温条件。

答:(1)一次起道量小于 30 mm,一次拨道量小于 10 mm 时,作业轨温不得超过实际锁定轨温±20 ℃。(2)一次起道量在 30～40 mm,一次拨道量在 10～20 mm 时,作业轨温不得超过实际锁定轨温－20～＋15 ℃。(3)一次拨道量在 20(不含)～30 mm 时,作业轨温不得超过实际锁定轨温±10 ℃。(4)高温季节大机作业时,应监视线路状况,发现胀轨迹象应立即停止作业。

22. 简述有砟轨道捣固车一次起道量和拨道量的要求。

答:捣固车一次起道量不应超过 40 mm,起道量超过 40 mm 时应分次起道捣固;一次拨道量不宜超过 30 mm。每次作业应进行道床动力稳定。一次起道或拨道量超出 30 mm,或两股钢轨起道量相差超过 7 mm 时,应事先通知供电部门调查确认接触网设备调整工作量并配合作业。特殊情况下需调整线路的轨面标准线时,由工务、供电部门共同确认,并经铁路局集团公司批准。

23. 简述道岔区间隙、间隔与降低值调整作业。

答:(1)通过增减顶铁调整片,调整尖轨、心轨顶铁间隙,并同时考虑轨距、支距状态。通过调整转换设备状态和整修轨件确保尖轨与基本轨密贴,可动心轨在轨头切削范围内应分别与两翼轨密贴。(2)尖轨或可动心轨轨底与台板间隙超标时,可采取以下作业方法:调整滑床板高低位置,使之处于同一平面上。配合电务专业调整转辙器滑床板上辊轮,使其状态符合要求。(3)通过调整扣件,更换调整片使护轨轮缘槽宽度、查照间隔满足要求。(4)尖轨相对于基本轨降低值偏差超过 1 mm 且影响行车平稳性时,可通过更换不同厚度基本轨轨下橡胶垫板或滑床台,调整尖轨相对于基本轨降低值。降低值调整量在 1～2 mm 时,应设置两级过渡;降低值调整量大于 2 mm 时，应更换尖轨与基本轨组件。

24. 200 km/h 新型提速道岔铺设线路开通后应做好哪些工作？

答：(1)全面检查线路道岔的轨距、水平、方向，当达到放行列车条件时，施工负责人向行调申请线路开通命令后开通线路，撤离有关防护。(2)慢行期间人员值班及职责提速道岔开通后，由于道床松软，道岔几何尺寸变化大，因此在整个慢行期间，工程、工务、电务、车务部门均应设专人昼夜值班。施工单位应成立一支 12 人左右的专业巡养组，加强对新铺道岔的检查，根据设备变化情况，及时进行整修，消灭超限处所；尤其要捣固好转辙部位和叉心部位，使其基础尽快稳定；对松动螺栓进行复拧；同时，如有尖轨转换、轨道电路等电务设备故障，要积极配合排除。

25. 简述有砟轨道Ⅲ$_a$型轨枕、弹条Ⅱ型扣件改道作业标准。

答：(1)线路静态几何尺寸容许偏差管理值为轨距－1～＋1 mm、轨距变化率 1/1 500、轨向(10 m 弦量)2 mm、轨向变化率(两根轨枕之间)0.3‰。(2)曲线保持圆顺，不得出现正矢“＋”“－”交替。曲线地段用 20 m 弦测量正矢，圆曲线地段计算正矢与现场正矢差不得大于 2 mm，连续正矢差不得大于 2 mm，缓和曲线内计算正矢与现场正矢差不得大于 2 mm。(3)扣件应经常保持零件齐全，位置正确，作用良好，缺少时应及时补充。安装应符合扣件组装标准，弹条扣件扭矩达标。弹条扣件的弹条中部前端下颚应靠贴轨距挡板(离缝不大于 1 mm)或扭矩应保持在 80～150 N·m。(4)各种型号的扣件不得混用，尼龙座 2～4 号、0～6 号、0～8 号使用应注意顺坡。(5)作业地段涂油，扣件“三不密”状态不超过 0.5 mm。(6)由于改道作业引起其他作业，应恢复到符合各项作业标准。

26. 简述高速铁路有砟轨道使用方枕器方枕作业步骤。

答：(1)根据轨枕间距或偏斜程度确定方枕方向，扒开道砟。(2)松开扣件系统。(3)整理枕间道砟，放入液压方枕器，使活动顶头抵住轨枕下部。(4)关闭回油阀，摇动手柄，进行方枕作业。(5)方枕量不足时，松开回油阀，使活塞复位，旋出顶头或将夹轨支架向前移动后，继续进行方枕作业。(6)轨枕方枕后，拧紧扣件或打紧道钉，松开回油阀使活塞复位，撤离液压方枕器，回填整理道床。

27. 简述钢轨铝热焊冷打磨的技术要求。

答：(1)冷打磨。在浇铸完成 1 h 左右进行冷打磨。(2)冷打磨接头用 1 m 直尺测量，钢轨及钢轨焊缝(接头)平直度要求：①$v_{max}\geqslant$200 km/h 地段钢轨顶面与工作边矢度应不大于 0.2 mm，轨底(焊筋)矢度应符合 0～＋0.5 mm 的标准。②120 km/h$<v_{max}<$200 km/h 地段钢轨顶面和工作边矢度应不大于 0.3 mm，轨底(焊筋)矢度应符合 0～＋0.5 mm 的标准。③$v_{max}\leqslant$120 km/h 地段钢轨顶面矢度应不大于 0.5 mm，轨底(焊筋)矢度应符合 0～＋0.5 mm 的标准。(3)焊缝上下角圆顺、整体光滑平顺，无棱角毛刺，便于探伤。

28. 高速铁路无砟轨道绝缘接头应满足哪些技术标准?

答:(1)绝缘接头应符合《钢轨胶接绝缘接头》(TB/T 2975)的规定。(2)左右两股钢轨绝缘接头应相对铺设,且绝缘接头轨缝绝缘端板距轨枕边不宜小于 100 mm。(3)胶接绝缘接头宜采用现场胶接。胶接绝缘接头与焊接接头间距不应小于 20 m,道岔间困难条件下不应小于 12 m。

29. 简述钢轨打磨前的调查作业项目(用 1 m 直尺与塞尺检查)。

答:(1)接头(含焊缝)高低、轨向不平顺、上下左右错牙。(2)低接头(捣垫不能解决的)。(3)死弯轨(捏轨不能解决的)。(4)肥边(包括钢轨接头端面及侧面、尖轨、基本轨、辙叉等)。(5)焊缝轨底角(影响焊缝全断面探伤的处所)。(6)钢轨(或辙叉)磨耗、擦伤、掉块、鱼鳞纹等。

30. CRTS Ⅱ型板式无砟轨道道床板伤损形式和伤损等级有哪些?

答:(1)预裂缝处裂缝;伤损等级分为Ⅰ级、Ⅱ级。(2)非预裂缝处裂缝;伤损等级分为Ⅰ级、Ⅱ级。(3)混凝土缺损。

31. 绝缘接头应满足哪些技术要求?

答:(1)绝缘接头应符合《钢轨胶接绝缘接头》(TB/T 2975)的规定。(2)钢轨端面与绝缘端板之间应密贴,间隙不应大于 1 mm。(3)绝缘接头螺栓、夹板与扣件不得接触。(4)左右两股钢轨绝缘接头应相对铺设,且绝缘接头轨缝绝缘端板距轨枕承轨台边缘不宜小于 100 mm。(5)胶接绝缘接头不宜设置在小阻力扣件地段,距桥台边墙和混凝土梁温度跨度 80 m、钢梁温度跨度 60 m 及以上的梁端不宜小于 2 m。(6)胶接绝缘接头宜采用现场胶接,胶接绝缘接头与焊接接头间距不应小于 20 m,道岔间困难条件下不应小于 12 m。

32. 高速道岔焊接有何规定?

答:道岔内的钢轨接头焊接采用闪光焊,道岔钢轨锁定焊可采用铝热焊。道岔内钢轨焊连前需做配轨设计,考虑闪光焊顶锻量及铝热焊预留焊缝。焊接质量、力学性能指标、焊接接头平直度应符合钢轨焊接的相关规定。铝热焊焊缝距轨枕边缘不得小于 100 mm,道岔始、终端左右股钢轨焊接接头相错量不宜大于 100 mm,由道岔前端和辙叉跟端接头焊接决定的道岔全长偏差不得超过±20 mm。

33. GLC 系列道岔的密贴和间隔如何调整?

答:(1)通过增减顶铁调整片,调整尖轨、心轨顶铁间隙,并同时与调整轨距、支距相结合,确保尖轨与基本轨密贴。可动心轨在轨头切削范围内应分别与两翼轨密贴,开通侧股时,叉跟尖轨尖端与短心轨密贴。(2)结合道岔高低、水平的调整,使尖轨或可动心轨轨底与台板间隙不超标。(3)调整限位器位置使两侧的间隙值对称均匀并满足技术要求。(4)轨撑的顶面应与翼轨轨头下颚密贴。(5)通过调整扣件使尖轨跟端支距、趾跟端开口、护轨轮缘槽宽度、查照间隔满足要求。(6)转辙器部位基本轨与尖轨吊板可以通过更换不同规格的橡胶垫板来实现,更换要兼顾基本轨与尖轨的相对高差。

34. 简述高速铁路有砟轨道大型养路机械捣固作业流程。

答:(1)分析测量资料,为大型养路机械提供起拨道量;并由专人在轨枕上进行标注。(2)对影响捣固的轨枕进行方正。(3)撤除调高垫板、更换伤损或失效胶垫、更换不良扣件和复拧扣件。(4)拆除影响捣固的设备、对电务导线进行处理。(5)大型养路机械捣固采用捣、稳、捣的作业方法进行捣固。(6)静态验收。(7)静态验收合格,大型养路机械结束作业。

35. 简述大型养路机械标定抄平精度要求。

答:选择在没有坡度和竖曲线的直线上进行调试;调整抄平传感器机械零点,确保起道表数值在±3 mm范围时,起道方表表针能调整到零位;且左右两股机械零点相差不大于2 mm。同组同型号捣固车须在同一点进行调试,同组捣固车抄平传感器机械零点相差不大于3 mm。

36. 简述高速铁路钢轨伸缩调节器养护维修的注意事项。

答:(1)钢轨伸缩调节器必须尖轨锁定、基本轨伸缩。(2)注重尖轨是否爬行、基本轨伸缩是否超设计伸缩量、尖轨尖端是否藏尖、基本轨尖轨是否密贴、各部螺栓是否松动等问题。(3)如果尖轨或基本轨顶面出现压溃飞边现象,应及时铲除并打磨,防止轨头掉块剥落,影响钢轨伸缩调节器正常工作。(4)出现尖轨或基本轨轨头擦伤、剥落或低塌可采取焊补处理。(5)有砟轨道钢轨伸缩调节器范围道床应丰满、密实。(6)应及时清扫钢轨伸缩调节器的灰尘与沙土,每年将各部件及能卸下的螺栓清除污垢,并涂油至少一遍,保持不脏不锈。

37. 简述短波不平顺与现场病害的对应关系。

答:(1)长度小于数米,这种不平顺主要源于轨面的凹凸不平及轨道的支撑不均匀性,易于激发行车噪声及轮重变化,可通过打磨钢轨(特别是打磨焊缝)和消除轨枕"空吊板"来降低其不利影响。(2)1～10 m短波轨面不平顺的判定:两边平、中间凹或凸,且波形较尖锐。拿不准时看轨向:如果是轨面高低则对轨向不会产生较大峰值,但如果是空吊则对轨道动态轨向峰值有较大的影响。(3)如果当短波轨面高低变化伴随方向变化,则一定是空吊,反之则一定是轨面高低不好,需打磨。当一个大于10 m的较平坦的波形中存在有10 m以下的小凹凸时,则此段也应算作轨面不平顺。(4)如果是单股轨面不平顺,则在轨检车图纸上应该反映出一股高低有变化,另一股不能有相似变化。如果双股有相似变化,当波形较陡则很有可能是双股焊缝高。如果波形缓且较长,则考虑基础刚度不均匀造成的短波不平顺。

38. 铁路局集团公司主管工务副总经理、工务部主任、工务段段长添乘检查高速铁路线路、客货共线及城际铁路周期是如何规定的?

答:铁路局集团公司主管工务副总经理、工务部主任、工务段段长(基础设施段工务专业主管副段长)应定期添乘检查管内线路。对管内高速铁路、客货共线铁路、城际铁路正线添乘检查,主管工务副总经理、工务部主任每半年不少于1遍,工务段段长(基础设施段工务专业主管副段长)每月不少于1遍。

其他人员的添乘检查要求由铁路局集团公司规定。

39. 简述无缝线路轨道结构应具备的条件。

答:(1)路基:路基稳定,无翻浆冒泥、冻害及下沉挤出等路基病害。(2)道床:一级碎石道砟,碎石材质、粒径级配应符合标准,道床清洁、密实、均匀。跨区间无缝线路道岔范围内道床肩宽450 mm。(3)轨枕及扣件:混凝土枕、混凝土宽枕或有砟桥面混凝土枕,特殊情况可使用木枕。混凝土枕、混凝土宽枕应使用弹条扣件,木枕应使用分开式扣件。(4)钢轨:普通无缝线路应采用50 kg/m及以上钢轨,全区间及跨区间无缝线路应采用60 kg/m及以上钢轨。

40. 高速道岔钢轨折断紧急处理是如何规定的?

答:发生道岔尖轨、基本轨、心轨或翼轨折断时应立即封锁线路,进行紧急处理。当断缝位于尖轨与基本轨、可动心轨与翼轨密贴段范围外,且能加固时,处理方法和放行列车条件同钢轨折断处理。当断缝位于尖轨与基本轨、可动心轨与翼轨密贴段范围以外不能加固或断缝位于尖轨与基本轨、可动心轨与翼轨密贴范围内,且直股或曲股之一可单独放行列车时,根据现场实际情况,确认道岔开向,工务紧固,电务确认尖轨及心轨密贴状态,道岔应现场加锁或控制台单锁(具体加锁办法由铁路局集团公司规定),但最高不得超过60 km/h,并派人看守,邻线限速不超过160 km/h限速放行列车;当直股和曲股均不能放行列车时,应进行永久处理。

41. 对无缝道岔应注意巡察哪些处所及状况?

答:(1)道岔限位器子、母块的接触状态,联结螺栓是否完好,限位器子、母块是否正常。(2)基本轨焊接接头是否有开裂迹象,限位器前端道岔线路及夹直线线路方向是否顺直。(3)无缝道岔内道床肩宽是否足够,砟盒中道砟是否饱满、密实、钢轨扣件螺栓是否拧紧,扣件是否损坏。(4)若为可动心轨无缝道岔,还要经常检查翼轨末端间隔铁是否损坏,联结螺栓是否正常。(5)若为半焊无缝道岔,还须检查侧股末端高强度夹板螺栓是否拧紧或破损。

42. 高速道岔其他零部件应满足哪些要求?

答:(1)部件安装应符合设计要求,缺少时应及时补充,并保持状态良好。(2)应定期对螺栓涂油,油脂性能应符合相关规定。(3)间隔铁及限位器的联结螺栓、护轨螺栓、长短心轨联结螺栓、接头铁螺栓必须齐全,作用良好,折断时必须立即更换。同一部位同时有两个螺栓缺少或折损,或接头铁螺栓有一个缺少或折损时,道岔应停止使用。(4)顶铁、防跳卡铁、尖轨及心轨防跳限位装置等各部件以及联结和固定螺栓变形、损坏或作用不良时,应进行修理或更换。(5)顶铁与轨腰间隙大于2.5 mm或轨撑与钢轨接触面间隙大于2 mm,应有计划地修理或更换。

43. 高速道岔扣件系统及其零部件应满足哪些要求?

答:(1)道岔扣件系统安装与调整应符合铺设图或设计图要求,各零部件应保持齐全,作用良好。(2)应定期对螺栓涂油,油脂性能应符合相关规定。(3)不得对转辙器滑床台涂油,辙叉滑床台可涂固体润滑剂。各部位螺栓涂油时不得污染橡胶垫板、弹性铁垫板(弹性基板)和岔区道床。

44. CRTS 双块式无砟道床双块枕用钢材应符合哪些规定?

答:(1)桁架钢筋、箍筋应采用符合 GB/T 13788 规定的 CRB550 级钢筋。(2)箍筋固定件、螺旋筋应采用符合 YB/T 5294 规定的低碳钢冷拔钢丝。(3)冷轧带肋钢筋应符合 GB/T 13788 的规定。

45. 简述道岔工电结合部整治作业方法和步骤。

答:(1)清筛道床,全面调整道岔及其前后线路平纵断面。(2)均匀轨缝,消灭道岔爬行,道岔不方。(3)打磨尖轨、基本轨、叉心肥边和轨端肥边,整治接头错牙。(4)更换断裂、脱焊和磨耗严重的滑床板,整正压溃、歪斜垫板及胶垫。(5)配合电务调整尖轨动程。(6)整治尖轨与基本轨不密贴。

46. 高速铁路行车安全监测设备主要包括哪些设备?

答:(1)机车车辆的车载监测设备。(2)机车车辆的地面监测设备。(3)轨道、通信、信号、牵引供电、电力等固定设备的移动检测设备。(4)线路、桥梁、隧道、通信、信号、牵引供电、电力等固定设备的在线自动监测设备。(5)自然灾害及异物侵限监测系统。(6)列车安全防护预警系统及施工防护设备。

47. 简述水泥乳化沥青砂浆层更换工艺。

答:(1)清除受损部位凸形挡台周围树脂。(2)松开受损部位一定范围的扣件。(3)利用轨道板侧面吊装孔(8 个)安装起吊装置,将钢轨和轨道板抬升至适当高度,分离轨道板与水泥乳化沥青砂浆层。(4)清除水泥乳化沥青砂浆及凸形挡台侧面,并保证底座表面及凸形挡台侧面清洁。(5)精调轨道板状态,并固定。(6)采用模筑法灌注固化速度较快、力学性能与充填层材料性能相当的砂浆材料。(7)安装树脂灌注袋,灌注凸形挡台周围树脂。(8)钢轨就位,安装扣件,轨道状态精调,恢复线路。

48. 简述铺设无缝线路时,轨条装、运、卸作业注意事项。

答:(1)轨条装、运、卸作业严禁摔、撞,防止扭曲、翻倒,以免造成损伤和硬弯。(2)轨条装车时,应根据长轨列车运行途中线路的平面条件,严格控制轨条端头与长轨列车承轨横梁间的距离,防止运行途中轨条端头顶、撞横梁,并安装好间隔铁和分层紧固约束装置,防止轨条前后串动和左右摆动。(3)长轨列车运行必须执行有关规定,防止紧急制动,并应由专人负责,做好运行监护、停车检查工作,确保运行安全。一旦使用紧急制动,应在前方车站停车,随车作业人员应对长轨列车状态和长轨装载状态进行全面检查。(4)卸轨前应整平砟肩、清除障碍物,轨条应卸在轨枕端头外,并采取措施防止侵入限界。

49. 高速铁路作业人员进入作业门有何规定?

答:(1)各行车设备管理单位施工作业或遇设备故障、救援抢修等需进入作业门时,作业负责人必须与驻调度所(驻站)联络员联系确认(有看守人员的还应办理相关手续)后,作业人员方准进入作业门。(2)非行车设备管理单位需进入作业门作业的,应与相关专业的行车设备管理单位签订安全协议,明确各自的职责,由行车设备管理单位办理相关手续,并在其带领下进出作业门。(3)作业人员进入作业门前应由作业负责人(或经作业负责人指定的人员)在作业门外登记上道人数、工机具和材料数量。作业结束后,作业负责人(或经作业负责人指定的人员)应核对人员、工机具和材料,确认完全撤出作业门并销记。(4)作业门有看守人员时还应经看守人员确认。

50. 双块式无砟轨道混凝土养护和双块枕脱模应符合哪些规定?

答:(1)双块枕可采用自然养护或蒸汽养护。(2)自然养护时,应在混凝土浇筑完成后立即覆盖保湿材料。(3)采用蒸汽养护时,养护分为静置、升温、恒温、降温四个阶段。混凝土浇筑后在5～35 ℃的环境中静置不少于2 h后方可升温,升温速度不应大于15 ℃/h,恒温时枕芯温度不应大于55 ℃,降温速度不应大于15 ℃/h。蒸养结束时,双块枕表面与环境温差不应大于15 ℃。(4)混凝土脱模强度不应低于40 MPa。(5)双块枕脱模后,当环境温度低于5 ℃时,双块枕表面与环境温差不应大于10 ℃,方可室外存放。

51. 简述轨道测量仪安博格小车现场测量作业原理。

答:(1)轨距是通过轨道测量仪单个轮子轮缘紧贴钢轨内侧作用边的轨距测量传感器来测量。(2)平面及高程是使用全站仪实测轨检小车上棱镜的三维坐标,然后结合标定的轨检小车几何参数、小车的定向参数、水平传感器所测横向倾角及实测轨距,即可换算出对应里程处的实测平面位置和轨面高程,继而与该里程处的设计平面位置和轨面高程进行比较,得到其偏差。(3)水平是使用内置倾角仪测倾角,然后使用基准长度换算。

52. 简述高速铁路钢轨预打磨、预防性打磨和修理性打磨。

答:(1)预打磨是对铺设上道的新钢轨的打磨,目的是去除轨面脱碳层,消除钢轨在生产、焊接、运输和施工过程中产生的表面缺陷,优化轨头廓形,改善焊接接头平顺性。(2)预防性打磨是对钢轨进行的周期性打磨,目的是修复轨头廓形,预防滚动接触疲劳、波浪(波纹)磨耗等病害的产生。(3)修理性打磨是对已产生病害钢轨的打磨,目的是修正轨头廓形,消除滚动接触疲劳裂纹、波浪(波纹)磨耗及擦伤等病害。

53. 简述道岔转辙部分改道作业的程序。

答:(1)准备作业:①校正道尺、支距尺。②车站登记,天窗点内作业。③调查工作量,用道尺检查轨距。(2)正式作业:①选择标准股,一般道岔以外直股为标准股,先将外直股改直、改顺,并与前后线路(道岔)连接良好。②改动方向、轨距时,不准用道钉、扣件挤动钢轨,要用改道器拉正钢轨的位置。有轨距杆或支距杆的地方可先以调整轨距杆或支距杆的方法,将钢轨调整到位。分开式扣件直接调整扣板或尼龙座垫。③尖轨跟端轨距改动时,应先对轨距、轮缘槽宽以及是否有压溃或飞边现象进行综合检查分析,找出超限原因,对症下药。尖轨跟端一股轨距不对而相应的轮缘槽也不符合要求时,以调整轮缘槽或更换间隔铁来达到既改正轨距又调整轮缘槽的目的。转辙部分轨距应先调整好尖轨尖端、尖轨跟端、尖轨中部框架尺寸,再调整连接杆尺寸,使竖切部分与基本轨完全密贴。④全面检查,对不良处所整修,并补齐道钉(扣件)、上紧拉杆,确认符合标准,登销记,清理现场,撤除防护。

54. 简述在区间线路上使用作业标防护的作业程序。

答:(1)施工负责人发出设置防护命令,现场防护员应距施工作业地点 500～1 000 m 处路肩上设置作业标,双线在线路外侧,单线在列车运行方向左侧。(2)防护员站立在瞭望条件好,并且能使作业人员听到的位置防护。双线同时作业,作业标应设在作业地点两端 500～1 000 m 处防护,单线作业在靠近列车到来方向一端防护。(3)瞭望条件不良时增设联络员。(4)防护员加强瞭望,站立位置便于瞭望列车,并能与现场通视。(5)作业影响设备使用时,需事先在“行车设备检查登记簿”上登记。(6)作业完毕,由施工负责人撤出防护命令,现场防护员将作业标收回。

55. 简述在区间、站内线路上使用移动减速信号防护的作业程序。

答:(1)区间:①单线:距施工地点两侧 800 m 设移动减速信号牌,20 m 处设减速地点标,均设在列车运动方向左侧路肩。②双线一线:距施工地点两侧 800 m 设移动减速信号牌、减速防护地段终端信号牌,20 m 处设减速地点标,在邻线上对应施工地点两侧 800 m 设作业标,均设在线路外侧路肩。③双线两线:距施工地点两侧 800 m 设移动减速信号牌、减速防护地段终端信号牌,20 m 处设减速地点标,均设在线路外侧路肩上。④施工地点距进站信号机(或站界标)少于 800 m 时,按 800 m 设置移动减速信号牌,另一侧在 20 m、800 m 处列车运行方向左侧路肩上分别设减速地点标、移动减速信号牌、带 T 字的移动减速信号牌。(2)站内:①站线:在两端警冲标(或相对)处设移动减速信号牌。②站线道岔:在道岔中部设双面黄色的移动减速信号牌。

56. 简述矫正钢轨硬弯的作业程序。

答:(1)按规定设置防护。(2)准备:确定矫直量及矫直范围,起出道钉或卸下扣件,根据硬弯起止位置,连续起下道钉或扣件,50 kg/m 以下钢轨不得超过 5 个轨枕头,50 kg/m 及以上钢轨不得超过 7 个轨枕头。起下道钉,放在固定位置,扣件转动 90°或卸下,另一面不必起下或卸掉,只松帽即可。(3)上直轨器:应将弯轨器放平,位置摆正,各支点与钢轨密贴。弯轨器的中间支点安上衬垫,使轨头、轨底、轨腹全部密贴。(4)矫直:根据检查划的符号,矫直硬弯后,要看轨向、改道,保持轨距良好。直轨前,要注意前后有无瞎缝,如有瞎缝应提前调整。后按规定补齐道钉或扣件。(5)撤除防护。

57. 简述高速铁路扣件系统用预埋套管质量监督抽查检验前的准备工作。

答:(1)检验机构在收到检验样品后,应核查样品的封条、封签完好情况,检查样品,记录样品的外观及标志、状态、封条有无破损及其他可能对检验结果或者综合判定产生影响的情况,对样品分别登记上册、编号,及时分配检验任务,进行检验测试。样品的封条、封签不完好的、签字被模仿或更改的,按相应的规定进行处理。(2)检验人员应按规定的检验方法和检验条件进行检验。产品检验的仪器仪表及设备应符合有关规定要求,并在计量检定/校准周期内正常运行。(3)对需要现场检验的产品,检验机构制定现场检验规程,并保证对同一产品的所有现场检验遵守相同的规程。在现场检测的检验样品必须符合有关标准的规定。检验过程中应采取拍照或录像等方式保存证据。(4)检验人员如需要使用外部的计量器具或测量仪器,在使用前应查验其计量检定/校准证书,满足要求的计量器具或测量仪器方可使用。

58. 简述路基地段双块式无砟道床道床板更换的作业方法和注意事项。

答:

作业方法:(1)准备工作:准备双块式轨枕、道床板混凝土等更换作业所需材料以及相关工机具等。(2)修复作业:包括道床板植筋锚固、钢轨移位、道床板混凝土切割运走、相邻道床板混凝土凿毛、铺设钢筋、新轨枕放置、双块式轨枕定位、安装模板、道床板混凝土浇筑、钢轨恢复、线路恢复、回检清场等步骤。

注意事项:(1)应确保凿毛质量,确保新旧混凝土之间的连接质量。(2)道床板钢筋架设完毕后,应对绝缘性能进行测试,确保符合相关标准。(3)在混凝土未达到相关强度之前,应加强对道床板和轨枕的保护,防止碰撞、踩踏等。(4)道床板的模板安装质量应符合相关要求。(5)环境要求:作业适宜温度 5～30 ℃,雨雪天气不得施工。

59. 简述高速铁路标志标识规定。

答:(1)线路标志包括公里标、半公里标,信号标志(与工务有关的)包括警冲标。(2)线路标志应设在本线列车运行方向的左侧。公里标和半公里标式样应符合规定,安设应牢固可靠。有接触网支柱地段设置在距实际位置最近的接触网支柱上,隧道地段设置在边墙上,站内无接触网支柱地段按标准式样标注在站台侧面。公里标和半公里标实际位置应在钢轨轨腰上做标识,标识位置应正确。(3)警冲标应设在两会合线路线间距离为 4 m 的中间,有曲线时按限界加宽办法加宽。(4)桥梁、隧道、曲线中点、圆曲线及缓和曲线始终点、涵渠、边坡点和铁路局集团公司、工务段管界均不设标志,但应做出标识,标识在桥梁地段可标注在线路一侧防护墙上,路基地段可标注在钢轨轨腰上,隧道地段可标注在边墙上(隧道标识应标注在隧道进出口处),

站内可标注在站台侧面，标识位置应正确。

60. 简述无砟道床混凝土裂缝修补中，使用表面封闭法的作业方法。

答：(1)准备工作：①修补材料：表面封闭的涂层材料宜采用聚合物水泥基材料，底涂材料可采用高聚合物乳液含量的聚合物水泥基材料。②工机具：钢丝刷、真空吸尘器、计量工具、搅拌工具、盛料容器、热风机、涂刷工具等。③对表面封闭涂层材料、底涂材料的性能进行工艺性试验。(2)修补作业：①使用钢丝刷将裂缝表面两侧刷毛，刷毛长度、宽度不小于涂层长度、宽度。用真空吸尘器清除灰尘等杂物。采用热风机对封闭工作面及裂缝内进行干燥处理。②称量并配制表面封闭用修补材料，采用手持式搅拌机或专用搅拌器将修补材料搅拌均匀。③沿裂缝表面涂刷一层底涂材料。④待底涂材料表干后，涂刷表面封闭涂层材料 3 遍以上，涂层材料表干后方可进行下一遍涂刷，且相邻两遍涂刷方向相互垂直(在一个天窗内无法完成时可在下一个天窗内完成，但在涂刷之前需要进行表面清洁)。

61. 简述提速道岔框架尺寸不能保持而经常扩大的原因及整治方法。

答：道岔框架尺寸经调整后常不能保持而经常扩大，其原因是垫板和混凝土枕间联结螺栓扭矩不足或弹簧垫圈失效，造成垫板外挤(垫板孔径 33 mm，螺栓直径 30 mm)引起的，需通过调整框架尺寸，更换弹簧垫圈，紧固螺栓的方法解决。孔径磨损严重的，还应在孔径内加垫垫片。其次是检查尖轨是否有硬弯，顶铁是否过长。对于尖轨硬弯，应通过矫直或更换等方法来解决；对于顶铁过长的，则应通过打磨或更换等方法来解决。

62. 简述轨道检查车高低超限波型的波长对应的病害。

答：波长在 2 m 以内的高低偏差，幅值小，波长短，线路长度的变化率大，是产生轴箱垂向振动加速度的主要原因。波长在 10 m 左右的高低偏差，主要是使车体产生较大的垂向振动加速度。波长在 20 m 左右的高低偏差，其幅值大，波长长，主要是使车体产生点头振动。当车体振幅和高低偏差幅值方向相同时，会使车体产生较大的振动加速度。

63. 简述整治提速道岔不密贴的方法。

答：道岔扳不动时，工务部门应检查转换部分与钢岔枕是否卡阻。如未发现卡阻，则故障一般与工务部门无关，应由电务部门解决。对于道岔不密贴，如是在各牵引点尖轨与基本轨或心轨与翼轨不密贴，则应由电务部门调整。如牵引点密靠而牵引点之间不密靠，首先应检查牵引点的动程，对不满足第一牵引点动程 160 mm±3 mm，第二牵引点动程 75 mm±3 mm 的，应督促电务部门调整使之符合标准，其次应检查道岔框架尺寸。

64. 有砟轨道桥上设置护轨时应符合哪些要求？

答：(1)$Ⅲ_{qa}$、$Ⅲ_{qc}$ 型混凝土桥枕地段护轨应采用与基本轨同轨型或低一级的钢轨；Ⅲ型混凝土桥枕地段应采用比基本轨低一级的钢轨。(2)护轨与基本轨头部间净距为 500 mm(梭头部位除外),允许误差为$^{+10}_{-5}$ mm,当桥上设有钢轨伸缩调节器时,允许误差为±10 mm。(3)护轨顶面不应高出基本轨顶面 5 mm,也不应低于基本轨轨面 25 mm。(4)护轨应伸出桥台挡砟墙以外,直轨部分长度不应小于 5 m,然后弯曲交会于线路中心。弯轨部分沿线路中心线的长度不小于 1.9 m,梭头尖端超出台尾的长度不小于 2.0 m,其顶部应切成不陡于 1∶1 的斜面并联结密贴,梭头尖端悬出轨枕的长度不得大于 5 mm。(5)$Ⅲ_{qa}$、$Ⅲ_{qc}$ 型混凝土桥枕地段,扣板式扣件螺栓扭矩应为 30～50 N·m。既有采用Ⅲ型混凝土桥枕地段,当护轨下组装通长铁垫板时,铁垫板下可设厚度不小于 4 mm 的橡胶垫板,固定通长铁垫板的螺栓扭矩不应小于 80 N·m,扣板螺栓的扭矩应为 40～60 N·m。(6)自动闭塞区间,护轨应安装绝缘装置。当桥上线路中心设有应答器时,护轨应在应答器处按设计断开。(7)每股护轨接头安装 4 个螺栓,每端安装 2 个,螺母应安装在线路中心一侧,在钢轨伸缩调节器处应采用一端带长圆孔的夹板。(8)护轨爬行严重时,允许安装防爬器。(9)钢轨伸缩调节器范围内护轨按设计办理。

65. 钢轨伸缩调节器尖轨、基本轨出现哪些不良状态或伤损,应进行修理或更换?

答:(1)尖轨相对于基本轨降低值偏差超过 1 mm,且对行车平稳性有影响。(2)尖轨、基本轨的光带异常,且对行车平稳性有影响。(3)尖轨爬行超出设计要求或基本轨伸缩异常。(4)顶面出现肥边、擦伤。(5)尖轨轨头切削范围内与基本轨轨头间隙:尖轨尖端至尖轨 5 mm 断面范围内大于 0.5 mm 或其余部位大于 1.0 mm。(6)尖轨、基本轨头部磨耗达到重伤标准,其他伤损达到钢轨轻伤标准。(7)护轨与尖轨(基本轨)间净距偏差超过 10 mm,护轨高于尖轨(基本轨)5 mm 或低于尖轨(基本轨)25 mm。

66. 简述高速铁路现场胶接接头作业的质量标准。

答:(1)轨距±1 mm、轨距变化率 0.5‰、轨向 1 mm、轨向变化率(两根轨枕之间)0.3‰、水平 2 mm、水平变化率 0.5‰、高低 2 mm、三角坑 2 mm/3 m。(2)胶粘剂涂抹均匀,不留空隙。(3)按顺序(3、4,5、2,1、6)拧紧接头螺母,扭矩不低于 1 200 N·m。(4)作业完毕后,按要求恢复联结零件,保证各种联结零件作用良好,位置正确,扭矩符合标准,弹条扣件的弹条中部前端下颚应靠贴轨距挡板(离缝不大于 1 mm)或扭矩应达到 80～150 N·m。(5)由于钢轨现场焊缝加强接头作业引起其他作业,应恢复到符合各项作业标准。

67. 简述高速铁路车辆停留线设置原则。

答:(1)线路车间所在地设有效长 260 m 的停留线 1 条、120 m 的停留线 3 条,设双线作业车库、双线检查坑,作业车库长度 54 m、宽度 15 m,检查坑长度 49 m。(2)线路工区所在地设有效长 260 m 的停留线 1 条、120 m 的停留线 2 条,设双线作业车库、单线检查坑,作业车库长度 54 m、宽度 15 m,检查坑长度 49 m。(3)其他车站宜设置 260 m 的停留线 1 条、120 m 的停留线 1 条。(4)为满足大修换轨需要,线路车间和工区所在地的车站到发线不能满足 500 m 运轨车 24 h 停留时,应至少预留 1 条有效长 650 m 的停留线的铺设条件。

68. 简述路基地段双块式无砟轨道主要技术要求。

答:(1)支承层在路基基床表层上设置。支承层顶面宽度为 3 200 mm,底面宽度为 3 400 mm,厚度为 300 mm。沿线路纵向,每隔不大于 5 m 设一横向预裂缝,缝深为厚度的 1/3。道床板宽度范围内的支承层表面进行拉毛处理。(2)道床板为纵向连续的钢筋混凝土结构,在支承层上构筑。道床板宽度为 2 800 mm,厚度为 260 mm。(3)线间排水应结合线路纵坡、桥涵等线路条件和环境条件确定。当采用集水井方式时,集水井设置间隔根据汇水面积和当地气象条件计算确定。(4)线路两侧及线间路基面进行防水处理。

69. 简述 MT 胶接绝缘接头解体及更换程序。

答:(1)到达现场后,用 0 级电子道尺检查 MT 胶接绝缘接头前后共 10 根轨枕的轨距及水平,并记录。(2)松开接头两侧各 5 组扣件,其中靠近绝缘接头处的 2 组扣件全部拆除。(3)用扭矩扳手松开 MT 胶接绝缘接头螺母。(4)退出螺杆,使用剁子和大锤拆除夹板。(5)打磨轨端及夹板安装处轨腰,清除残留胶体。同时准备绝缘接头材料。(6)采用钢轨拉伸器调整轨缝,保压,安装工字形绝缘片,试装夹板。测量电阻值。(7)拌和绝缘胶,并涂在夹板与钢轨的接触面上,安装夹板并复测电阻值,电阻值达标后紧固螺栓。(8)安装被拆除的扣件,附近绝缘接头螺栓扭矩至 1 100 N·m,拆除钢轨拉伸器。(9)回检轨道几何尺寸。(10)清理轨枕及道床表面杂物并装袋,人员、机具撤离。

70. 简述日月明轨道检查仪上道步骤。

答:(1)两人抬起轨检仪,将侧臂轻放到轨道的单根股道上,大梁端搁在对侧轨道上,检查侧臂端的测量轮、走行轮和里程轮是否在正确位置。(2)一手抓住大梁顶端拉手,略微抬起大梁端,另一只手按要求方向扳动操作手柄。(3)这时手柄下方的轮架向轨道内侧移动,不要松开手柄,把大梁端轻放入轨道;缓慢放松手柄,使大梁下的轮座在机体弹簧力量作用下缓慢回弹,直到紧贴在轨道面上,检查测量轮、走行轮是否在正确位置上,测量轮与轨道内侧面接触正常。(4)检查测量轮、走行轮和里程轮是否全部在正确位置。(5)安装推杆、专用电脑,用数据线连接电脑与轨检仪接口。(6)轻推轨检仪顺畅行走,检查各测量轮、走行轮、里程轮与辅助轮是否工作正常。

71. 简述 WJ-8 型扣件维修作业。

答:(1)扣件零部件缺失或损坏时,应及时安装或更换,安装和更换时应采用原有规格的零部件。夹板处应安装接头轨距挡板和接头绝缘轨距块。(2)预埋套管中缺油或无油时,应在预埋套管中注入或在螺旋道钉螺纹部分涂专用防护油脂。(3)弹条安装状态应采用塞尺检查,确保弹条中部前端下颚与绝缘轨距块间隙满足要求。(4)绝缘轨距块与钢轨或铁垫板挡肩间缝隙较大时,应通过更换不同号码绝缘轨距块的方式进行调整。轨距挡板与轨枕或轨道板承轨面与承轨槽挡肩不密贴时,应更换轨距挡板。(5)发现弹条锈蚀严重,应及时更换。(6)发现铁垫板减薄情况,应及时更换为标准厚度的铁垫板(厚度 16 mm)。(7)发现铁垫板下未安装弹性垫板或安装减薄的弹性垫板时,应及时安装标准规格的弹性垫板(厚度 12 mm)。(8)发现铁垫板承轨面未安装轨下垫板或轨下垫板安装位置不正确时,应及时安装或恢复垫板的正常安装位置。(9)无缝线路应力放散时,应将弹条卸下。应力放散结束后,应检查轨下垫板和绝缘轨距块位置是否正确,如有错位,应在调整后再安装弹条。(10)不得用锤或其他工具敲击螺旋道钉。

72. 简述 WJ-7 型扣件维修作业。

答:(1)扣件零部件缺失或损坏时,应及时安装或更换,安装和更换时应采用原有规格的零部件。(2)对 T 形螺栓进行定期涂油,防止螺栓锈蚀。预埋套管中缺油或无油时,应在预埋套管中注入或在锚固螺栓螺纹部分涂专用防护油脂。(3)弹条安装状态应采用塞尺检查,确保弹条中部前端下颚与绝缘块间隙满足要求。(4)紧固锚固螺栓应采用扭矩扳手检查,确保扭矩满足要求。(5)绝缘块与钢轨或铁垫板挡肩间缝隙较大时,应通过更换不同号码绝缘块的方式进行调整。(6)发现弹条锈蚀严重,应及时更换。(7)发现铁垫板轨底坡方向未朝向轨道内侧时,应及时进行调整。(8)发现铁垫板上未安放轨下垫板或安装减薄的轨下垫板时,应及时安装标准规格的轨下垫板(A 类垫板厚度为 12 mm、B 类垫板厚度为 14 mm),防止铁垫板限位挡块硌伤钢轨。(9)发现铁垫板下未安装绝缘缓冲垫板,应及时安装绝缘缓冲垫板。(10)发现平垫块方向不对时,应及时调整到正常安装状态。(11)无缝线路应力放散时,应将弹条卸下。应力放散结束后,应检查轨下垫板和绝缘块位置是否正确,如有错位,应在调整后再安装弹条。(12)不得用锤或其他工具敲击锚固螺栓。

73. 简述 FC 型扣件维修及轨道几何尺寸调整作业。

答:(1)扣件零部件缺失或损坏时,应及时安装或更换,安装和更换时应采用原有规格的零部件。夹板处应安装接头弹条。发现弹条锈蚀严重,应及时更换。(2)应采用专用工具安装弹条,将弹条顶进。完全安装到位的弹条,两侧的底脚应顶住轨底侧面的绝缘轨距块。(3)安设绝缘轨距块不得用锤或其他工具猛烈敲击使其入位。(4)绝缘轨距块与钢轨和预埋铁座间缝隙较大时,通过更换不同号码绝缘轨距块的方式进行调整,按规定进行轨距调整配置。(5)无缝线路应力放散时,应采用专用工具将弹条卸下。应力放散结束后,应检查橡胶垫板和绝缘轨距块位置是否正确,如有错位,应在调整后再安装弹条。(6)在铺设道砟作业时,应采取措施防止道砟击打扣件。在进行捣固作业时,不应损坏扣件。(7)轨道几何尺寸调整作业:①轨距和轨向调整:通过更换不同号码的绝缘轨距块实现轨距和轨向的调整。②高低调整:通过起道或落道作业进行调整。不得通过扣件系统进行高低调整作业。

74. 简述钢轨断面轮廓测量仪使用注意事项。

答:(1)在安装、操作测量仪之前,请务必仔细阅读说明书。(2)若使用便携式电脑在户外工作,不检测时,请拔下通信电缆,以节约电源。(3)采集装置系精密机械和电子技术产品,出厂时已经进行过精确的定位和组装,不能对采集装置任意拆卸或过量冲击,避免使其变形,影响测量精度。(4)测量轮不带磁性，为保证检测数据正确，每次使用请适当清洁测量轮和所测断面，在人工操作时，保持接触力量均匀为好。如果选配带磁铁的测量轮，还应该清除测量轮上所有吸附的铁屑。(5)使用后，请清洁采集装置的测量轮、所有支撑面和定位面，在金属部件上涂油，以防止锈蚀影响测量。(6)如果长期没有使用设备，请定期给设备电池充电，以保证设备电池的正常工作寿命。

75. 桥上有砟—无砟轨道过渡段(过渡段下部基础为混凝土桥)**铺设辅助轨时应如何设置?**

答:时速 200 km 及以上铁路的有砟与无砟轨道结构过渡段应设置与基本轨同类型的辅助轨，有砟—无砟过渡段辅助轨设置应符合设计要求，辅助轨长度宜为 25 m(其中无砟轨道范围内约 5 m，有砟轨道范围内约 20 m)，辅助轨的设置不应影响大型养路机械作业。辅助轨与基本轨头部间净距符合设计要求，容许偏差为 ±10 mm；辅助轨顶面不应高出基本轨顶面 5 mm；辅助轨扣件应保持状态良好。

76. 在哪些情况下，CP Ⅲ高程网的外业观测值应部分或全部重测?

答:(1)当 CPⅢ高程网水准测量的测站数据质量超过规定的要求时，该站应该重测。(2)当 CPⅢ高程网水准路线的限差超过规定的要求时，该段水准路线应该重测。(3)当根据闭合环计算的每千米水准测量偶然中误差超限时，首先对闭合差较大的闭合路线进行重测，重测后每千米水准测量偶然中误差仍超限，需重测整个 CPⅢ高程网。(4)CPⅢ高程复测的精度指标应与竣工测量时相同。约束平差后两次测量 CPⅢ点高程的较差和相邻点的高差较差，应不大于规范限差要求，否则需要复测或补测 CPⅢ高程网。

77. 简述引起轨道检查车轨向波型不良的原因。

答:(1)方向不良大多数是由于钢轨存在硬弯、碎弯造成的。(2)轨距连续扩大或缩小，顺坡率大于 2‰，接头支嘴等病害都会造成轨向不良。(3)对于小半径曲线及导曲线，由于弯度大，木枕道钉固定不住，出现接头支嘴，也是方向不良的一个原因。(4)长期使用简易拨道法拨道，只将正矢误差均开，容易造成曲线半径变化，形成方向不良。(5)要根据列车速度的变化，及时进行测速，通过计算正确设置超高。超高不合适不仅造成晃车，由于侧压力增大，也容易造成曲线变形，加速钢轨磨耗，从而产生方向不良。(6)方向连续误差，必须强制车轮不产生蛇形运动，使车体左右摇晃，造成车体倾斜。一侧的车轮荷载加大，另一侧车轮荷载减轻有脱轨的危险，对行车安全非常不利。轨向不良是造成车体振动加速度(晃车)的主要原因，也是阻碍高速行车的主要病害。轨向不良，也可能造成轨距和水平不良。因此，必须及时整治轨向不良地段，保证列车高速、平稳和安全地运行。

78. 简述大型养路机械捣固线路配合作业前的流程。

答:(1)对线路进行全面调查，确定大型养路机械捣固作业地段。(2)测定圬工桥面轨枕底下道砟厚度和桥梁偏心值，道砟厚度不足 150 mm 时，严禁进行捣固。(3)无缝线路、曲线等技术资料，核对无误后交捣固车组负责人。(4)尽量使用全站仪、水准仪对作业地段进行测量，测量数据与现场实际相结合，合理确定线路起、拨道量，并将起、拨道量数据、拨道方向标注在对应点轨枕上，需重点起拨道地段将起拨道量资料交大型养路机械负责人。(5)根据起拨道量确定石砟用量，必要时均匀或补充石砟。(6)现场准确标注曲线要素，将直缓点、缓圆点、圆缓点、缓直点、超高顺坡起止点等曲线要素点标注在对应点轨枕上，并在钢轨腹部位置用油漆标画。(7)桥头、道口、钢轨接头 4 根轨枕等薄弱处所，应在轨枕上标记，提示捣固车操作人员增加捣固次数。(8)提前组织全面改正轨距、撤除水平垫板，复紧扣件。(9)调查桥梁护轨、道口、人行过道、地锚拉杆、红外线等影响大型养路机械捣固的设备。(10)更换失效或严重伤损轨枕，移动轨距杆，使其靠贴于同一侧轨枕，同时更换失效轨距杆。(11)作业负责人对当日使用的各种量具进行检查核对；机具手检查起道器、冲击镐、螺栓扳手状态是否良好。

79. 简述大型养路机械捣固线路配合作业过程及技术标准。

答：(1)调度命令下达后，现场负责人确认防护设好后方可上道作业。(2)作业前、中、后测量轨温，严禁超温作业。(3)安排专人对当日施工地段影响大型养路机械作业的护轨、道口进行拆除，捣固作业完成后及时恢复。(4)安排足够人力在大型养路机械作业前全面撤除水平垫片，并注意拧紧全部扣件。(5)每台捣固车后设置专职质量回检人员，对作业后水平、三角坑、高低、方向(曲线正矢)全面检查，发现超过作业验收标准的几何尺寸，及时通知大型养路机械作业负责人立即返工处理。(6)供电、电务、车辆、道口报警器等影响大型养路机械捣固的设备，由设备管理单位在封锁点内拆除或捆绑，尽量做到不跨、不空、逐根轨枕捣固，捣固作业过后在点内恢复。特殊情况下未捣固地点，所在线路工区组织人员在点内完成捣固。(7)为保证捣固作业质量，质量回检人员要随时盯控大型养路机械捣固作业频率、插镐深度及夹持时间。(8)安排足够的人员，随车及时回填镐窝及枕盒石砟。

80. 高速道岔螺栓标称扭矩是多少?

答：(1)T 形螺栓：弹条前部应与轨距宏观接触(缝隙 0～1 mm)，扭矩 120～150 N·m。(2)岔枕 M30 螺栓：扭矩 300～350 N·m。(3)长、短心轨联结螺栓：扭矩 540～660 N·m。(4)限位器、转辙器跟端用间隔铁及翼轨间隔铁联结螺栓：扭矩 900～1 100 N·m。(5)防跳卡铁、顶铁螺栓、护轨螺栓、轨撑水平螺栓：以弹性垫圈齐平控制，不宜采用过大扭矩，但不应小于 120～150 N·m。(6)扣板螺栓、轨撑竖向螺栓：扭矩 300 N·m。

81. 简述焊缝平直度检查操作步骤。

答：(1)仪器检查：上道前检查 1 m 平直尺。确保上道使用的平直尺没有发生变形。检查塞尺，确认塞尺无锈蚀现象。(2)检查焊缝顶面平直度：检查人将 1 m 平直尺平放在钢轨顶面中部，焊缝两端长度相等，观察、比较焊缝处与既有轨面的高低。如焊缝处有缝隙，则是焊缝低；如一端钢板尺与钢轨顶面密贴，另一端有缝隙，则是焊缝高。(3)检查焊缝顶面平直度：对焊缝低的钢轨，将塞尺塞入焊缝顶面与 1 m 平直尺之间前后移动，认真调整塞尺厚度，在保证

1 m 平直尺两端与焊缝顶面密贴的前提下读出缝隙最大厚度，即为焊缝最大坍落度；对焊缝高的钢轨，在将 1 m 平直尺平放在焊缝顶面后，保持 1 m 平直尺一端和焊缝顶面密贴的情况下，将塞尺塞入翘起的一端焊缝顶面与 1 m 平直尺之间，认真调整塞尺厚度，读出缝隙最大厚度，即为焊缝处钢轨高于 1 m 平直尺测量处的 1/2 高度；调整方向，测量另一端的焊缝处钢轨高于 1 m 平直尺测量处的 1/2 高度。(4)对焊缝内侧平直度为"＋"的钢轨，将塞尺塞入钢轨内侧头部与 1 m 平直尺之间前后移动，认真调整塞尺厚度，在保证 1 m 平直尺两端与焊缝顶面密贴的前提下读出缝隙最大厚度，即为焊缝内侧最大坍落度；对焊缝内侧平直度为"－"的钢轨，在将 1 m 平直尺平放在钢轨内侧头部表面后，保持 1 m 平直尺一端和钢轨内侧头部密贴的情况下，将塞尺塞入翘起的一端钢轨内侧头部与 1 m 平直尺之间，认真调整塞尺厚度，读出缝隙最大厚度，即为焊缝处钢轨内侧凸出的 1/2 高度；调整方向，测量另一端的焊缝处钢轨内侧头部凸出 1 m 平直尺测量处的 1/2 高度。(5)对检查发现的焊缝平直度超限处所及时进行记录。(6)检查结束，由材料员清点工具，负责人检查现场，确保现场无杂物后，组织撤离现场。

82. 高速铁路过渡段(过渡段下部基础为路基)**，铺设辅助轨时应如何设置？**

答：(1)过渡段总长 25 m，其中有砟轨道内长 20 m，无砟轨道内长 5 m。在过渡段的两基本轨之间设置两根 60 kg/m，长 25 m 的辅助轨，基本轨和辅助轨中心距为 500 mm，辅助轨配套采用扣板式扣件。(2)靠分界点无砟轨道一侧的轨道板或道床板上，预埋辅助轨扣件套管，在其连续的 5 块轨道板上采用 WJ-7B 型扣件，轨下垫层静刚度为(25±5)kN/mm；靠分界点有砟轨道一侧的过渡段范围内铺设长度为 2.6 m 的过渡枕，过渡枕上预埋基本轨和辅助轨扣件套管，基本轨配套使用 WJ-7A 型扣件，其轨下垫层静刚度与有砟轨道的轨下垫层静刚度相同，为(60±10)kN/mm。(3)靠分界点有砟轨道一侧，砟下设置钢筋混凝土搭板，搭板长 8 m，板厚 250 mm，混凝土强度等级与无砟轨道底座混凝土相同，搭板范围内的枕下道床厚 35 cm。

83. 简述无缝线路应力放散方法及基本工艺流程。

答：无缝线路应力放散采用拉伸器滚筒法或滚筒法。当施工作业时的轨温低于设计锁定轨温时，采用拉伸器滚筒法施工；当施工作业时的轨温在设计锁定轨温范围内时，采用滚筒法施工。无缝线路应力放散及锁定施工主要设备包括钢轨拉伸器、撞轨器、锯轨机、滚筒、轨温计、扭矩扳手、工地钢轨焊接设备等。(1)拆除待放散单元轨节的全部扣件，每隔一定距离垫入一个滚筒，每隔一定距离设置一台撞轨器。放散应力时，每隔 100 m 左右设一临时位移观测点观测钢轨的位移量，及时排除影响放散的障碍，以达到应力放散均匀、彻底。(2)在单元轨节的终端每股钢轨设置一台拉伸器拉伸钢轨，必要时撞轨，使拉伸量传递均匀。钢轨拉伸器拉伸钢轨前，滚筒按要求垫放到位，钢轨拉伸量达到计算值后，钢轨拉伸器保压，撤除滚筒，安装扣件，锁定线路，此时的锁定作业轨温加上钢轨拉伸换算轨温为实际锁定轨温。线路锁定后，立即在钢轨上设置纵向位移观测的"零点"标记，按规定开始观测并记录钢轨位移情况。无缝线路锁定时需准确确定并记录锁定轨温。两股钢轨宜同步锁定，线路锁定后才能撤出钢轨拉伸器。锁定日期及实际锁定轨温列入竣工资料。

84. 大型养路机械起拨道、捣固、稳定作业有什么要求?

答:捣固车一次起道量不应超过 40 mm,起道量超过 40 mm 时应分次起道捣固;一次拨道量不宜超过 30 mm。每次作业应进行道床动力稳定。一次起道或拨道量超出 30 mm,或两股钢轨起道量相差超过 7 mm 时,应事先通知供电部门调查确认接触网设备调整工作量并配合作业。特殊情况下需调整线路的轨面标准线时,由工务、供电部门共同确认,并经铁路局集团公司批准。一次起道量小于 30 mm,一次拨道量小于 10 mm 时,作业轨温不得超过实际锁定轨温±20 ℃。一次起道量在 30~40 mm,一次拨道量在 10~20 mm 时,作业轨温不得超过实际锁定轨温－20~＋15 ℃。一次拨道量在 20(不含)~30 mm 时,作业轨温不得超过实际锁定轨温±10 ℃。高温季节大型养路机械作业时,应监视线路状况,发现胀轨迹象应立即停止作业。为保证捣固作业质量,对薄弱处所应增加捣固次数或夹持时间。在桥上进行动力稳定作业时,设备管理单位应提前确认桥梁处于良好状态,应尽可能在桥台外或桥墩处起振、停振。

85. 简述利用轨检车检测高低超限的数据现场复核整修的方法。

答:(1)人工检测高低是采用 10 m 弦进行测量的,而惯性基准轨道不平顺检测装置采用惯性基准法来测量轨道高低偏差时,检测出来的高低偏差波长是不定的。因此要求在现场检查时,一定要充分利用轨检车资料,特别是要仔细分析波形图中该病害的波型,认真调查该地段是否有暗坑、空吊板,对各种情况进行综合研究,才能准确地在现场测量出病害的实际超限峰值。(2)路基沉陷,道床捣固不良,扣件不紧,木枕腐朽,钢轨磨耗,加之存在暗坑、吊板等原因,也会产生不均匀下沉,而造成轨面高低不平顺。(3)在道口、道岔、桥头、桥尾经常会出现下沉或严重空吊情况,它是轨道高低出现大病害的主要处所,这些地段要求工务段在养护维修工作中要给予高度重视。(4)软硬不匀的地段,是高低偏差容易出现的处所。如桥梁、涵渠的两端,路堤、路堑接合处,成段更换钢轨后钢轨接头部位等。(5)道床脏污、排水不良,在雨季翻浆冒泥,也是造成轨面高低不良的原因,可以根据道床脏污情况安排清筛。(6)高接头与低接头是造成轨道短波高低的主要原因,它们会增加机车车辆对轨道的冲击力,对线路的破坏性很大。

86. 简述高速铁路大型养路机械打磨作业前的要求。

答:(1)应根据运营铁路钢轨状态,制订年度打磨计划。(2)线路几何尺寸、形位和轨下基础等应符合相关技术标准要求。(3)应提前调查打磨地段钢轨状态和周边环境,提交相关技术资料,确定目标廓形,制定打磨技术方案;拆除影响打磨作业的轨旁设备,清除作业地段线路两侧可燃物。(4)当焊接接头平直度超过＋0.5 mm/1 m 时,应采用仿形打磨机对焊接接头进行局部打磨,打磨后平直度应控制在＋0.1~＋0.3 mm/1 m 范围内。(5)打磨车的砂轮应符合相关要求。作业前应彻底清理打磨电机导向柱上的灰尘,检查紧固砂轮安装螺栓。打磨电机功率波动较大或损坏应及时更换,确保作业压力稳定和磨头提升、下降基本同步。(6)根据打磨技术方案进行试打磨,必要时调整打磨参数,确认打磨廓形达到要求后方可进行正式打磨。

87. 简述0级轨检小车测量作业流程及注意事项。

答:(1)上道前准备工作:①清理轨检仪走行轮和测量轮上附着物。②仪器组装,查看“设备状态”,各项参数是否正常显示。③预热5 min后,在标定台上对“轨距”进行标定。④在标定台上对“水平”进行掉头查看,如掉头误差≥0.15 mm,则需重新对水平进行掉头标定。(2)上道测量作业:①仪器组装,确保数据采集箱安装牢固,无晃动。②上道,确保纵梁放在基准股上。③“设备初始化”过程中确保仪器处于绝对静止状态,完成后需回到“设备状态”,确定“方向陀螺”、“高低陀螺”的值在0值附近跳动,否则再次进行“设备初始化”。④新建项目,注意“线路资料”、“里程增减”、“左右轨”的正确选取。输入该轨枕的准确起始里程。⑤开始测量后,输入当前位置正确轨枕编号信息并“标定陀螺”,开始推行。⑥匀速推行,速度控制在3～4 km/h。建议:一个人推行小车,另一个人在前方清理轨面上小石渣等异物,并且提前告知推行人员曲线特征点位置,确保曲线特征点录入正确无误。⑦如需中途下道,须单击“暂停”按钮,并对下道位置进行标示。再上道时,对准标示位置。在绝对静止的情况下进行“标定陀螺”,单击“继续”按钮,继续推行。⑧建议每推行1 000 m,“暂停”进行一次“标定陀螺”。⑨推至终点,点击“轨枕信息”,输入正确终点轨枕信息。完成后点击“结束”退出测量。建议:每推行2～3 km保存一条测量数据。

88. 简述铝热焊工艺要求。

答:(1)铝热焊接应按生产商提供的工艺手册执行。(2)施焊场所应备有防雨设施。当钢轨潮湿时,应对距待焊钢轨端面不小于400 mm范围内进行烘烤干燥;轨温低于10 ℃时,应对距待焊钢轨端面不小于400 mm范围内进行预热。(3)轨缝的调整不宜出现轨底处间隙大于轨头处间隙的情况,钢轨端面斜度偏差不应大于1 mm。(4)轨端除锈应去除距轨端100 mm范围钢轨表面的锈蚀和油污,踏面和工作面清理长度大于500 mm,应将距轨端50 mm范围的热轧凸起标识打磨至与母材平齐。(5)钢轨对正应有一定的起拱量,防止焊后出现低接头。对轨宜轨头、轨腰和轨底同时对正。(6)封箱应采用专用封箱材料。砂模与钢轨廓形宜相匹配,当砂模与钢轨之间间隙较大时,应对砂模进行修磨,封箱材料不应塞入砂模与钢轨之间的间隙。(7)预热应采用与焊接材料相匹配的专用预热器具和计量器具,预热温度宜为700～1 000 ℃,预热宜使待焊钢轨整个端面温度均匀,不应烧化待焊钢轨和砂模。(8)预热结束后应立即放置分流塞,安放坩埚并点火浇铸。预热结束到点火时间不应超过20 s。(9)焊接过程中焊接的钢轨不应产生移动。(10)应使用仿形打磨机对焊接接头的轨顶面及轨头侧面进行精打磨,不应使焊接接头或钢轨产生任何机械损伤或热损伤。采用新轨产生的焊接接头,精打磨的长度不应超过焊缝中心线两侧各400 mm。(11)应对每个钢轨焊接接头进行标识,标识应在距焊缝1～3 m的位置。标识应清晰,端正,至少5年内可以识别。标识方式应确保每个钢轨焊接接头能够依作业记录实现追溯。(12)应记录每个焊接接头的焊接过程,记录内容按规定要求,记录应保留至少一个大修期。

89. 影响车体加速度的因素有哪些?

答:(1)轨道几何状态不良(如高低不平顺、轨面波浪形磨耗等)、捣固质量不好,空吊、接头综合状态不良(如错牙、大轨缝、高低接头、低扣、打塌、掉块、鞍磨等)、道床弹性不良(如板结、翻浆、线桥、线道、线隧、有砟与无砟过渡段、新老路基结合部等)及多种病害叠加对垂向振动加速度偏差值影响较大。(2)曲线、道岔区连续小方向、轨距递增不顺、钢轨硬弯、钢轨错牙、钢轨直线区段交替不均匀磨耗、逆向位复合不平顺、曲线超高设置与即时速度不匹配及多种病害的叠加等对水平振动加速度偏差值影响较大。(3)轴箱加速度是对轨道短波(波磨、表面擦伤、接头、钢轨剥离等)不平顺项目的综合反应。(4)车体加速度传感器的安装位置,决定了其测量原理受车辆本身特性的影响。(5)车体加速度测量还与列车运行速度有着必然的联系。

90. 简述轨检车检测项目正号定义。

答:(1)轨检车正向:检测梁位于轨检车二位端,定义二位端至一位端方向为轨检车正向,轨检车行驶方向与轨检车正向一致时为正向检测,反之为反向检测。(2)轨距偏差正负:实际轨距大于标准轨距时轨距偏差为正,反之为负。(3)高低正负:高低向上为正,向下为负。(4)轨向正负:顺轨检车正向,轨向向左为正,向右为负。(5)水平正负:顺轨检车正向,左轨高为正,反之为负。(6)曲率正负:顺轨检车正向,右拐曲线曲率为正,左拐曲线曲率为负。(7)车体水平加速度:平行车体地板,垂直于轨道方向,顺轨检车正向,向左为正。(8)车体垂向加速度:垂直于车体地板,向上为正。(9)左右轮轨垂向力:压为正。(10)左右轮轨横向力:向外为正。

91. 无缝线路(包括无缝道岔)锁定轨温必须准确、均匀,哪些情况应进行应力放散或调整?

答:(1)实际锁定轨温不在设计锁定轨温范围以内。(2)锁定轨温不明、不准确。(3)两相邻单元轨节锁定轨温差超过 5 ℃;或左右股钢轨锁定轨温之差,允许速度 160 km/h 以上线路超过 3 ℃,允许速度 160 km/h 及以下线路超过 5 ℃;或同一区间单元轨节最高、最低锁定轨温相差超过 10 ℃(长隧道除外),或无缝道岔左右股、直曲股钢轨实际锁定轨温差超过 3 ℃。(4)铺设或维修作业方法不当,使轨条产生不正常伸缩。(5)出现严重不均匀位移。(6)线路方向不良,碎弯多。(7)通过位移观测或测试分析,发现温度力分布严重不匀。(8)无缝道岔限位器子母块顶死引起前后钢轨方向不良,或间隔铁前后钢轨方向不良,或在锁定轨温范围外更换折断或重伤的道岔基本轨、导轨、翼轨、辙叉等轨件。(9)因处理线路故障或施工造成实际锁定轨温超过设计锁定轨温范围或位移超限。低温铺设轨条时,拉伸不到位或拉伸不均匀。因施工需要需提高或降低无缝线路的锁定轨温时。

92. 简述精测网维护和应用要求。

答:(1)应利用精测网做好轨道几何状态检测、基础沉降和构筑物变形监测等工作。(2)承担精测网复测的单位应具备相应的工程测量资质,使用的仪器设备应符合《高速铁路工程测量规范》相关要求。(3)精测网日常检查和维护由使用单位负责,并设专人建立管理台账。桩点缺失或桩位变化不能满足测量精度需要时,应结合复测进行补桩和测设。(4)精测网复测周期:为保证精测网稳定和精度,应对精测网进行复测。①CP 0、CPⅠ、CPⅡ、CPⅢ平面控制网复测周期不宜超过 3 年,沉降区段的平面控制网复测周期应适当缩短。②高程控制网复测周期:在地质条件较好、建设期沉降不大的地段,与平面控制网相同;在区域性沉降地段、软土路基等特殊地段,不宜超过 1 年;在差异沉降较大的地段,复测周期应适当缩短。(5)精测网复测要求:①精测网复测宜在原网基础上进行。复测网精度等级应与原网相同,复测方法及技术要求应与原测保持一致。②平面复测后应按要求对成果进行评定,水准点间复测高差与原测高差之差按要求进行评定。

93. 简述弹条Ⅳ型扣件维修及轨道几何尺寸调整作业。

答:扣件零部件缺失或损坏时,应及时安装或更换,安装和更换时应采用原有规格的零部件。夹板处应安装接头弹条以及接头绝缘轨距块。发现弹条锈蚀严重,应及时更换。安装弹条时应采用专用工具。弹条中肢入孔位置要放平、放正,不得歪斜。安装时切忌硬扳,用力要适中,支点与加力点要正确。弹条就位困难时,使用安装工具的同时可用小锤轻敲弹条尾部,使其就位。弹条就位以其小圆弧内侧与预埋铁座端部相距 8～10 mm 为准,不得顶紧或距离过大。安设绝缘轨距块不得用锤或其他工具猛烈敲击使其入位。如发现绝缘轨距块未完全入位应及时调整。绝缘轨距块与钢轨和预埋铁座间缝隙较大时,通过更换不同号码绝缘轨距块的方式进行调整,按规定进行轨距调整配置。无缝线路应力放散时,应采用专用工具将弹条卸下。应力放散结束后,应检查橡胶垫板和绝缘轨距块位置是否正确,如有错位,应在调整后再安装弹条。在铺设道砟作业时,应采取措施防止道砟击打扣件。在进行捣固作业时,不应损坏扣件。

轨道几何尺寸调整作业:(1)轨距和轨向调整:在预埋铁座与钢轨间设有绝缘轨距块,通过更换不同号码绝缘轨距块实现轨距和轨向调整。(2)高低调整:通过起道或落道作业进行调整。不得通过扣件系统进行高低调整作业。

94. 简述现场使用的轨道测量仪安博格小车在测量过程中的误差控制措施。

答:(1)选用高精度全站仪,并定期检定。(2)全站仪工作之前要适应环境温度。(3)每天开始测量之前检查全站仪测量精度:正倒镜检查全站仪水平角和竖直角偏差,如果超过 3″,在气象条件较好的情况下进行组合校准及水平轴倾斜误差校准;检查全站仪 ATR 照准是否准确(照准偏差少于 3″)。每测量过程中如对测量结果有疑问,也须及时检查,必要时进行校准。(4)测量时棱镜要对准全站仪。(5)采集数据时小车要停稳,全站仪应采用精确模式。(6)恶劣天气条件下禁止作业。(7)每天测量之前都要在稳固的轨道上对超高传感器进行校准,校准后可在同一点进行正反两次测量,测量值偏差应在 0.3 mm 以内。如发生颠簸、碰撞或气温变化迅速,可再次校准。(8)测量时应尽量保证工作的连续性,轨检小车应由远及近靠近全站仪的方向进行测量。因为随着时间的增加,全站仪的设站精度在降低,而测距的精度随着距离的缩短在增加。如果选择由近及远,远离全站仪的方向进行测量,测距和设站的精度都降低,不利于测量结果的稳定。(9)测量时要实时关注偏差值,如果存在明显异常,需重复采集数据,覆盖之前采集的结果,如依然存在突变,要及时分析原因。(10)设站后要使用控制点检核全站仪设站,搬站前也要再次检核,以证实此次设站测量结果的可靠性。如测量条件不佳,测量期间可增加检核次数,减少测量作业误差。(11)如轨道粗调放样偏差较大,应避免对单点进行调整,并增加精调次数。

95. 简述GLC系列道岔辊轮调整方法。

答:辊轮的调试应在尖轨密贴状态进行,此时要求尖轨轨底与滑床台面接触。转辙器部位轨距、密贴、高低、方向等各项调整,均需对辊轮系统的各项指标进行核实或调整。辊轮分双辊轮系统和单辊轮系统两种,前端安装双辊轮系统,后端安装单辊轮系统。双辊轮系统采用“S”表示,单辊轮系统以“D”表示。

辊轮调试方法如下:(1)拆开防护罩的弯角,撤下防护罩。(2)松动定位螺钉,可使辊轮系统沿滑床垫板方向移动,调整辊轮位置。(3)通过扳手转动辊轮轴,可调节辊轮最高点与滑床台板上面的高度差。一般情况下,靠近尖轨轨底的辊轮(里侧辊轮)应高出滑床台板表面2~3 mm,外侧辊轮高出3~4 mm;里侧辊轮与尖轨轨底应留1 mm的间隔。注意:辊轮调整应有辊轮调整工具。调整过程中,应严格控制辊轮高出滑床台高度,不得超出标准范围。(4)预紧支架螺栓后,要重新测定辊轮高度和内侧辊轮与轨底间隔,确认后以70 N·m的扭矩紧定支架螺栓。(5)单辊轮系统的调整方式与双辊轮系统类似,与尖轨轨底的间隔同样为1~2 mm,单辊轮高度应高出滑床台面3~4 mm。(6)当轨底与滑床台面存有间隙时,应考虑此间隙对辊轮与尖轨轨底间隔的影响,总的原则是使尖轨受力达到与台板接触时,辊轮不与尖轨接触。

96. 客运专线钢轨伸缩调节器的基本轨、尖轨、铁垫板应符合哪些要求?

答:(1)基本轨宜采用在线淬火轨制造,当需离线淬火时,应符合规范规定。(2)基本轨应按设计位置安装伸缩标尺。(3)跟端成型段形式尺寸应符合设计要求。(4)跟端锻压及加工应符合规定要求。(5)尖轨宜采用在线淬火轨制造,当需离线淬火时,自5 mm断面后进行顶面淬火。(6)在尖轨长肢一侧轨腰处,按要求喷涂控制断面参数标识。(7)加工面应涂油脂。(8)铁垫板上轨底坡的斜度极限偏差为±1∶320,底面平面度为0.5 mm,尺寸极限偏差符合规定。(9)铁垫板上基本轨承轨面的平面度为0.2 mm,粗糙度为MRR Ra6.3。(10)台板与铁垫板总厚度极限偏差为±0.5 mm,与铁垫板上表面的平面度为0.3 mm;台板上表面平面度为0.2 mm,粗糙度为MRR Ra12.5。(11)图纸未标注时,铁垫板周边及螺栓孔周边按不小于1 mm×45°倒棱或R1~1.5 mm倒圆。(12)铁垫板上的焊缝不应有密集或连续气孔、夹渣、未熔合以及明显的咬边和弧坑;焊缝表面应连续、平整、均匀;铁垫板各表面不应有残余焊瘤、焊渣、飞边和毛刺。(13)铁垫板应进行防锈处理。

97. 高速铁路风速检测系统的设置原则有哪些?

答:(1)设计速度300 km/h及以上铁路沿线近20年极大风速值超过15 m/s的区段应设置风速风向监测点;设计速度250 km/h及以上铁路沿线近20年极大风速值超过20 m/s的区段应设置风速风向监测点;设计速度200 km/h铁路沿线近20年极大风速值超过25 m/s

的区段应设置风速风向监测点。(2)铁路沿线山区垭口、峡谷、河谷、桥梁及高路堤等区段宜设置风速风向监测点。(3)山区垭口、峡谷、河谷等区段风速风向监测点设置间距宜为 1～5 km;桥梁、高路堤等区段宜为 5～10 km。(4)风速风向计应按双套配置,并采用相同类型的设备。(5)风速风向计可安装于接触网支柱上等处。

98. 简述客专线(10)018 道岔转辙部分技术要求。

答:(1)转辙器采用 13 640 mm 长的 60D40 弹性可弯尖轨。尖轨尖端采用藏尖式。(2)基本轨用的 C 型防跳顶铁组装后,在顶紧状态时与尖轨轨肢上表面间隙为 3 mm,误差$^{+1}_{0}$ mm。(3)转辙器尖轨跟端为限位器结构,联结螺栓扭矩为 1 100 N·m。在保证扭矩的前提下,允许适当紧固,以便于螺栓、螺母防松机构安装到位。(4)尖轨设置两个牵引点。采用分动外锁闭方式。各牵引点设计动程分别为 160 mm、82 mm。各牵引点理论转换力分别为 1 250 N、3 950 N。(5)转辙器部分间隔设置带辊轮的滑床板和防跳限位装置,转辙器基本轨内侧采用弹性夹扣压。(6)滑床台表面应采用减磨涂层。(7)扣件采用分开式弹条Ⅱ型扣件,轨距块及缓冲调距块调整轨距。(8)钢轨轨下设置 5 mm 厚橡胶垫板。铁垫板均为整体硫化。(9)缓冲调距块安装时应使其平面朝下,三孔垫板中间孔不安装缓冲调距块。(10)支距扣板螺栓自上而下安装,在硫化垫板底部先旋转 90°,再安装垫圈、螺母。(11)可采用调高垫板在硫化垫板与岔枕之间调高,最大调高量为 10 mm,调高垫板正常铺设时,每块铁垫板下设置 1 块 4 mm 厚调高垫板。提供备用垫板。

99. 简述高速铁路有砟轨道道岔转辙器外锁闭和辙叉外锁闭装置安装要求。

答:(1)转辙器外锁闭装置安装:①锁闭杆连接后应平直,与绝缘垫板、夹板配合良好。②尖轨连接铁与尖轨轨腰间应预置 3 mm 调整片,当尖轨开口出现偏差时可进行增减,用以调整尖轨开口;销轴螺纹端应远离尖端铁位置。③锁闭框安装后,同一牵引点处左右侧两锁闭框方孔中心应同轴,极限偏差为±3 mm。④锁闭铁与锁闭框之间预置 5 mm 调整片,调整片可根据尖轨与基本轨的密贴增减,定位与反位调整片厚度与设计值极限偏差均为±3 mm。锁闭铁与锁闭框紧固后,锁闭铁内侧上顶面与锁闭框方孔面应接触。⑤外锁闭装置安装后,转换过程中,锁闭杆、锁钩动作应平稳,准确到位;转换到位后,密贴段尖轨与基本轨应密贴。(2)辙叉外锁闭装置安装:①锁闭框与翼轨连接后,锁闭框与翼轨的轨头和轨底侧面应贴靠,锁闭框与锁闭杆的接触面应水平。②安装时锁闭铁与锁闭框之间预置 8 mm 调整片,调整片可根据心轨与翼轨的密贴情况增减,定位与反位调整片厚度与设计值极限偏差均为±3 mm。锁闭铁与锁闭框紧固后,锁闭铁内侧上顶面与锁闭框方孔面应接触。③外锁闭装置安装后,转换过程中,锁闭杆、锁钩动作应平稳,准确到位;转换到位后,密贴段心轨与翼轨应密贴。

100. 简述高速铁路雪深监测子系统的设置原则和构成及安装。

答:

设置原则:(1)铁路沿线近 20 年最大积雪深度 3 cm 及以上的区段应设置雪深监测点。在我国 0 度等温线(秦岭—淮河)以北地区,雪深监测点平原区域设置间距宜为 30 km,山区宜为 20 km。(2)雪深监测点宜均匀布设,曲线路堑地段、线路方向与当地冬季主导风向交叉角度较大的低填方地段、挖方地段、隧道口等处易产生风积雪处可适当增设。(3)雪深计宜单台配置。(4)雪深计可安装于接触网支柱上,实现对轨道板、轨枕等积雪深度的监测。

雪深监测仪的构成及安装:(1)每处雪深监测点包括 1 台雪深计、1 个现场接线箱(含传输接口设备、电源及防雷设备)。(2)雪深计安装于接触网杆上。(3)现场接线箱安装于接触网杆上,距接触网杆法兰盘 1.2 m 处。(4)深路堑、隧道口等易产生积雪的处所,雪深计安装于深路堑、隧道口平整区域,采用单独立杆方式安装。每处雪深监测点设置 1 台雪深计。

S1 有砟道岔岔后附带曲线整正

一、考场准备

道岔后的附带曲线 1 条(线间距小于 5.2 m,曲线长 30～35 m);夜间考场内要有充足的照明。

二、材料工具准备

1. 材料准备:书写笔、纸和石笔或粉笔,道岔附带曲线支距表。根据所准备设备适当配备各种联结零件。

2. 工、量、刃、卡具准备。

序 号	名 称	规 格	精 度	数 量	备 注
1	电子道尺	0 级/1 级	±0.25 mm	1 把	需贴加反光标记
2	起拨道机			2 台	需贴加反光标记
3	测量正矢工具			1 套	需贴加反光标记
4	轨温计			1 个	需贴加反光标记
5	钢卷尺	50 m		1 把	需贴加反光标记
6	扒镐、叉子			根据需要	需贴加反光标记

三、考核要求

1. 考生按要求穿戴、配备劳动保护用品,夜间戴照明头灯。

2. 材料、工器具准备合理。

3. 调查划撬准确无漏项。

4. 线路拨道符合拨道单项作业标准。

5. 作业后应符合《高速铁路线路维修规则》规定。

6. 计时从考生得到允许作业的命令之时开始,到考生汇报作业完毕之时结束。

7. 规定时间内全部完成,不加分。每超时 1 min,从总分中扣 2 分,总超时 5 min 停止作业。

8. 作业完毕,按规定清理现场。

四、考核评分

1. 考评人员 3 名及以上。

2. 评分程序及规则:考评员根据考生操作情况对照计分标准在评分表上给予记录评分。

3. 评分方法:采用百分制,满分 100 分,60 分及以上为及格。

五、铁道行业职业技能认定高速铁路线路工技师实作技能考核评分记录表

单位:________ 姓名:________ 性别:________ 准考证号:________ 工种:________ 级别:________

试题名称:有砟道岔岔后附带曲线整正

考核时间:100 min

操作开始时间:　　时　　分　　　　　　　　　　操作结束时间:　　时　　分

序号	考核内容	考核要点	配分	评分标准	扣分	得分
1	作业工具及使用	(1)根据需要一次带够所有工具、材料。 (2)正确使用各种工具	10	(1)工具、材料不全,少一件扣5分。 (2)使用方法不当或工具损坏,扣5分		
2	作业程序	(1)作业准备: ①清点工具、材料。 ②校对量具:对道尺进行检查核对。 ③在天窗点内作业按规定设置现场防护,方可上道作业。 (2)拨正岔后主线方向。 (3)拨正或改正曲线头尾方向。 (4)调查附带曲线轨缝、线间距、曲线半径。 (5)计算附带曲线拨正量。 (6)在线路上定出曲线起终点位置和支距点及支距、拨道量。 (7)拨正附带曲线。 (8)撤除防护:作业完毕,清点人员,工、机、量具,材料并撤出限界以后,撤除防护	40	(1)作业准备: ①未清点或工、机、量具,材料不全,少一件扣5分。 ②未检查有效期扣5分,未现场校准扣5分。 ③未在天窗点内作业或未按规定设置现场防护,扣41分。 (2)需拨未拨方向扣5分。 (3)需拨未拨方向扣5分。 (4)未调查或缺一项扣5分。 (5)计算不正确或缺一项扣5分。 (6)未定出各点位置,每点扣5分。 (7)作业不规范扣10分。 (8)人员,工、机、量具,材料遗留现场扣41分,未清点扣5分,未按规定撤除防护扣5分		
3	作业质量	(1)岔后主线方向不超限。 (2)曲线头尾方向不超限。 (3)调查附带曲线轨缝、线间距、曲线半径。 (4)计算附带曲线拨正量。 (5)在线路上定出曲线起终点位置和支距点及支距、拨道量。 (6)拨正附带曲线,正矢及轨距、高低、水平符合作业验收标准	40	(1)超限扣5分。 (2)超限扣5分。 (3)未调查或缺一项扣5分。 (4)计算不正确或缺一项扣5分。 (5)未定出各点位置或偏5 mm以上,每点扣5分。 (6)几何尺寸超限,每点扣2分		
4	作业安全	(1)损坏工具、量具等。 (2)人身安全。 (3)工、机、量具均贴加反光标记	10	(1)若有工(量)具损坏,每次扣5分。 (2)作业中发生滑倒、碰手碰脚等扣10分。 (3)未贴加反光标记,每件扣5分		

续上表

序号	考核内容	考核要点	配分	评分标准	扣分	得分
5	作业时间	在规定的时间内完成作业内容		规定时间内全部完成，不加分。每超时 1 min，从总分中扣 2 分，总超时 5 min 停止作业		
合计			100			

考评员签字：　　　　　　认定人签字：　　　　　　年　　月　　日

S2　道岔辊轮调整作业

一、考场准备

待整治道岔辊轮病害 1 处；夜间考场内要有充足的照明。

二、材料工具准备

1. 材料准备：石笔、记录笔各 1 支，记录纸 1 张。
2. 工、量、刃、卡具准备。

序　　号	名　　称	规　　格	精　　度	数　　量	备　　注
1	塞尺			1 把	需贴加反光标记
2	扭矩扳手			1 把	需贴加反光标记
3	环形开口扳手	17 mm		1 把	需贴加反光标记
4	小锤子			1 把	需贴加反光标记

三、考核要求

1. 考生按要求穿戴、配备劳动保护用品，夜间戴照明头灯。
2. 材料、工器具准备合理。
3. 道岔辊轮调整作业流程规范。
4. 作业后应符合《高速铁路线路维修规则》规定。
5. 计时从考生得到允许作业的命令之时开始，到考生汇报作业完毕之时结束。
6. 规定时间内全部完成，不加分。每超时 1 min，从总分中扣 2 分，总超时 5 min 停止作业。
7. 作业完毕，按规定清理现场。

四、考核评分

1. 考评人员 3 名及以上。
2. 评分程序及规则：考评员根据考生操作情况对照计分标准在评分表上给予记录评分。
3. 评分方法：采用百分制，满分 100 分，60 分及以上为及格。

五、铁道行业职业技能认定高速铁路线路工技师实作技能考核评分记录表

单位:________ 姓名:________ 性别:________ 准考证号:________ 工种:________ 级别:________

试题名称:道岔辊轮调整作业

考核时间:50 min

操作开始时间:　　时　　分　　　　　　　　操作结束时间:　　时　　分

序号	考核内容	考核要点	配分	评分标准	扣分	得分
1	作业工具及使用	(1)根据需要一次带够所有工具、材料。 (2)正确使用各种工具	10	(1)工具、材料不全,少一件扣5分。 (2)使用方法不当或工具损坏,扣5分		
2	作业程序	(1)作业准备: ①清点工具、材料数量。 ②确认工具使用状态。 ③在天窗点内作业按规定设置现场防护,方可上道作业。 ④确认作业条件,通知电务配合人员到位。 (2)辊轮调整: ①通知电务抄动道岔,使辊轮调试在尖轨密贴状态进行,尖轨轨底与滑床台面接触。 ②松动辊轮支架上的定位螺栓,使辊轮系统垂直于钢轨方向移动,插入1 mm塞尺控制内侧辊轮和尖轨间隙,用锤子敲回辊轮架使塞尺夹在内侧辊轮和尖轨间,控制并给塞尺适当的夹持力,以调整辊轮的正确横向位置。 ③通过扳手转动辊轮调整轴,调节辊轮最高点与滑床台表面的高度,并用1 mm厚的塞尺检测内侧辊轮与尖轨轨底的间隔。 ④预紧支架螺栓后,重新测定辊轮与滑床台的高差及内侧辊轮与轨底的间距,应严格控制辊轮高出滑床台的高度,不得超出标准范围。 ⑤确认后,使用扭矩扳手紧固辊轮架的两个螺栓,听到扳手两声到达规定扭矩的提示声后(满足70 N·m),取出塞尺,即完成调整。 (3)作业回检:通知电务将道岔抄动一个来回,复检辊轮与滑床台的高差及内侧辊轮与轨底的间距。 (4)清理现场。 (5)撤除防护:作业完毕,确认线路达到放行列车条件,清点人员、工机具、材料并撤出限界以后,撤除防护	40	(1)作业准备: ①未清点或工、机、量具,材料不全,少一件扣5分。 ②未确认工具使用状态扣5分。 ③未在天窗点内作业或未按规定设置现场防护,扣41分。 ④未确认作业条件或未通知电务人员配合扣5分。 (2)辊轮调整: ①辊轮调试不在尖轨密贴状态下进行扣10分。 ②方法不正确每项扣5分。 ③方法不正确每项扣5分。 ④方法不正确每项扣5分。 ⑤扭矩不达标每项扣5分。 (3)未进行作业回检扣10分。 (4)未清理扣5分。 (5)未确认线路达到放行列车条件,放行列车扣41分,人员,工、机、量具,材料遗留现场扣41分,未清点扣5分,未按规定撤除防护扣5分		
3	作业质量	(1)双辊轮:内侧辊轮与岔轨间的空隙是1 mm,内侧辊轮的高度是2 mm,外侧辊轮的高度是3 mm。 (2)单辊轮:辊轮与岔轨间的空隙是1 mm,辊轮的高度是3 mm	40	(1)内侧辊轮与岔轨间的空隙超限扣5分,辊轮高度超限扣5分。 (2)辊轮与岔轨间的空隙超限扣5分,辊轮高度超限扣5分		

续上表

序号	考核内容	考核要点	配分	评分标准	扣分	得分
4	作业安全	(1)损坏工具、量具等。 (2)人身安全。 (3)工、机、量具均贴加反光标记	10	(1)若有工(量)具损坏,每次扣5分。 (2)作业中发生滑倒、碰手碰脚等扣10分。 (3)未贴加反光标记,每件扣5分		
5	作业时间	在规定的时间内完成作业内容		规定时间内全部完成,不加分。每超时1 min,从总分中扣2分,总超时5 min停止作业		
合计			100			

考评员签字： 认定人签字： 年 月 日

S3 钢轨轨面打磨作业

一、考场准备

待打磨钢轨 10 m;夜间考场内要有充足的照明。

二、材料工具准备

1. 材料准备:石笔、记号笔、记录笔各1支,砂轮片2片,记录纸1张。
2. 工、量、刃、卡具准备。

序 号	名 称	规 格	精 度	数 量	备 注
1	电子道尺	0级/1级	±0.25 mm	1把	需贴加反光标记
2	游标卡尺			1把	需贴加反光标记
3	塞尺			1把	需贴加反光标记
4	电子平直尺	1 m		1把	需贴加反光标记
5	角向砂轮机			1台	需贴加反光标记
6	发电机			1台	需贴加反光标记
7	道岔打磨机			1台	需贴加反光标记
8	口罩			4只	需贴加反光标记
9	手套			4副	需贴加反光标记
10	护目镜			1副	需贴加反光标记

三、考核要求

1. 考生按要求穿戴、配备劳动保护用品,夜间戴照明头灯。
2. 材料、工器具准备合理。
3. 钢轨轨面打磨作业流程规范。

4. 作业后应符合《高速铁路线路维修规则》规定。

5. 计时从考生得到允许作业的命令之时开始,到考生汇报作业完毕之时结束。

6. 规定时间内全部完成,不加分。每超时 1 min,从总分中扣 2 分,总超时 5 min 停止作业。

7. 作业完毕,按规定清理现场。

四、考核评分

1. 考评人员 3 名及以上。

2. 评分程序及规则:考评员根据考生操作情况对照计分标准在评分表上给予记录评分。

3. 评分方法:采用百分制,满分 100 分,60 分及以上为及格。

五、铁道行业职业技能认定高速铁路线路工技师实作技能考核评分记录表

单位:________ 姓名:________ 性别:________ 准考证号:________ 工种:________ 级别:________

试题名称:钢轨轨面打磨作业

考核时间:35 min

操作开始时间: 时 分 操作结束时间: 时 分

序号	考核内容	考核要点	配分	评分标准	扣分	得分
1	作业工具及使用	(1)根据需要一次带够所有工具、材料。 (2)正确使用各种工具	10	(1)工具、材料不全,少一件扣 5 分。 (2)使用方法不当或工具损坏,扣 5 分		
2	作业程序	(1)作业准备: ①清点工具、材料数量。 ②确认工具使用状态。 ③在天窗点内作业按规定设置现场防护,方可上道作业。 (2)调查划撬:对超过整治限度需要打磨的处所,将打磨位置和深度标记在钢轨头部外侧。 (3)打磨准备:戴好口罩、手套、护目镜将打磨机抬上线路,启动发动机打磨。 (4)打磨轨面: ①逐步调整进给量试打磨,进给量调好后推拉打磨机在轨面上平稳的前后往返运动进行轨面打磨。 ②按钢轨顶面外侧、中部、内侧、内外侧倒角仿形步骤进行打磨,另一人分三次用电子平直尺和塞尺检查掌握打磨进度。 ③打磨机倾斜角度应与轨底坡相一致,使砂轮作用面与轨头顶面相吻合,保持轨底坡不变。 ④打磨时接触要轻,走行要稳,返回要快,用力要均匀,不可在同一段停留时间过长而造成钢轨局部淬火或伤损。 (5)仿形打磨:肥边和轨面打磨完成后,将砂轮片在 15°~45°之间变换角度,对钢轨侧面与顶面形成的顶角呈弧线形仿形打磨。	40	(1)作业准备: ①未清点或工、机、量具,材料不全,少一件扣 5 分。 ②未确认工具使用状态扣 5 分。 ③未在天窗点内作业或未按规定设置现场防护,扣 41 分。 (2)调查划撬:未标注打磨位置和深度扣 5 分。 (3)准备不充分,每项扣 3 分。 (4)打磨轨面: ①方法不正确,每项扣 5 分 ②方法不正确,每项扣 5 分。 ③方法不正确,每项扣 5 分。 ④方法不正确,每项扣 5 分,造成钢轨局部淬火或伤损扣 15 分。 (5)方法不正确,每项扣 5 分。		

续上表

序号	考核内容	考核要点	配分	评分标准	扣分	得分
2	作业程序	(6)找细打磨：用电子平直尺测量钢轨顶面不平顺度，目测轨头两顶角，进行精细打磨，使轨面光滑平顺，轨头形状与原形相仿。 (7)质量回检。 (8)清理现场。 (9)撤除防护：作业完毕，确认线路达到放行列车条件，清点人员、工机具、材料并撤出限界以后，撤除防护	40	(6)方法不正确，每项扣5分。 (7)未进行作业回检，扣10分。 (8)未清理现场，扣5分。 (9)未确认线路达到放行列车条件，放行列车扣41分；人员，工、机、量具，材料遗留现场，扣41分；未清点，扣5分；未按规定撤除防护，扣5分		
3	作业质量	(1)电子平直尺测量钢轨矢度，钢轨顶面凸出+0.2～0 mm，钢轨内侧工作边凹进+0.2～0 mm。 (2)轨面平整光滑，无明显凹凸。 (3)轨头打磨范围内不得出现蓝色、黑色氧化层。 (4)轨头仿形与两端轨形一致，轨底坡符合1∶40。 (5)将作业后的回检数据标注于轨枕面上，并做好记名修标记	40	(1)钢轨矢度超限，每处扣5分。 (2)轨面不平整光滑，有明显凹凸扣10分。 (3)出现蓝色、黑色氧化层扣10分。 (4)轨头仿形与两端轨形不一致，扣15分，轨底坡不一致扣5分。 (5)未标注或未做好记名修标记扣5分		
4	作业安全	(1)损坏工具、量具等。 (2)人身安全。 (3)工、机、量具均贴加反光标记	10	(1)若有工(量)具损坏，每次扣5分。 (2)作业中发生滑倒、碰手碰脚等扣10分。 (3)未贴加反光标记，每件扣5分		
5	作业时间	在规定的时间内完成作业内容		规定时间内全部完成，不加分。每超时1 min，从总分中扣2分，总超时5 min停止作业		
合计			100			

考评员签字：　　　　　　认定人签字：　　　　　　年　　月　　日

S4　有砟轨道无缝道岔起道作业

一、考场准备

需要起道作业的有砟轨道无缝道岔1组。

二、材料工具准备

1. 材料准备：油漆、石笔若干，毛笔、书写笔各1支。
2. 工、量、刃、卡具准备。

序号	名称	规格	精度	数量	备注
1	电子道尺	0 级/1 级	±0.25 mm	1 把	需贴加反光标记
2	轨温计			1 个	需贴加反光标记
3	弦线	20 m		1 盒	需贴加反光标记
4	钢板尺	150 mm		1 把	需贴加反光标记
5	内燃扳手			1 台	需贴加反光标记
6	扭矩扳手			1 把	需贴加反光标记
7	起拨道器			2 台	需贴加反光标记
8	石砟叉			1 把	需贴加反光标记
9	线路检查记录本			1 本	需贴加反光标记

三、考核要求

1. 考生按要求穿戴、配备劳动保护用品,夜间戴照明头灯。
2. 材料、工器具准备合理。
3. 调查划撬准确无遗漏。
4. 起道作业符合各项规定。
5. 复查,确保各检查项目符合《高速铁路线路维修规则》规定。
6. 计时从考生得到允许作业的命令之时开始,到考生汇报作业完毕之时结束。
7. 规定时间内全部完成,不加分。每超时 1 min,从总分中扣 2 分,总超时 5 min 停止作业。
8. 作业完毕,按规定清理现场。

四、考核评分

1. 考评人员 3 名及以上。
2. 评分程序及规则:考评员根据考生操作情况对照计分标准在评分表上给予记录评分。
3. 评分方法:采用百分制,满分 100 分,60 分及以上为及格。

五、铁道行业职业技能认定高速铁路线路工技师实作技能考核评分记录表

单位:________ 姓名:________ 性别:________ 准考证号:________ 工种:________ 级别:________

试题名称:有砟轨道无缝道岔起道作业

考核时间:60 min

操作开始时间:　　时　　分　　　　操作结束时间:　　时　　分

序号	考核内容	考核要点	配分	评分标准	扣分	得分
1	作业工具及使用	(1)根据需要一次带够所有工具、材料。 (2)正确使用各种工具,工具无损坏	10	(1)材料、工具不全,少一件扣 5 分。 (2)工具使用不当或损坏扣 5 分		

续上表

序号	考核内容	考核要点	配分	评分标准	扣分	得分
2	作业程序	(1)作业准备： ①校对量具，清点工机具、材料，确定工机具使用状态，按规定设置防护，布置照明，测量轨温，核对作业条件。 ②起道量超出规定值时，提前通知电务、供电部门配合。 (2)调查划撬，复核起道作业方案数据： ①确定标准股：正线道岔以连接正线标准股的一侧作为标准股，站线道岔以直外轨作为标准股。 ②按照线路与道岔、道岔与道岔衔接顺畅的原则，对照道岔不同速度等级，高低的静态几何尺寸容许偏差“经常保养”管理值，俯身于钢轨上看轨头下颚纵向水平延长线上的凹凸，指挥点撬人前后移动，确定钢轨高低、长度、起道量，复核起道作业方案数据，确定起拨道器安放位置。 (3)松开扣件，拆除调高垫板：对捣固处所钢轨与橡胶垫之间的调高垫板全部拆除，并记录每处拆除调高垫板厚度，发现与起道作业方案一致的地方及时修正起道量。 (4)补充和整修缺少及失效的大胶垫、扣件、立柱螺栓，处理空吊离缝等。 (5)起道： ①尖轨部分：起拨道器放在基本轨外侧。 ②连接部分：起拨道器放在导曲线上股钢轨内侧或外侧。 ③起平标准股：当起拨道器处轨头下颚与两端水平延长线起到同一水平面时，停止起道。 ④对水平：以标准股的高程为基点高度，道尺贴近起拨道器放置于轨面上，对好对面股水平。 ⑤辙叉部分：辙叉前部起拨道器放在直下股钢轨外侧，辙叉后部起拨道器放在曲上股钢轨内侧，或在叉心两对角线放置起拨道器，两台起拨道器要同起同落。起道负责人根据起道方案俯身在与叉心连接的钢轨上，应在距起拨道器不少于 20 m处，采用看道与道尺查看直、曲两股水平相结合的方法起平叉心。 ⑥可动心轨辙叉部分：起拨道器放置在可动心轨辙叉两边对应的直外股和曲下股，起道负责人俯身在与可动心轨辙叉连接的钢轨上，采用看道与道尺查看直、曲两股水平相结合的方法起平可动心轨辙叉。 ⑦起拨道器放置避开铝热焊缝和绝缘接头处。 (6)打撬塞： ①转辙部分、护轨部分在起拨道器两侧轨枕处打撬塞。 ②连接部分在起拨道器两侧对应的直外股轨枕处打撬塞。 ③辙叉部分在起拨道器两侧对应的心轨轨枕处打撬塞。 ④撬塞处道砟串满打实。 (7)捣固、整理道床。 (8)质量回检：打完撬塞起拨道器回落后，立即复查起道高度是否符合要求，不符合要求应进行返撬。 (9)撤除防护：确认线路达到放行列车条件，人员、机具撤出限界以外后，撤除防护	40	作业程序每漏一项或错一项扣 5 分		

续上表

序号	考核内容	考核要点	配分	评分标准	扣分	得分
3	作业质量	(1)作业后几何尺寸未超过《高速铁路线路维修规则》道岔静态几何尺寸容许偏差管理值作业验收标准。 (2)导曲线下股高于上股的限值为 0 mm。 (3)道岔转辙部分、连接部分和辙叉前后高低应平顺良好。 (4)线路与道岔、道岔与道岔之间互相衔接平顺。 (5)起道与非起道的连接地段,允许速度为 200 km/h<v_{max}≤350 km/h 的线路其顺坡率不应大于 0.5‰	40	(1)超作业验收值一处扣 4 分,超保养值扣 10 分。 (2)反超高扣 20 分。 (3)道岔各部分前后高低不平顺扣 5 分。 (4)衔接不平顺扣 5 分。 (5)顺坡率大于规定值一处扣 5 分		
4	作业安全	(1)损坏工具、量具等。 (2)人身安全。 (3)工、机、量具均贴加反光标记	10	(1)若有工(量)具损坏,每次扣 5 分。 (2)作业中发生滑倒、碰手碰脚等扣 10 分。 (3)未贴加反光标记,每件扣 5 分		
5	作业时间	在规定的时间内完成作业内容		规定时间内全部完成,不加分。每超时 1 min,从总分中扣 2 分,总超时 5 min 停止作业		
合计			100			

考评员签字:　　　　认定人签字:　　　　年　月　日

S5　曲线线路检查及病害分析

一、考场准备

带缓和曲线的线路 200 m 以上;夜间考场内要有充足的照明。

二、材料工具准备

1. 材料准备:书写笔、计算纸,石笔或粉笔。
2. 工、量、刃、卡具准备。

序　号	名　称	规　格	精　度	数　量	备　注
1	道尺			1 把	也可使用万能道尺 1 把或超高板 1 块
2	木折尺			1 把	
3	测量正矢工具			1 套	
4	检查记录本			2 本	线路、曲线正矢各 1 本
5	计算器			1 部	

三、考核要求

1. 考生按要求穿戴、配备劳动保护用品,夜间戴照明头灯。
2. 材料、工器具准备合理。
3. 正确熟练的进行曲线线路几何尺寸检查,并清楚地记录数据。
4. 圈画病害准确全面无遗漏,并提出合理的整修方案。
5. 计时从考生得到允许作业的命令之时开始,到考生汇报作业完毕之时结束。
6. 规定时间内全部完成,不加分。每超时 1 min,从总分中扣 2 分,总超时 5 min 停止作业。
7. 作业完毕,按规定清理现场。

四、考核评分

1. 考评人员 3 名及以上。
2. 评分程序及规则:考评员根据考生操作情况对照计分标准在评分表上给予记录评分。
3. 评分方法:采用百分制,满分 100 分,60 分及以上为及格。

五、铁道行业职业技能认定高速铁路线路工技师实作技能考核评分记录表

单位:________ 姓名:________ 性别:________ 准考证号:________ 工种:________ 级别:________

试题名称:曲线线路检查及病害分析

考核时间:60 min

操作开始时间: 时 分 操作结束时间: 时 分

序号	考核内容	考核要点	配分	评分标准	扣分	得分
1	作业程序	(1)上道前的准备工作。 (2)检查线路几何尺寸。 (3)曲线要素标记。 (4)圈划超限病害。 (5)整理工具材料,摆好放齐。 (6)超限病害整修内容及整修方法(文字描述)。 (7)质量回检(文字描述)	40	(1)准备不足,扣 5 分。 (2)检查方法不正确,一处扣 5 分。 (3)曲线要素未标记,一处扣 2 分。 (4)圈划错误,一处扣 5 分。 (5)未整理工具材料,扣 2 分。 (6)病害整修内容及方法,未写或不正确一处扣 5 分,不全一处扣 2 分。 (7)质量回检要求,未写或不正确一项扣 5 分		
2	作业质量	(1)轨距、水平、高低、轨向、正矢测量准确。 (2)超限病害整修方法。 (3)检查记录	40	(1)几何尺寸记录差值,按标准每超 1 mm 扣 1 分。 (2)整修方法错误,一处扣 5 分。 (3)检查记录每错、漏一处扣 5 分,涂改一处扣 5 分		

续上表

序号	考核内容	考核要点	配分	评分标准	扣分	得分
3	作业安全	(1)穿戴好规定的劳保用品。 (2)作业中安全使用工具。 (3)不得损坏作业工具。 (4)无不安全因素。 (5)作业防护	20	(1)未穿戴好劳保用品扣5分。 (2)未安全使用工具扣5分。 (3)损坏作业工具扣5分。 (4)存在不安全因素扣5分。 (5)防护不当扣10分		
4	作业时间	在规定的时间内完成作业内容		规定时间内全部完全,不加分。每超时1 min,从总分中扣2分,总超时5 min停止作业		
合计			100			

考评员签字: 认定人签字: 年 月 日

S6 全站仪组合校准

一、考场准备

长度大于100 m平坦开阔、视线无遮挡的地方。

二、材料工具准备

1. 材料准备:记录笔1支,记录纸2张。
2. 工、量、刃、卡具准备。

序 号	名 称	规 格	精 度	数 量	备 注
1	全站仪	TPS1200	1″	1台	
2	全站仪电池			1块	
3	圆棱镜			1个	

三、考核要求

1. 考生按要求穿戴、配备劳动保护用品,夜间戴照明头灯。
2. 材料、工器具准备合理。
3. 全站仪组合校准作业流程规范。
4. 计时从考生得到允许作业的命令之时开始,到考生汇报作业完毕之时结束。
5. 规定时间内全部完成,不加分。每超时1 min,从总分中扣2分,总超时5 min停止作业。
6. 作业完毕,按规定清理现场。

四、考核评分

1. 考评人员 3 名及以上。
2. 评分程序及规则：考评员根据考生操作情况对照计分标准在评分表上给予记录评分。
3. 评分方法：采用百分制，满分 100 分，60 分及以上为及格。

五、铁道行业职业技能认定高速铁路线路工技师实作技能考核评分记录表

单位：________　姓名：________　性别：________　准考证号：________　工种：________　级别：________

试题名称：全站仪组合校准

考核时间：35 min

操作开始时间：　　时　　分　　　　　　　　操作结束时间：　　时　　分

序号	考核内容	考核要点	配分	评分标准	扣分	得分
1	作业工具及使用	(1)根据需要一次带够所有工具、材料。 (2)正确使用各种工具	10	(1)工具、材料不全，少一件扣 5 分。 (2)使用方法不当或工具损坏，扣 5 分		
2	作业程序	(1)作业准备： ①清点工具、材料。 ②确认工具使用状态。 ③确认作业条件良好。 (2)架设全站仪：将全站仪精确整平后，照准部旋转 180°后，查看气泡居中情况。 (3)安置棱镜：棱镜安设牢固，距离全站仪 90～110 m。 (4)检查全站仪水平角和竖角偏差；打开全站仪，正倒镜检查全站仪水平角和竖角偏差超过 3″，进行组合校准。 (5)组合校准： ①在主界面点击 6-工具菜单。 ②进入界面后按 7-检查与校准。 ③点击 1 进行组合校准。 ④使 ATR 校准处于打开状态，然后瞄准棱镜目标。 ⑤利用人眼精确对准棱镜内的十字丝，然后点击测量，仪器转变方向后再精确瞄准十字丝，点击测量。按此测量四个测回。 ⑥最后点击继续查看得到各个选项的新值校准结果。 (6)复核组合校准结果：校准完后进入测量模式，利用正倒镜测量的方法进行测量。 (7)清理现场	40	(1)作业准备： ①未清点或工、机、量具，材料不全，少一件扣 5 分。 ②未确认工具使用状态扣 5 分。 ③未确认作业条件扣 5 分。 (2)未精平或未查看气泡扣 10 分。 (3)安设不牢固，距离不足扣 5 分。 (4)未检查扣 5 分。 (5)校准程序不正确每项扣 5 分。 (6)未复核结果扣 10 分。 (7)未清理现场扣 5 分		
3	作业质量	(1)作业条件视线良好，无雨、雪、大雾天气。 (2)全站仪设站精确整平，气泡满足 $L<0.0010$，$T<0.0010$。 (3)全站仪校准后 δ 值在 1″以内。 (4)利用正倒镜测量的方法进行测量，水平角、竖直角在找准 90～110 m 目标的时候保证角度偏差在 3″以内，高程偏差在 1 mm 以内	40	(1)作业条件不符扣 10 分。 (2)气泡不满足规定值要求扣 10 分。 (3)δ 值大于 1″，扣 10 分。 (4)水平角、竖直角在找准 90～110 m 目标的时候角度偏差大于 3″，高程偏差大于 1 mm 各扣 10 分		

续上表

序号	考核内容	考核要点	配分	评分标准	扣分	得分
4	作业安全	(1)损坏工具、量具等。 (2)人身安全	10	(1)若有工(量)具损坏,每次扣5分。 (2)作业中发生滑倒、碰手碰脚等扣10分		
5	作业时间	在规定的时间内完成作业内容		规定时间内全部完成,不加分。每超时 1 min,从总分中扣 2 分,总超时 5 min 停止作业		
合计			100			

考评员签字:　　　　认定人签字:　　　　年　月　日

S7　无缝线路应力放散

一、考场准备

需放散的 1 km 无缝线路。撞轨器及夹具、钢轨拉伸器,电动扳手等;夜间考场内要有充足的照明。

二、材料工具准备

1. 材料准备:书写笔、计算纸,石笔或粉笔。
2. 工、量、刃、卡具准备。

序　号	名　称	规　格	精　度	数　量	备　注
1	几何尺寸测量工具			1套	
2	钢卷尺	50 m		1把	
3	轨缝尺			1把	
4	轨温计			2个	
5	撬棍			根据需要	
6	扭矩扳手及套管			根据需要	
7	T形扳手			根据需要	
8	滚筒			根据需要	

三、考核要求

1. 考生按要求穿戴、配备劳动保护用品,夜间戴照明头灯。
2. 材料、工器具准备合理。
3. 准确计算放散量与锯轨量。
4. 作业中人员安排合理,各项作业符合单项作业标准。

5. 作业完毕应符合《高速铁路线路维修规则》规定。

6. 计时从考生得到允许作业的命令之时开始，到考生汇报作业完毕之时结束。

7. 规定时间内全部完成，不加分。每超时 1 min，从总分中扣 2 分，总超时 5 min 停止作业。

8. 作业完毕，按规定清理现场。

四、考核评分

1. 考评人员 3 名及以上。

2. 评分程序及规则：考评员根据考生操作情况对照计分标准在评分表上给予记录评分。

3. 评分方法：采用百分制，满分 100 分，60 分及以上为及格。

五、铁道行业职业技能认定高速铁路线路工技师实作技能考核评分记录表

单位：________ 姓名：________ 性别：________ 准考证号：________ 工种：________ 级别：________

试题名称：无缝线路应力放散

考核时间：60 min

操作开始时间： 时 分　　　　操作结束时间： 时 分

序号	考核内容	考核要点	配分	评分标准	扣分	得分
1	操作程序	(1)现场调查：查看无缝线路资料，测量轨温；调查原轨缝大小，短轨长度，桥头、道口、曲线及铝热焊接头的位置等有关情况。 (2)计算放散量与锯轨量(确定换轨长度)，计算放散量时应扣除锁定端长度。 (3)设立放散临时观测标记，编号并标出放散量、钢轨串动方向。 (4)人员分工合理，备齐料具，清除障碍物。 (5)基本作业。 (6)整理作业	40	(1)现场调查：未调查清楚，缺一项扣 5 分。 (2)计算错误，每项扣 5 分。 (3)未标及标错，每项扣 5 分。 (4)不合理每项扣 2 分。 (5)每缺、漏一项扣 2 分。 (6)每缺、漏一项扣 2 分		
2	作业质量	(1)放散、各单项作业、扣件、接头扭矩均符合《高速铁路线路维修规则》规定。 (2)计算放散量与锯轨量正确。 (3)放散后，整理现场彻底，达到放行列车条件	40	(1)不符合规定，每项扣 5 分。 (2)放散量与锯轨量计算不正确，每项扣 5 分。 (3)整理不彻底，扣 5 分；达不到放行列车条件，质量为 0 分		
3	工量具使用与维护	(1)主要料具备齐。 (2)工量具使用方法正确。 (3)不磕碰工量具。 (4)工量具摆放整齐	10	(1)料具不足，每件扣 5 分。 (2)工量具使用不正确，扣 5 分。 (3)磕碰工量具，扣 5 分。 (4)工量具摆放不整齐，扣 2 分		

续上表

序号	考核内容	考核要点	配分	评分标准	扣分	得分
4	安全及其他	(1)调查时来车及时下道。 (2)安全防护设置、放行列车条件正确	10	(1)下道不及时,一次扣5分。 (2)放行列车条件叙述有误扣5分		
5	作业时间	在规定的时间内完成作业内容		规定时间内全部完成,不加分。每超时1 min,从总分中扣2分,总超时5 min停止作业		
合计			100			

考评员签字:　　　　　　认定人签字:　　　　　　年　月　日

S8　线路复合病害检测分析

一、考场准备

教室;现场检测需要在天窗时间内进行,夜间考场要有充足的照明。

二、材料工具准备

序　号	名　称	规　格	精　度	数　量	备　注
1	电子道尺	0级	±0.25 mm	1把	需贴加反光标记
2	钢板尺			1把	需贴加反光标记
3	塞尺			1把	需贴加反光标记
4	电子平直尺	1 m		1把	需贴加反光标记
5	心轨降低值尺			1把	需贴加反光标记
6	方尺			1把	需贴加反光标记
7	石笔			1支	需贴加反光标记
8	20 m弦绳/崩线器			1盒	需贴加反光标记

三、考核要求

1. 考生按要求穿戴、配备劳动保护用品,夜间戴照明头灯。
2. 材料、工器具准备合理。
3. 正确熟练的分析动态检测数据,并在图纸上准确标出病害处所并现场精确查找。
4. 单人进行数据分析,现场复核。必要时需要有2人配合。
5. 计时从考生得到允许作业的命令之时开始,到考生汇报作业完毕之时结束。
6. 规定时间内全部完成,不加分。每超时1 min,从总分中扣2分,总超时5 min停止作业。
7. 作业完毕按规定整理现场。

四、考核评分

1. 考评人员 3 名及以上。
2. 评分程序及规则:考评员根据考生操作情况对照计分标准在评分表上给予记录评分。
3. 评分方法:采用百分制,满分 100 分,60 分及以上为及格。

五、铁道行业职业技能认定高速铁路线路工技师实作技能考核评分记录表

单位:________ 姓名:________ 性别:________ 准考证号:________ 工种:________ 级别:________

试题名称:线路复合病害检测分析

考核时间:90 min

操作开始时间: 时 分 操作结束时间: 时 分

序号	考核内容	考核要点	配分	评分标准	扣分	得分
1	在图纸上标出病害处所	病害处所无错漏	10	病害处所漏一处扣 5 分		
2	写出每处病害的位置、峰值、长度	病害的位置、峰值、长度与实际相符	25	病害的位置、峰值、长度每错一项扣 2 分		
3	现场复核病害处所、峰值	现场病害与图纸对应	20	(1)复合数据误差与标准数据比较,每超过 1 mm 扣 2 分。 (2)病害处所位置不对扣 5 分		
4	依据规章要求写出整修方案	整修方案正确	30	(1)无整修方案此项不得分。 (2)整修方案不符合要求,扣 10 分		
5	工量具、防护备品数量符合要求,使用方法正确	工量具使用方法正确,轻拿轻放,摆放整齐	15	(1)工量具使用方法不正确,扣 5 分。 (2)磕碰扔工量具,扣 5 分。 (3)摆放工量具不整齐,扣 2 分		
6	作业时间	在规定的时间内完成作业内容		规定时间内全部完成,不加分。每超时 1 min,从总分中扣 2 分,总超时 5 min 停止作业		
合计			100			

考评员签字: 认定人签字: 年 月 日

S9 轨道测量仪检查线路作业

一、考场准备

具有CPⅢ控制网的线路60 m;夜间考场内要有充足的照明。

二、材料工具准备

1. 材料准备:石笔、书写笔各1支。
2. 工、量、刃、卡具准备。

序号	名称	规格	精度	数量	备注
1	轨检小车		轨距±0.3 mm 超高±0.5 mm	1台	需贴加反光标记
2	棱镜柱			1个	需贴加反光标记
3	全站仪		1″	1台	需贴加反光标记
4	三脚架			1副	需贴加反光标记
5	坚固型笔记本电脑			1台	需贴加反光标记
6	棱镜			8个	需贴加反光标记
7	全站仪电池			2块	需贴加反光标记
8	小车电池			1块	需贴加反光标记
9	检查记录本			1本	需贴加反光标记

三、考核要求

1. 考生按要求穿戴、配备劳动保护用品,夜间戴照明头灯。
2. 材料、工器具准备合理。
3. 正确安置仪器。
4. 采集规定长度的轨道数据。
5. 计时从考生得到允许作业的命令之时开始,到考生汇报作业完毕之时结束。
6. 规定时间内全部完成,不加分。每超时1 min,从总分中扣2分,总超时5 min停止作业。
7. 作业完毕,按规定清理现场。

四、考核评分

1. 考评人员3名及以上。
2. 评分程序及规则:考评员根据考生操作情况对照计分标准在评分表上给予记录评分。
3. 评分方法:采用百分制,满分100分,60分及以上为及格。

五、铁道行业职业技能认定高速铁路线路工技师实作技能考核评分记录表

单位：________ 姓名：________ 性别：________ 准考证号：________ 工种：________ 级别：________

试题名称：轨道测量仪检查线路作业

考核时间：60 min

操作开始时间： 时 分 操作结束时间： 时 分

序号	考核内容	考核要点	配分	评分标准	扣分	得分
1	作业工具及使用	(1)根据需要一次带够所有工具及材料。 (2)正确使用各种工具	10	(1)工具及材料不全，少一件扣5分。 (2)使用方法不正确或工具损坏，扣5分		
2	作业程序	(1)作业准备： ①清点工具、材料数量。 ②确认工具使用状态。 ③在天窗点内作业按规定设置现场防护，方可上道作业。 ④确认作业条件。 (2)插设棱镜： ①测量区段前后插设8个棱镜，困难情况下不少于6个，棱镜面向全站仪。 ②棱镜应插设牢固、连接杆与CPⅢ预埋孔保持密贴。 (3)全站仪自由设站： ①将全站仪安放在所测行别的线路中心，设站位置首先要考虑与小车距离不宜大于60 m，其次是与近处控制点之间的距离不能小于15 m，然后全站仪架设高度应与轨检小车棱镜柱高度大致等高。 ②全站仪精确整平：将全站仪照准部旋转180°后，查看气泡居中情况。 ③全站仪采用后方交会的方法进行设站。 (4)全站仪数据平差：取至少6个CPⅢ点进行平差计算，查看设站精度。 (5)轨检小车组装、核对设计线形并新建作业项目： ①清洁轨距测量轮、走行轮。 ②组装轨检小车，确保各部位连接牢固，在曲线地段确保小车双轮在曲下股，单轮在曲上股。 ③打开测量软件，选择正确的设计线形，新建测量项目、读取小车参数。 (6)轨检小车超高校准：根据校准向导校准超高后，检查超高校准结果。 (7)建立轨检小车与全站仪之间的通信：打开软件采集界面，将全站仪激光照准小车棱镜，锁定全站仪。	40	(1)作业准备： ①工、机、量具，材料不全，少一件扣5分。 ②未确认扣5分。 ③未在天窗点内作业或未按规定设置现场防护，扣41分。 ④未确认作业条件扣5分。 (2)插设棱镜： ①插设棱镜少于6个或棱镜未面向全站仪扣5分。 ②棱镜插设不正确每个扣5分。 (3)全站仪自由设站： ①安放位置不正确，每项扣5分。 ②全站仪未精平扣10分。 ③未采用后方交会的方法进行设站扣10分。 (4)少于6个CPⅢ点进行平差计算扣10分。 (5)轨检小车组装、核对设计线形并新建作业项目： ①未清洁扣3分。 ②连接不牢固扣3分。轨检小车放置位置不正确扣10分。 ③漏一项或错一项扣5分，设计线形选择错误扣20分。 (6)未校准超高扣5分，未检查超高校准结果扣5分。 (7)漏项或未锁定全站仪扣5分。		

续上表

序号	考核内容	考核要点	配分	评分标准	扣分	得分
2	作业程序	(8)现场采集作业: ①选择正确的测量方向。 ②无砟轨道逐根采集数据(有砟轨道可间隔 5 m 采集一次数据)。 ③发现数据异常变化时,应重新采集。 ④推行小车距离全站仪 7～10 m 时,停止测量、做好注释并解除轨检小车与全站仪的锁定。 (9)搭接测量:重复步骤 2～8,搭接测量 10 根轨枕,查看搭接精度。 (10)拆卸仪器装箱。 (11)撤除防护:确认线路达到放行列车条件,人员、机具撤出限界以外后,撤除防护	40	(8)现场采集作业: ①测量方向错误扣 5 分。 ②未逐根采集数据扣 5 分。 ③异常数据未重新采集扣 5 分。 ④距离全站仪少于 7 m 停止测量扣 5 分,未注释或未解除锁定扣 5 分。 (9)未搭接测量或搭接轨枕数量不足每项扣 5 分。 (10)仪器未装箱或未清理扣 5 分。 (11)人员,工、量具遗留现场扣 41 分,未清点扣 5 分,未按规定撤除防护扣 5 分		
3	作业标准	(1)全站仪设站精确整平,气泡应满足 $L<0.001\ 0$,$T<0.001\ 0$。 (2)全站仪设站中误差:东北坐标及高程误差不超过 0.7 mm,水平定向(方向)误差不超过 1.4″。 (3)超高校准,两次测量同一位置超高值,正负相反,绝对值之差在 0.3 mm 以内。 (4)测量数据正确,无明显异常。 (5)搭接测量高程之差、平面之差不超过 2 mm	40	(1)全站仪设站整平气泡不满足要求扣 5 分。 (2)全站仪设站精度不满足设站要求扣 5 分。 (3)超高校准结果超限扣 5 分。 (4)存在异常数据每处扣 5 分。 (5)搭接精度超过 2 mm 每处扣 5 分		
4	作业安全	(1)损坏工具、量具等。 (2)人身安全。 (3)工、机、量具均贴加反光标记	10	(1)若有工(量)具损坏,每次扣 5 分。 (2)作业中发生滑倒、碰手碰脚等扣 10 分。 (3)未贴加反光标记,每件扣 5 分		
5	作业时间	在规定的时间内完成作业内容		规定时间内全部完成,不加分。每超时 1 min,从总分中扣 2 分,总超时 5 min 停止作业		
合计			100			

考评员签字:　　　　　　　　认定人签字:　　　　　　　　年　　月　　日

S10　运用动态检测数据分析查找线路设备病害

一、考场准备

教室;现场检测需要在天窗时间内进行,夜间考场要有充足的照明。

二、材料工具准备

序 号	名 称	规 格	精 度	数 量	备 注
1	电子道尺	0 级	±0.25 mm	1 把	需贴加反光标记
2	钢板尺			1 把	需贴加反光标记
3	塞尺			1 把	需贴加反光标记
4	电子平直尺	1 m		1 把	需贴加反光标记
5	心轨降低值尺			1 把	需贴加反光标记
6	方尺			1 把	需贴加反光标记
7	石笔			1 支	需贴加反光标记
8	20 m 弦绳/崩线器			1 盒	需贴加反光标记

三、考核要求

1. 考生按要求穿戴、配备劳动保护用品，夜间戴照明头灯。
2. 材料、工器具准备合理。
3. 正确熟练的分析动态检测数据，并在图纸上准确标出病害处所并现场精确查找。
4. 单人进行数据分析，现场复核。必要时需要有 2 人配合。
5. 计时从考生得到允许作业的命令之时开始，到考生汇报作业完毕之时结束。
6. 规定时间内全部完成，不加分。每超时 1 min，从总分中扣 2 分，总超时 5 min 停止作业。
7. 作业完毕按规定整理现场。

四、考核评分

1. 考评人员 3 名及以上。
2. 评分程序及规则：考评员根据考生操作情况对照计分标准在评分表上给予记录评分。
3. 评分方法：采用百分制，满分 100 分，60 分及以上为及格。

五、铁道行业职业技能认定高速铁路线路工技师实作技能考核评分记录表

单位：________ 姓名：________ 性别：________ 准考证号：________ 工种：________ 级别：________

试题名称：运用动态检测数据分析查找线路设备病害

考核时间：90 min

操作开始时间： 时 分 操作结束时间： 时 分

序号	考核内容	考核要点	配分	评分标准	扣分	得分
1	在图纸上标出病害处所	病害处所无错漏	10	病害处所漏一处扣 5 分		

续上表

序号	考核内容	考核要点	配分	评分标准	扣分	得分
2	写出每处病害的位置、峰值、长度	病害的位置、峰值、长度与实际相符	25	病害的位置、峰值、长度每错一项扣2分		
3	现场复核病害处所、峰值	现场病害与图纸对应	20	(1)复合数据误差与标准数据比较,每超过1 mm扣2分。 (2)病害处所位置不对扣5分		
4	依据规章要求写出整修方案	整修方案正确	30	(1)无整修方案此项不得分。 (2)整修方案不符合要求,扣10分		
5	工量具、防护备品数量符合要求,使用方法正确	工量具使用方法正确,轻拿轻放,摆放整齐	15	(1)工量具使用方法不正确,扣5分。 (2)磕碰扔工量具,扣5分。 (3)摆放工量具不整齐,扣2分		
6	作业时间	在规定的时间内完成作业内容		规定时间内全部完成,不加分。每超时1 min,从总分中扣2分,总超时5 min停止作业		
合计			100			

考评员签字:　　　　　　　　认定人签字:　　　　　　　　年　　月　　日

第五部分　高 级 技 师

1. 桥上无缝线路养护维修应注意做好哪些工作?

答:桥上无缝线路应按设计要求保持扣件布置方式和扣件紧固程度,尤其应加强温度跨度大的桥上无缝线路小阻力扣件维修。高温和低温季节,应加强钢轨伸缩调节器、梁端伸缩装置及连续梁活动端或桥台附近线路状态的检查,对位移超限处所及时进行调整,防止碎弯和断轨;温度跨度大于等于 48 m 时,应加强梁端附近无缝线路状态的检查。

2. 简述客专线道岔转辙器部分尖轨跟端的传力结构。

答:

尖轨跟端的传力结构:道岔按跨区间无缝线路设计,尖轨跟端传力结构设有两种结构形式,采用限位器或间隔铁固定。设限位器传力较为明确,基本轨所受的附加力较小,但尖轨的位移较大,且多个限位器也很难同时受力。设间隔铁时尖轨的固定比较牢固,尖轨的位移较小,也有利于保持尖轨的线形。基本轨承受的附加力较大,间隔铁本身的受力也较大。

3. 简述客专线道岔转辙器部分滑床台减磨方式。

答:采用滑床台减磨可以有效的降低尖轨和心轨的扳动力,减少尖轨和心轨的不足位移,滑床台的减磨主要采取了两种方式。①设置辊轮滑床垫板:辊轮滑床垫板的设置根据尖轨转辙位移和自重综合考虑。②所有滑床垫板的台板和可动心轨辙叉起滑动作用的台板均采用减磨涂层。

4. 导致脱轨系数超标的主要原因是什么? 现场核查时应重点注意哪些问题?

答:导致脱轨系数超标的主要原因是轮轨水平力偏大或轮轨垂直力偏小、现场核查时应重点检查焊缝和扣件状况、轨向和水平偏差及两者复合不平顺。

5. 简述安装提速道岔防松螺栓的作业标准。

答:提速道岔使用的防松螺栓采用的是内外双螺母结构,内螺母起锁紧作用,外螺母起防松作用。其安装标准是先紧固内螺母,使其达到标准扭矩,再紧固外螺母,使外螺母与内螺母基本密靠;拆卸时,先拆掉外螺母,再拆掉内螺母,不能内外螺母同时松紧。另外,可加垫弹簧垫圈来防止松动。

6. 导致减载率超标的主要原因是什么? 现场核查时应重点注意哪些问题?

答:导致减载率超标的主要原因是轨面高低短波不平顺(波长 0.1～3.0 m,波幅 0.5～

1.0 mm),主要表现为接头平直度超限、扣件缺陷或轨下支撑刚度突变等,现场核查时应重点检查焊缝平直度及扣件、垫板的状态等。

7. 简述高速铁路有砟轨道线路冻害注盐作业标准。

答:(1)注盐范围:双股冻起时,为整个轨枕盒及轨枕头外 100 mm 以内部分;单股冻起时,由冻起轨枕头外 100 mm 至未冻起股钢轨内侧 150 mm 处。(2)注盐用量应因地制宜,根据实际情况确定,一般注盐用量按以下情况掌握。①双股冻起冻高在 20 mm 以下时,每个轨枕盒注盐 10 kg 左右;冻高在 20~50 mm 时,每毫米冻高注盐 1 kg;冻高超过 50 mm 时,每个轨枕盒注盐 50 kg。②单股冻起:每个轨枕盒的注盐用量为双股冻起注盐用量的 3/4,从线路中心至未冻起股钢轨内侧 150 mm 处的注盐用量,应为该轨枕盒注盐用量的 1/4,注盐用量应由线路中心起逐渐向未冻起股减少。③道岔内每一岔枕盒内注盐用量,按线路注盐用量的标准,根据岔枕长度适当增加。④注盐深度:一般为轨枕底面以下 100 mm,并不得扰动枕底道床。(3)扒开的道床应回填平整并夯实,道床顶面应低于岔枕顶面以下 40~50 mm。

8. 简述高速铁路区段铁路沿线周边环境检查的重点内容。

答:(1)线路安全保护区内建造的建筑物、构筑物等设施,取土、挖砂、挖沟、采空作业,堆放、悬挂物品。(2)线路两侧建造、设立生产、加工、储存或者销售易燃、易爆等危险物品的场所、仓库,采矿、采石、爆破作业,抽水、排水、排污,堆放土石、垃圾,危树,水库、池塘。(3)铁路桥梁跨越河流处河道上下游围垦造田、拦河筑坝、架设浮桥或者修建其他影响铁路桥梁安全的设施,以及采砂、淘金、疏浚作业。(4)发现有违反《铁路安全管理条例》规定以及其他影响铁路线路安全的问题时,应及时采取相应措施。

9. 哪些作业由铁路局集团公司以外的其他单位承担时,作业单位应按照《铁路安全管理条例》规定与铁路局集团公司协商并签订安全协议后,方准实施?

答:(1)在铁路线路安全保护区内修建各种建(构)筑物等设施,取土、挖砂、挖沟、淘金、采空作业或者堆放、悬挂物品等。(2)在铁路线路安全保护区以外、影响范围内进行影响铁路线路安全稳定的作业。(3)各种建(构)筑物、电线路、管道及渡槽跨越铁路,横穿路基,或者在桥梁上下、涵洞内通过铁路。(4)铁路沿线保护区范围的水塘、水库抬高蓄水水位。

10. 简述高速铁路有砟轨道 200~250 km/h 线路曲线正矢容许偏差管理值的规定。

答:有砟轨道 200~250 km/h 线路曲线正矢容许偏差管理值见表 5-1。

表 5-1 有砟轨道 200~250 km/h 线路曲线正矢容许偏差管理值

项　目	实测正矢与计算正矢差(mm)		圆曲线正矢连续差(mm)	圆曲线最大最小正矢差(mm)
	缓和曲线	圆曲线		
作业验收	2	3	4	5
经常保养	3	4	5	6
临时补修	5	6	7	8

注:曲线正矢用 20 m 弦在钢轨踏面下 16 mm 处测量。

11. 简述动检车(轨检车)中轨距变化率的检测标准规定。

答:动检车(轨检车)检测的轨距变化率是以 2.5 m 的基长内轨距测量差值与基长的比值。轨距变化率基长的确定是以 0.25 m 的长度向前推进检测的,也就是说,轨距变化率的检查是跳跃式的,每跳一步是 0.25 m。轨距变化率是换算值,波形图上不显示。从扣分比例来看,轨距变化率偏差本身不是重点,而由其造成的小方向不良是重点。

12. 简述高速铁路无砟轨道 W300-1 型扣件的主要技术要求。

答:(1)预埋套管中应保证有一定的防护油脂,油脂性能应符合相关规定。(2)弹条安装标准:弹条中部前端与轨距挡板前端突起部分不宜接触,两者间隙不得大于 0.5 mm;或使用扭矩扳手检测螺旋道钉扭矩时,SKL 15 型弹条为 210～250 N·m,SKL B15 型弹条为 150～180 N·m。(3)弹条养护标准:弹条中部前端与轨距挡板前端突起部分不宜接触,两者间隙不得大于 1 mm;或使用扭矩扳手检测螺旋道钉扭矩时,SKL 15 型弹条为 210～250 N·m,SKL B15 型弹条为 150～180 N·m。(4)轨距挡板应与承轨槽挡肩密贴,钢轨与轨距挡板间隙不得大于 1 mm。(5)钢轨左右位置调整量:±8 mm。(6)钢轨高低位置调整量:$^{+26}_{-4}$ mm。

13. 轨道检测车图纸分析中,里程核对是如何进行的?

答:在设备综合图中找出与轨道动态检查图纸对应的里程,用轨道车动态检查图纸的地面标志具体里程(如道岔、道口、桥梁、涵渠、曲线头尾等)与综合图中显示的具体里程进行比对。以顺里程方向错后为"一",并将比对值记录在轨道动态检查图纸上。

14. 高速铁路区段,严禁在哪些地点卸车?

答:(1)有可能损坏线桥、信号、供电、超偏载和限界检查仪、车辆运行安全监测设备处所。(2)站台处靠站台一侧。(3)区间线路的道床有积雪覆盖超过轨面处所。(4)V 形天窗地段,卸料有可能侵入邻线限界的地段。(5)邻线来车时,靠邻线的一侧。特殊情况由施工单位制定有针对性的安全措施,应经铁路局集团公司审批。

15. 导致车辆横向力偏大的主要原因是什么?现场核查时应重点注意哪些问题?

答:导致车辆横向力偏大的主要原因是轨向连续多波不平顺、轨向与水平的复合不平顺、接头工作边平直度超限等,现场核查时应重点检查轨向和水平,可结合波形图一并检查分析,同时检查扣件、垫板的密贴状况。

16. 简述波形图上的里程与现场里程用特征点复核法核对的方式。

答:

特征点复核法:利用轨道状态波形图提供的曲线头尾、道岔、道口、桥梁、轨距拉杆等特征,推算出与需要复核超限病害的相对距离。在现场复核时,先找到上述特征点,再根据状态波形图的相对位置,确定病害点的位置,进行超限病害查找复核。

17. 简述有砟轨道使用的弹条Ⅳ型扣件系统,其上线安装时的主要技术要求。

答:(1)钢轨与绝缘轨距块、绝缘轨距块与预埋铁座单边间隙之和不应大于 1 mm。(2)弹条初装扣压力不应小于 9 kN,日常保持弹条扣压力不应小于 8 kN,夹板位置弹条扣压力应符合设计要求。(3)弹条小圆弧内侧与预埋铁座端部距离为 8～10 mm。(4)轨距调整量:－8～＋4 mm,通过更换不同号码的绝缘轨距块实现轨距和轨向的调整。(5)高低调整:扣件不能进行高低调整,不得垫入调高垫板。

18. 简述大型养路机械边坡清筛作业的技术规定。

答:(1)边坡清筛最大挖掘宽度 2 800 mm(线路中心距离),轨枕端至挖掘斗间应保持 100 mm 距离。(2)最大挖掘深度应距轨面下 900 mm。(3)只进行边坡清筛时,不得使用松砟器。

19. 简述波形图上的里程与现场里程用动态与静态波形图对比复核法核对的方式。

答:

动态与静态波形图对比复核法:根据轨检车检测数据,利用轨道状态波形图提供的公里标、道岔、道口、桥梁、轨距拉杆、曲线头尾特征,推算出与需要复核超限病害的相对距离,技术检测组使用轨道检查仪对动态检查超限的线路、道岔进行检查,检查完毕用分析软件进行分析整理,制作比对图交给作业班组进行现场复核。

20. 现场铺设的 WJ-7 型弹条扣件在养护过程中执行什么标准?

答:

弹条养护标准:弹条中部前端下颚与绝缘块不宜接触,两者间隙不得大于 1 mm;或使用扭矩扳手检测 T 形螺栓扭矩时,W1 型弹条为 100～140 N·m,X2 型弹条为 70～90 N·m。

21. 轨道精调前应做好哪些准备工作?

答:(1)应使用轨道测量仪进行轨道精测,必要时应先进行 CPⅢ复测,更新 CPⅢ数据,再进行轨道精测。(2)测量前轨道应具备以下条件:①钢轨无污染、无低塌、无硬弯等缺陷。②扣件安装正确,弹条与轨距挡板密贴,扣件扭矩符合设计要求。③轨下垫板安装正确,无缺少、无空吊。④钢轨焊接接头平直度符合标准要求。(3)按照"绝对控制与相对平顺相结合、调整量最小"的原则,分析测量数据,制定轨道精调方案。(4)调查轨道精调地段调高垫板厚度、轨距挡板及绝缘轨距块规格,并准备调整件。(5)制定轨道精调作业组织方案。(6)有砟轨道线路补充、均匀道砟。

22. 简述高速铁路有砟轨道 200～250 km/h 线路轨道质量指数(TQI)管理值的规定。

答:200～250 km/h 线路轨道质量指数(TQI)管理值见表 5-2。

表 5-2　200～250 km/h 线路轨道质量指数(TQI)管理值

项　目	高低	轨向	轨距	水平	扭曲	TQI
波长范围 1.5～42 m	1.4×2	1.0×2	0.9	1.1	1.2	8.0

注:波长范围为 1.5～42 m 的单项标准差计算长度 200 m。

23. CRTS Ⅱ型板式无砟道床梁端高强度挤塑板损坏更换作业如何进行?

答:采取其他处理措施无法保证高强度挤塑板正常工作状态时,应进行更换。

挤塑板更换可按以下工艺进行施作:(1)材料准备:新挤塑板、薄膜、黏结剂、树脂等。机具准备:除尘器,注浆机等。(2)采取措施从轨道两侧将挤塑板取出,并用高压风将内部清理干净。(3)梁面滚刷黏结剂,将新挤塑板表面覆盖一层薄膜,并放入。(4)密闭底座板与挤塑板周边,压注树脂材料,充填空隙。(5)作业环境要求:5～30 ℃。

24. 简述自主研发道岔的主要结构特征。

答:(1)结构为带铁垫板的弹性分开式结构。(2)弹性铁垫板上部结构考虑无螺栓扣件系统和有螺栓扣件系统两种方案。(3)挡肩与钢轨轨底间设轨距块可用于调整和保持轨距。(4)钢轨与弹性铁垫板间设轨下橡胶垫板,主要起缓冲作用。(5)弹性铁垫板下部的弹性垫层起弹性作用。(6)弹性铁垫板与混凝土岔枕采用螺栓与预埋套管配合紧固方式联结。(7)弹性铁垫板与螺栓间设置缓冲调距块,既缓冲铁垫板对螺栓的横向冲击又可调整铁垫板的位置进而调整轨距。(8)垫板螺栓通过盖板扣压弹性铁垫板,盖板上附有弹性较好的橡胶垫圈,既不对弹性铁垫板产生较大压力也可防止垫板倾翻。(9)一般地段轨距调整无需备件,调整级别为 1 mm,可实现精细调整。

25. 简述电子平直仪的特点。

答:(1)完成测量后,它可以绘制出放大的测量表面的曲线(平直度),给出最大值和最小值及绝对值。(2)测量过程中,测量探头根据电磁原理沿着测量梁移动,测量检测表面与测量梁之间的距离。(3)采用非接触无损测量的方法测量磁性金属表面的几何形状。(4)轨道测量完成后进行必要的轨道维修,完成后可再次进行测量,具有新获得的结果和前一次的结果进行比较的功能。(5)可将测量数据传送存储到计算机上。(6)仪器可用于直道、弯道和过渡弯道处的行车面和导向面的检测。(7)通过试块上的测量可定期完成对测量梁的检测。(8)手提箱能够方便仪器和它的附件搬运。(9)一般配有内部温度计,能够检测测量梁的温度。检测值在测量程序中可以读取。如果这个温度超出规定的限度,测量程序会阻止测量的进行。

26. 现场作业人员进入作业门有何规定?

答:(1)各行车设备管理单位施工作业或遇设备故障、救援抢修等需进入作业门时,作业负责人必须与驻调度所(驻站)联络员联系确认(有看守人员的还应办理相关手续)后,作业人员方准进入作业门。(2)非行车设备管理单位需进入作业门作业的,应与相关专业的行车设备管理单位签订安全协议,明确各自的职责,由行车设备管理单位办理相关手续,并在其带领下进出作业门。(3)作业人员进入作业门前应由作业负责人(或经作业负责人指定的人员)在作业门外登记上道人数、工机具和材料数量。作业结束后,作业负责人(或经作业负责人指定的人员)应核对人员、工机具和材料,确认完全撤出作业门并销记。(4)作业门有看守人员时还应经看守人员确认。

27. 正线有砟轨道与无砟轨道结构间的过渡应符合哪些规定?

答:(1)时速200 km及以上的铁路过渡段应设置与基本轨同类型的辅助轨,辅助轨长度宜为25 m(其中无砟轨道内约5 m,有砟轨道内约20 m),辅助轨的设置不应影响养路机械作业。(2)邻近过渡点无砟轨道侧一定范围内,应采取措施保证轨道板或道床板与其下部基础间的可靠连接。(3)过渡段范围的轨道刚度应按分级过渡设计。(4)路基地段无砟轨道的底座或支承层应从过渡点开始向有砟轨道延伸,长度不应小于10 m,同时应满足有砟轨道最小道床厚度的要求。

28. 辊轮系统及其部件应满足哪些要求?

答:辊轮安装与调整应符合铺设图要求,各零部件应保持齐全,作用良好。闭合状态下,辊轮与尖轨轨底边缘间的空隙应为1~2 mm;辊轮顶面应高于滑床台上表面1~3 mm。辊轮槽排水孔应保持畅通。辊轮上、下部分联结螺栓松动、折断、缺失或辊轮转动不灵活、破损时应立即修理或更换。

29. 正线与到发线、到发线与到发线的无砟轨道和有砟轨道结构间的过渡应符合哪些规定?

答:(1)路基地段无砟轨道结构的底座或支承层应从过渡点开始向有砟轨道延伸一定长度,同时应符合有砟轨道区段最小道床厚度的要求。(2)邻近过渡点无砟轨道侧一定范围内,应采取措施保证轨道板或道床与其下部基础间的可靠连接。(3)过渡段可不设辅助轨及配套部件。

30. 板式无砟轨道施工作业,对轨道几何尺寸调整有何要求?

答:(1)对于轨道几何尺寸的偏差,小的调整量由扣件系统来完成。(2)若出现较大调整时,先用切割工具将轨道板与底层分开,然后用千斤顶和支承螺栓将轨道板抬高并定位在合适位置,用嵌缝材料涂抹在轨道板与底层之间的周围间隙,确保注入的树脂或CA砂浆等充填料不流出,等到充填料满足硬度达到要求后,列车才可通行。

31. 高速铁路有砟轨道道岔其他零部件应满足哪些要求?

答:(1)部件安装应符合设计要求,缺少时应及时补充,并保持状态良好。(2)应定期对螺栓涂油,油脂性能应符合相关规定。(3)间隔铁及限位器的联结螺栓、护轨螺栓、长短心轨联结螺栓、接头铁螺栓必须齐全,作用良好,折断时必须立即更换。同一部位同时有两个螺栓缺少或折损,或接头铁螺栓有一个缺少或折损时,道岔应停止使用。(4)顶铁、防跳卡铁、尖轨及心轨防跳限位装置等各部件以及联结和固定螺栓变形、损坏或作用不良时,应进行修理或更换。(5)顶铁与轨腰间隙大于2.5 mm或轨撑与钢轨接触面间隙大于2 mm,应有计划地修理或更换。

32. 简述高速铁路有砟轨道 250(不含)～300 km/h 线路轨道质量指数(TQI)管理值的规定。

答:250(不含)～300 km/h 线路轨道质量指数(TQI)管理值见表 5-3。

表 5-3 250(不含)～300 km/h 线路轨道质量指数(TQI)管理值

项　目	高低	轨向	轨距	水平	扭曲	TQI
波长范围 1.5～42 m	0.8×2	0.7×2	0.6	0.7	0.7	5.0

注:波长范围为 1.5～42 m 的单项标准差计算长度 200 m。

33. 双块式轨枕轨排组装应符合哪些规定?

答:(1)轨排组装前应检查确认轨枕、工具轨及扣件等无污染。(2)轨排左右两根工具轨的端部接缝应在同一位置,偏差不应大于 100 mm。(3)轨枕应方正,间距允许偏差不应大于 5 mm。(4)扣件应安装正确,无缺少、无损坏、无污染,扭矩达到设计标准,弹条中趾下颚与轨距挡板应密贴,最大空隙不应大于 0.5 mm。

34. 当高速铁路设备发生故障,需在双线区间的一线上道检查、处理设备故障时,设备管理单位应如何处理?

答:(1)当设备发生故障,需在双线区间的一线上道检查、处理设备故障时,本线应封锁、邻线列车限速 160 km/h 及以下。(2)设备管理单位应在“行车设备检查登记簿”内登记,提出本线封锁、邻线列车限速 160 km/h 及以下的申请,在得到列车调度员(车站值班员)给点签认后方准上道作业,本线、邻线可不设置防护信号。(3)抢修作业时,邻线列车接近前,防护人员通知现场作业负责人停止作业。作业机具、材料等不得侵限且严禁摆放在两线间。(4)作业后应严格进行质量回检确认。检查发现影响行车安全时,必须立即通知列车调度员(车站值班员)限速运行或封锁线路,并按规定程序登记。

35. 简述高速铁路防风预警检测系统的组成及安装规定。

答:(1)系统组成:防风预警检测系统由现场监控设备(风速风向仪、现场数据单元)、现场监控主机和中心系统组成。现场监控设备采集到的数据传送到现场监控主机的防风预警监测单元,再通过传输网络上传至中心系统。(2)设备安装:风速风向仪的设置地点根据当地的地理环境和铁路构造物的结构决定,设置在大风区段的长大桥、高桥、高路堤等地点。(3)为了确保信息的可靠性,防风预警监测系统现场设备应根据现场情况,远离现场障碍物干扰。(4)风速风向仪在保证监测效果的基础上,尽量利用 GSM-R 基站铁塔安装,在不具备铁塔安装条件的监测点,利用接触网支柱或另立支柱安装等方式解决。

36. 钢轨伸缩调节器的布置应符合哪些规定?

答:(1)钢轨伸缩调节器应设置在直线地段。(2)钢轨伸缩调节器不应设置在竖曲线上。(3)钢轨伸缩调节器不应设置在不同线下构筑物和轨道结构过渡段范围内。(4)钢轨伸缩调节器基本轨始端和尖轨跟端焊接接头距离梁缝、钢梁横梁、支座中心不应小于 2 m。

37. 简述 CRTS Ⅰ型轨道板、WJ-7 型扣件无砟轨道改道作业的注意事项。

答:(1)要遵循"少动、慎动、找准问题再动"的原则。在无砟轨道病害整治时,能不动的地方尽量不动,需要整治的处所,一定要先进行轨道测量仪数据上的分析,并结合电子轨距尺、正矢绳、钢板尺,找准具体的位置,以及轨向、轨距超限的具体数值,再进行轨距的调整,切忌仅凭经验,盲目动手。(2)作业过程中要灵活变通,不能死扣数据。在轨向、轨距的调节过程中,要做到"正矢绳不离钢轨、电子轨距尺不离手"。即在调整方向时,始终要有人测量正矢绳所拉数据;调整轨距时,要边调整边测量,切记只以测量数据为基准。

38. 简述轨道测量仪检查作业程序和质量标准。

答:(1)作业程序:①全站仪自由设站。②全站仪数据平差。③轨检小车核对设计项目并新建作业。④轨检小车超高校准。⑤两台仪器通信。(2)作业质量:①全站仪设站气泡控制在 0.5 mm 范围内。②全站仪设站中误差:东坐标/北坐标/高程 1 mm,方向 2″。③轨检小车设计参数正确。④小车面向大里程方向推时,双轮在左侧为正,反之为负。⑤测量时要实时关注偏差值,如果存在明显异常,需重复采集数据。

39. 简述高速铁路线路改道作业的程序、作业质量和作业安全。

答:(1)作业程序:①确定作业地点准确。②确定另一股的改动量。③轨距块挑选、使用合理。(2)作业质量:①螺栓扭矩达到要求。②检查轨距、方向、轨距变化率、螺栓扣件扭矩是否达标。(3)作业安全:①认真执行上下道规定(如清点工具、材料)。②作业中避免发生磕手碰脚等人身伤害事故。③作业完毕工料具不得遗漏。④按规定穿戴劳动保护用品。

40. 高速铁路站线有砟轨道结构设计应符合哪些规定?

答:(1)到发线应采用 60 kg/m 钢轨,不得使用再用轨;其余站线宜采用 50 kg/m 钢轨。(2)到发线宜采用Ⅲ型混凝土轨枕,每千米铺设 1 667 根;其余站线应采用新Ⅱ型混凝土轨枕,每千米铺设 1 440 根。(3)到发线宜采用弹条Ⅱ型扣件,其余站线宜采用弹条Ⅰ型扣件。(4)站线应采用一级碎石道砟。到发线单线道床顶面宽度应为 3.4 m,砟间堆高应为 0.15 m,道床厚度应为 0.35 m,道床边坡应为 1∶1.75;其余站线道床顶宽应为 2.9 m,道床厚度应为 0.25 m,道床边坡应为 1∶1.5。

41. 简述 CRTS Ⅱ型板式无砟轨道砂浆层与轨道板离缝整治施工的工艺流程。

答:(1)根据施工方案提前做好设备及材料准备。(2)浮尘及杂物清理。采用高压气泵对离缝区域的外表面及内部的浮尘、杂物进行清理,确保待灌注区域的清洁干燥。(3)安装注胶嘴。在离缝外表面涂刷环氧底胶,每侧每隔 60 cm 设置一个灌注口,粘贴注胶嘴。(4)封边。用聚脲喷射器对离缝表面喷涂聚脲进行封闭,喷涂厚度为 2 mm,一次成型。待聚脲固化后对之进行密闭性检查。(5)树脂胶灌注。将按比例拌和好的树脂胶放入加压灌注设备中,先对离缝区域进行加压灌注,待透气口有胶液渗出后采用两端同时灌注的方式进行人工低压灌注,待透气口有胶液渗出后采用两端同时灌注的方式进行人工低压灌注，直到整个离缝区域填充密实为止，完成灌注施工。在灌注过程中，检测板面高程并记录，防止注胶引起线路高低变化。(6)清理。清除注浆嘴及现场杂物等。

42. 简述轨道测量仪安博格小车现场测量作业原理说明。

答：(1)轨距是通过轨道测量仪单个轮子轮缘紧贴钢轨内侧作用边的轨距测量传感器来测量。(2)平面及高程是使用全站仪实测得轨检小车上棱镜的三维坐标，然后结合标定的轨检小车几何参数、小车的定向参数、水平传感器所测横向倾角及实测轨距，换算出对应里程处的实测平面位置和轨面高程，继而与该里程处的设计平面位置和轨面高程进行比较，得到其偏差。(3)水平是使用内置倾角仪测倾角，然后使用基准长度换算。

43. 简述高速铁路钢轨打磨深度要求。

答：(1)预打磨：轨顶中心区域(－1°～＋3°)最小打磨深度不小于 0.2 mm。其中道岔打磨以保证轨头廓形为主，打磨深度可适当减少。(2)预防性打磨：轨顶中心区域不小于 0.1 mm。(3)修理性打磨深度按以下原则确定。①光带修形后轨头达到目标廓形。②波磨钢轨打磨后符合波磨打磨验收标准。③擦伤钢轨打磨后轨面硬度不高于邻近母材轨面硬度 50 HB。(4)钢轨鱼鳞纹应消除。小型打磨机打磨时不得灼伤钢轨。

44. 简述防灾系统故障的紧急处理措施。

答：列车调度员接到防灾监控终端异物侵限灾害报警信息后，立即呼叫有关动车组列车停车，同时通过视频监视系统进行查看，并向值班主任汇报，值班主任立即通知相关人员赶赴现场检查处理。当通过视频监视系统和现场检查确认无异物侵限，列车调度员确认前方闭塞分区无车占用后通知司机将列控车载设备转入目视行车模式，以不超过 40 km/h 的速度通过故障区段，查清线路情况，并向列车调度员汇报。列车调度员接到列车司机线路无异常的报告后，通过调度台防灾监控终端办理上行和下行临时通车操作，使中继站相应上行异物继电器 YWJ(S)和下行异物继电器 YWJ(X)吸起，列车恢复正常行车。

45. 高速铁路轨道结构与路基、桥梁、隧道等土建工程的接口设计应符合哪些规定？

答：(1)轨道设计应对路基、桥梁和隧道等工程结构物提出预埋件、平整度及高程等相关要求。(2)轨道结构排水设计应与路基、桥梁和隧道等土建工程的排水系统统筹考虑。(3)桥梁地段道岔区轨道结构设计应提出梁岔布置、梁体变形限值及桥墩纵向力等相关要求。

46. 高速铁路 18 号道岔间插入钢轨长度应符合哪些规定？

答：(1)正线道岔对向布置有列车同时通过两侧线时宜插入不小于 50 m 长的钢轨，困难条件下应插入不小于 32 m 长的钢轨；路段设计速度小于 160 km/h 的特大型及大型客运站可插入不小于 25 m 长的钢轨。(2)正线道岔对向布置无列车同时通过两侧线或道岔顺向布置时,应插入不小于 25 m 长的钢轨。(3)到发线上道岔对向布置时,应插入不小于 25 m 长的钢轨。(4)到发线上道岔顺向布置有列车同时通过两侧线时,应插入不小于 25 m 长的钢轨,困难条件下或无列车同时通过两侧线时,应插入不小于 12.5 m 长的钢轨。

47. 简述电子平直仪检查钢轨焊缝平直度的使用方法。

答:(1)把计算机连接器连接到测量仪,有直接连接和无线连接两种模式。(2)按 ON/ESC 键打开计算机连接器和电子平直仪。(3)使用←→键搜索测量程序图标,使用↑↓键搜索要使用的数据文件。(4)若想打开一个新数据文件,在操作系统中按 MENU 键,选择 FILE/NEW。在给出文件名和地址后,这个程序立即启动并检查常用的参数。(5)将平直仪放在钢轨上,用箭头标记的中线应和被测的焊接接头或截面的中心对齐,但距离支撑点 20 mm 处的钢轨表面不能有剥落和短距的波纹,否则会影响测量结果。然后按 MEASURING/START 或 M 键,输入测量参数。(6)数据应包括三个对话框,若没有空的清单使用,那么有两个对话框。在最后一个对话框之后测量开始。(7)经过计算后测量结果出现,通过 MEASURING/SAVE 或热键保存。(8)在每一个测量点重复步骤(5)～(7)。(9)完成所有测量后,通过 FILE/EXIT 或 X 键退出程序,按 OFF 键关闭。

48. 动态检测对轨道出现哪些情况应尽快处理?

答:

对轨道出现以下连续三波、多波及长波轨道不平顺情况应尽快处理:(1)允许速度为 250 km/h$<v_{max}\leqslant$350 km/h 的线路区段,高低或轨向幅值达到 4 mm 时;120 m 长波高低达到 7 mm 且车体垂向振动加速度达到 1.5 m/s^2 时;120 m 长波轨向达到 6 mm 且车体横向振动加速度达到 0.9 m/s^2 时。(2)允许速度为 200 km/h$\leqslant v_{max}\leqslant$250 km/h 的线路区段,高低或轨向幅值达到 5 mm 时;70 m 长波高低达到 6 mm 且车体垂向振动加速度达到 1.5 m/s^2 时;70 m 长波轨向达到 6 mm 且车体垂向振动加速度达到 0.9 m/s^2 时。

49. 简述工电联合整治轨道电路作业,电务部门对跳线和引接线绝缘验收的标准。

答:(1)跳线和引接线的长度适当,应固定在枕木或其他专用设备上,不得埋在道砟中。(2)跳线和引接线应涂油防锈,断股不得超过 1/5。(3)跳线和引接线处不得有防爬器和轨距杆等物,横过钢轨处,距轨底不得低于 30 mm。(4)固定跳线和引接线的卡钉或卡具不得与钢轨垫板、防爬器接触。(5)箱盒引接线采用全双、防混、防腐措施。(6)(电气化区段)扼流变压器箱中心连接板与钢轨引接线应保持绝缘,扼流变压器引接线、中心连接板(线)、吸上线压接紧固,防混良好。(7)(电气化区段)轨道电路跳线、引接线采用截面积不小于 42 mm^2 的镀锌钢绞线。钢轨引接线应采用等阻连接线。

50. 简述工电联合整治轨道电路作业,电务部门对绝缘验收的标准。

答:(1)轨距杆绝缘完好无破损。(2)道岔安装装置等处绝缘完好无破损。(3)钢轨绝缘完好无破损，绝缘垫圈与铁垫圈不能装反。钢轨绝缘(正线)采用高强度绝缘，并做到钢轨、槽型绝缘、接头夹板互相吻合，轨道绝缘安装与钢轨接头保持平直。(4)(电气化区段)废弃的胶粘式绝缘节及普通绝缘节必须及时撤除，防止由于废弃绝缘造成回流不畅烧毁信号设备。(5)(电气化区段)正确加装交叉渡线、复式交分道岔区段两组堵流绝缘。

51. 高速铁路有砟轨道地段对冻害采用垫、撤板的办法进行整治，应满足哪些要求？

答：(1)垫板使用应符合规定，必须保留符合设计要求的轨下弹性垫板。(2)调整调高垫板厚度无法消除冻害峰值时，应在冻害两端垫入调高垫板，并做好顺坡。(3)在正线上垫入或撤出冻害垫板，两端顺坡率不应大于 $1/(10v_{max})$。道岔上冻害垫板作业，不得在辙叉和转辙部分设变坡点。(4)调整调高垫板时，应相应调整轨距块、轨距挡板，必要时可设置轨道加强设备。

52. 简述施密特 SEC-RC 钢轨电子平直仪操作介绍。

答：(1)开启 PDA 电源。(2)从 PDA 开始菜单中运行 SEC-RC 测量程序。此菜单下可建立新的测量文件或打开已有文件，还可以进行文件标题编辑及其他各种设置。(3)点击程序主窗口测量菜单，进入测量程序。(4)点击菜单按钮显示测量截面。(5)打开测量梁电源开关。(6)点击选择测量行车面或导向面。(7)选择待测的测量面，将仪器放置于测量表面。(8)点击连接+开始测量，通过计算后，测量结果将会显示在屏幕上，测量结果可以通过文件/保存菜单储存，也可在文件菜单中选择自动保存。继续测量时可重复上述步骤，并直接点击开始测量即可。完成所有测量后，可以通过点击文件→退出→退出程序，然后关闭 PDA 电源。

53. 简述高速道岔扣件组装和辊轮安装的技术要求。

答：

扣件组装：厂内组装或预铺时应按规定号数放置轨距块和缓冲调距块，如个别位置处需调整轨距时，可选用设计给定的其他号数轨距块和缓冲调距块。弹条安装到位后，中肢与轨距块表面间隙应小于 1 mm，但不宜接触。垫板螺栓扭矩应满足铺设图要求。

辊轮安装：在密贴状态下，双辊轮中的内侧辊轮及单辊轮与尖轨轨底的间隙应为 1～2 mm。在斥离状态下，滑床台上表面与尖轨轨底间的间隙应为 1～3 mm。

54. 简述无砟道床混凝土裂缝修补采用柔性填充法的作业方法和注意事项。

答：(1)准备工作：①修补材料准备：弹性聚氨酯或有机硅树脂材料。②修补工机具准备：手动注浆器、钢丝刷、真空除尘器、胶带等。(2)作业方法：①使用钢丝刷、真空吸尘器等清洁裂缝内杂物。②采用胶带封闭两侧缝隙。③采用手动注浆器向伸缩缝中注入修补材料。④去除两侧封闭胶带；修正磨平凸出部位。(3)注意事项：①作业前应将裂缝伤损区域清理干净，且表面干燥无水。②施工适宜温度 5～30 ℃，雨雪天不得施工。

55. 简述 CRTS Ⅱ型板式无砟轨道水泥乳化沥青砂浆层离缝修补的作业方法和注意事项。

答:

作业方法:(1)准备工作:①修补材料准备:砂浆离缝修补材料、封边材料等。②工机具准备:钢丝刷、真空除尘器、注浆器/泵等。(2)修补作业:①使用钢丝刷、真空除尘器或压缩空气等清洁离缝区域表面。②用砂浆离缝封边材料或封边带封边,封边时留出注浆口和排气孔。③按规定的配合比制备修补树脂材料。采用注浆器(泵)将修补材料从注浆口注入离缝区域,直至注满。④修补材料固化以后,拆除封边材料或封边带,检查灌注饱满程度,如不饱满,应重新灌注。⑤砂浆侧面修正,清理施工现场。

注意事项:(1)作业前应将无砟道床水泥乳化沥青充填层离缝区域清理干净,且表面干净无水。(2)环境要求:作业适宜温度 5～30 ℃,雨雪天不得作业。

56. 简述无砟道床混凝土裂缝修补采用表面封闭法的作业方法和注意事项。

答:

作业方法:(1)准备工作:①修补材料:表面封闭的涂层材料宜采用聚合物水泥基材料,底涂材料可采用高聚合物乳液含量的聚合物水泥基材料。②工机具:钢丝刷、真空吸尘器、计量工具、搅拌工具、盛料容器、热风机、涂刷工具等。③对表面封闭涂层材料、底涂材料的性能进行工艺性试验。(2)修补作业:①使用钢丝刷将裂缝表面两侧刷毛,刷毛长度、宽度不小于涂层长度、宽度。用真空吸尘器清除灰尘等杂物。采用热风机对封闭工作面及裂缝内进行干燥处理。②称量并配制表面封闭用修补材料,采用手持式搅拌机或专用搅拌器将修补材料搅拌均匀。③沿裂缝表面涂刷一层底涂材料。④待底涂材料表干后,涂刷表面封闭涂层材料,涂刷3 遍以上,涂层材料表干后方可进行下一遍涂刷,且相邻两遍涂刷方向相互垂直(在一个天窗内无法完成时可在下一个天窗内完成,但在涂刷之前需要进行表面清洁)。

注意事项:(1)作业前应将无砟道床混凝土裂缝部位清除干净,且表面无明水。(2)环境要求:作业适宜温度 5～30 ℃,雨雪天不得作业。(3)在大风干燥等条件下适当采取薄膜覆盖等方法养护,防止涂层材料失水过快导致涂层开裂。天窗结束之前应将薄膜揭掉。

57. 简述无砟道床混凝土裂缝修补采用无压注浆法的作业方法和注意事项。

答:

作业方法:(1)准备工作:①修补材料:无压注浆法修补混凝土裂缝宜采用低黏度树脂材料。②工机具:钢丝刷、手动双组份注浆器、电热吹风机、真空吸尘器、角磨机等。③对低黏度树脂材料的性能进行工艺性试验。(2)修补作业:①用真空吸尘器清除裂缝内杂物。②采用电热吹风机去除裂缝内水分。③沿裂缝两侧制作注浆围挡,防止浆体污染混凝土表面。④采用手动双组份注浆器向裂缝内注入低黏度树脂材料。灌注过程中应随时观察树脂渗透情况,并及时补注修补材料直至注满。⑤修补材料固化后,去除裂缝围挡,将裂缝表面多余树脂材料打磨平整。⑥在裂缝表面涂刷裂缝封闭材料,其修补材料及工艺与上述“表面封闭法”相同。

注意事项：(1)作业前应将无砟道床混凝土裂缝部位清除干净，且裂缝干燥。(2)环境要求：作业适宜温度 5～30 ℃，雨雪天不得作业。

58. 简述无砟道床混凝土裂缝修补采用低压注浆法的作业方法和注意事项。

答：

作业方法：(1)准备工作：①修补材料：低压注浆法修补混凝土裂缝宜采用性能满足要求的树脂材料；封缝材料可采用聚合物快硬水泥浆、专用封缝材料或专用封缝带等。②工机具：注浆器、注浆嘴、钢丝刷、真空吸尘器、角磨机等。③对低压注浆修补材料的性能进行工艺性试验。(2)修补作业：①使用钢丝刷清洁裂缝区域表面，用真空吸尘器清除周围杂物。②采用封缝材料封闭裂缝，封闭过程中留出注浆孔和排气孔。③通过注浆器向裂缝内注入修补材料，直至注满为止。④当修补材料固化后，去除封缝材料，并将裂缝表面打磨平整。⑤在裂缝表面涂刷裂缝封闭材料，其修补材料及工艺与上述“表面封闭法”相同。

注意事项：(1)作业前应将无砟道床混凝土裂缝部位清除干净，且裂缝干燥。(2)环境要求：作业适宜温度 5～30 ℃，雨雪天不得作业。

59. 简述 CRTS Ⅱ型板式轨道板间连接处离缝修补作业方法和注意事项。

答：

作业方法：(1)准备工作：①修补材料：宽接缝混凝土与轨道板离缝修补材料等。②工机具：手动注浆器、钢丝刷、真空除尘器等。③对宽接缝混凝土与轨道板离缝修补材料的性能进行工艺性试验。(2)作业方法：①使用钢丝刷、真空吸尘器等清洁离缝内杂物，并保持裂缝内部干燥。②采用铲刀等工具将有机硅树脂修补材料压入离缝内部 20 mm 以上。③待修补材料固化后，表面修整，清理现场。

注意事项：(1)作业前应将离缝伤损区域清理干净，且表面干燥无水。(2)环境要求：作业适宜温度 5～30 ℃，雨雪天不得作业。

60. 简述轨检车检测高低超限产生的原因。

答：人工检测高低是采用 10 m 弦进行测量的，而惯性基准轨道不平顺检测装置采用惯性基准法来测量轨道高低偏差时，检测出来的高低偏差波长是不定的。因此要求在现场检查时，一定要充分利用轨检车资料，特别是要仔细分析波形图中该病害的波形，认真调查该地段是否有暗坑、空吊板，对各种情况进行综合研究，才能准确地在现场测量出病害的实际超限峰值。路基沉陷，道床捣固不良，扣件不紧，木枕腐朽，钢轨磨耗，加之存在暗坑、吊板等原因，也会产生不均匀下沉，而造成轨面高低不平顺。在道口、道岔、桥头、桥尾经常会出现下沉或严重空吊等情况，它是轨道高低出现大病害的主要处所，这些地段要求工务段在养护维修工作中要给予高度重视。软硬不匀的地段，是高低偏差容易出现的处所。如桥梁、涵渠的两端，路堤、路堑接合处，成段更换钢轨后钢轨接头部位等。道床脏污、排水不良，在雨季翻浆冒泥，也是造成轨面高低不良的原因，可以根据道床脏污情况安排清筛。高接头与低接头是造成轨道短波高低的主要原因,它们会增加机车车辆对轨道的冲击力,对线路的破坏性很大。

61. 简述无砟轨道道岔改道作业标准。

答:(1)道岔静态几何尺寸容许偏差管理值执行《高速铁路线路维修规则》作业验收管理值:轨距－1～＋1 mm、轨距变化率 1/1 500、轨向 2 mm、轨向变化率 1/1 500、支距 2 mm。(2)辙叉心工作边至护轨头部外侧工作边之间的查照间隔不得小于 1 391 mm(曲股),护轨轮缘槽宽度为 42 mm,容许偏差－1～＋3 mm(曲股)。(3)斥离尖轨非工作边与基本轨工作边之间的最小距离不小于 63 mm。(4)可动心轨辙叉的长心轨实际尖端至翼轨趾端的距离(简称尖趾距离)允许误差$^{+15}_{0}$ mm。(5)道岔直股基准股方向顺直,其他部位轨距递减符合规定。(6)曲线尖轨圆顺平滑无硬弯。可动心轨辙叉,直股工作边直线度为 0.3 mm/1 m,全长(可动心轨尖端前 500 mm 至弹性可弯中心后 500 mm)直线度为 2.0 mm,心轨尖端前后各 1 m 范围内不允许抗线。(7)弹条Ⅱ型扣件弹条的紧固以三点接触为准,此时螺母扭矩保持在 120～150 N·m,弹性垫板用 M30 螺栓,扭矩 300～350 N·m(用扭矩扳手检测)。(8)道岔扣件系统安装与调整应符合铺设图要求,各零部件摆放位置正确、无缺少失效、作用良好,扣板三点密靠,偏差不超过 1 mm;扣件、小胶垫位置正确、无歪斜、无窜出,弹性垫板螺栓盖板无偏斜。

62. 简述大型养路机械捣固、清筛、换枕、应力放散及轨道车装卸路料工电配合作业的内容。

答:(1)在进行涉及电务设备范围内的大型养路机械捣固、清筛、换枕、应力放散、轨道车装卸路料等作业时,均需通知电务配合。(2)工务大中修清筛及线路大型养路机械捣固施工作业前,应向电务(通信、信号)发出通知,明确清筛的时间、范围(具体里程、距枕底的深度、距线路中心的宽度)、作业方式,电务根据工务确定时间、范围和作业方式进行现场调查和排干工作,同时负责排干设备的现场防护和恢复工作。(3)机械清筛时施工现场负责人应掌握现场排干的情况,指挥操作人员不能超出确定的施工范围和标准,防止损毁电缆情况发生。施工和维护作业中挖出电缆时,要立即停止施工和作业,并通知相关通信、信号工区派人确认,及时采取安全防护措施。电缆受损时,电务要立即采取临时措施沟通运用的电路,尽快恢复使用。(4)轨道车卸路料作业时,不得损坏电务设备,需要通知电务人员到场。

63. 简述尖轨竖切部分与基本轨不密贴的防治措施。

答:(1)校正连接杆的长度,或利用连接板的孔眼调整两尖轨间的距离,使之符合设计要求。(2)与电务部门配合,调整连接转辙机上的拉杆的调整螺母,使之达到标准要求。(3)整修过长及过短的顶铁。(4)整修跟端螺栓,更换失效的异型螺栓或套管。(5)焊补或更换磨损或挠曲不平的滑床台、轨撑、滑床板挡肩或用螺旋道钉将轨撑、滑床板与枕木联结成一整体,并用水平螺栓使轨撑与基本轨牢固地联结在一起,以消灭“二道缝”病害。AT 型单开道岔采用可调分开式扣件,对防止基本轨外移有很好的效果。(6)校正基本轨弯折点的位置与弯折量,使之符合设计要求。(7)整修基本轨或尖轨侧弯。(8)及时打磨基本轨工作边与尖轨非工作边之间的“飞边”。(9)整治尖轨爬行。(10)经常消除尖轨与基本轨之间的冰雪及其他异物。

64. 简述客专线系列道岔各部螺栓标称扭矩。

答:(1)T形螺栓:标称扭矩弹条前部应与轨距块宏观接触(缝隙0~1 mm),扭矩为120~150 N·m。(2)岔枕M30螺栓:标称扭矩300~350 N·m。(3)长、短心轨联结螺栓:标称扭矩540~660 N·m。(4)限位器、转辙器跟端用间隔铁及翼轨间隔铁联结螺栓:标称扭矩900~1 100 N·m。(5)防跳卡铁,顶铁螺栓、护轨螺栓、轨撑水平螺栓:标称扭矩以弹性垫圈齐平控制,不易采用过大扭矩,但不应小于120~150 N·m。(6)扣板螺栓、轨撑竖向螺栓:标称扭矩300 N·m。

65. 简述轨道检查车轨距波形图显示轨距扩大的主要原因。

答:(1)轨枕连续失效。(2)枕木切压后,没有及时削平和调整轨底坡,行车时钢轨外倾,在曲线上钢轨小反。(3)道钉裹耗、浮起、离缝,混凝土枕扣件松动失效,扣板爬上轨底失去固定轨距的作用。另外,用错轨距挡板等人为因素也会造成轨距扩大。(4)钢轨硬弯,接头错口或焊接钢轨时轨头位置没有对正,严重时一端轨距过大,一端轨距过小。(5)线路一侧有暗坑,没有及时整治,列车长期通过时加大钢轨横向压力,造成轨距扩大。(6)曲线半径小,轨道加强设备不足,特别在超高设置不当、正矢不良受列车车轮冲击横向压力时,轨距就容易扩大。(7)在铺设木枕的小半径曲线上,轨距也容易扩大。(8)由于钢轨型号的不同引起的变化。

66. 简述高速道岔转换设备组装的技术要求。

答:(1)转辙机安装时,托板应与直股基本轨垂直,转换杆件沿线路纵向安装极限偏差为±5 mm,转辙机安装孔与基本轨直线距离极限偏差为±3 mm。(2)尖轨开口极限偏差为±5 mm。(3)外锁闭装置两侧锁闭量相差限值为2 mm。(4)尖轨、心轨密贴段范围内,牵引点外锁闭装置中心线处尖轨与基本轨、心轨与翼轨间有4 mm及以上间隙时,锁闭机构不应锁闭及接通道岔表示。(5)尖轨密贴段范围内,在牵引点间应设置密贴检查器,当牵引点间有5 mm及以上间隙时不应接通道岔表示。(6)各牵引点转换力测试值不应大于转辙机额定转换力。

67. 简述钢轨打磨作业质量验收要求。

答:(1)验收项目包括打磨廓形、轮轨接触光带、打磨深度、打磨面粗糙度、发蓝带、打磨平面宽度、打磨砂轮起落部位的砂轮磨痕、钢轨波磨打磨前后谷深、擦伤钢轨打磨后表面硬度、表面质量等。(2)打磨廓形、轮轨接触光带、打磨深度等项目的验收,按《高速铁路钢轨与道岔大型机械打磨验收技术规范》(Q/CR 681)、《高速铁路钢轨快速打磨管理办法》执行。周期性打磨痕迹和波磨应满足规定要求。

68. 带有钢轨伸缩调节器的线路上,尖轨、基本轨出现哪些不良状态或伤损,应进行修理或更换?

答:(1)尖轨相对于基本轨降低值偏差超过 1 mm,且对行车平稳性有影响。(2)尖轨、基本轨的光带异常,且对行车平稳性有影响。(3)尖轨轨顶相对于基本轨轨顶无降低段的尖轨顶面低于基本轨顶面时。(4)基本轨弯折点位置或弯折尺寸不符合要求。(5)顶面出现肥边、擦伤。(6)尖轨、基本轨其他伤损达到钢轨轻伤标准。(7)尖轨轨头切削范围内与基本轨轨头间隙应满足以下要求:①客运专线钢轨伸缩调节器:尖轨尖端至尖轨 5 mm 断面范围内,250 km/h$<v\leqslant$300 km/h 线路大于 0.2 mm、200 km/h$\leqslant v\leqslant$250 km/h 线路大于 0.5 mm,其余部位 250 km/h$<v\leqslant$300 km/h 线路大于 0.5 mm、200 km/h$\leqslant v\leqslant$250 km/h 线路大于 1 mm。②CN 钢轨伸缩调节器:尖轨尖端至尖轨 5 mm 断面范围内大于 0.5 mm,其余部位大于 1.0 mm。

69. 简述高速道岔岔区轨向不良的原因及整修措施。

答:(1)造成岔区轨向不良的主要原因:一是轨距变化不均匀;二是与区间无缝线路锁定轨温差超标,钢轨发生纵向位移,造成限位器扭曲或顶死;三是铝热焊头支嘴形成硬弯;四是局部一侧水平或暗坑吊板,造成两股钢轨受力不均匀;五是钢轨交替不均匀侧磨。(2)整修措施:整修时应综合考虑以上情况,通过对无缝道岔进行应力调整、整治失格铝热焊接头、安装地锚拉杆、对侧磨的轨件及时打磨或更换等办法进行维修整治。

70. 简述高速道岔轨下基础的技术要求。

答:(1)有砟轨道采用预应力混凝土岔枕,长度超过 3.2 m 时可采用铰接式结构。(2)无砟轨道道岔轨下基础可采用带桁架钢筋的低预应力混凝土岔枕埋入混凝土基础结构形式和预制轨道板结构形式,岔枕长度超过 3.2 m 时可采用铰接式结构。(3)有砟轨道岔枕在静载抗裂强度检验荷载作用下截面不应开裂。(4)有砟轨道岔枕经疲劳强度检验荷载 2×10^6 次循环作用后,截面残余裂缝宽度不应大于 0.05 mm。(5)岔枕间距一般为 600 mm,无砟轨道道岔的岔枕间距不应大于 680 mm。(6)无砟轨道岔枕的结构设计应考虑吊运和施工荷载的影响,在正常运输、施工荷载作用下不应开裂和产生影响使用的塑性变形。(7)无砟轨道岔枕上应设置施工套管。(8)无砟轨道应满足轨道电路对其绝缘电阻的要求。

71. 高速铁路 CZ 道岔切削加工应符合哪些制造技术要求?

答:(1)尖轨、心轨、叉跟尖轨、基本轨和翼轨的加工面应平滑,表面粗糙度为 MRR Ra12.5。(2)钢轨件机加工部位应按图纸规定倒棱或倒圆,未规定时应按不小于 1 mm×45°倒棱或 $R\geqslant$1 mm 倒圆。(3)基本轨与尖轨、翼轨与长心轨、短心轨与叉跟尖轨密贴面内倾偏差为 1∶80,不应外倾,内倾偏差按规定加工。(4)机加工段尖轨、心轨、叉跟尖轨的高度极限偏差为±1.0 mm,机加工段轨距线位置的轨头宽度极限偏差为±0.5 mm。(5)轨底加工宽度极限偏差为$_{-2.0}^{\ 0}$ mm。(6)尖轨和心轨轨顶坡极限偏差为±1∶320。(7)密贴状态下,各牵引点安装锁闭位置,尖轨远离基本轨一侧轨腰与基本轨工作边、心轨远离翼轨一侧轨腰与翼轨工作边的尺寸偏差为±2.0 mm。(8)基本轨、尖轨、长心轨、短心轨、叉跟尖轨、配轨、翼轨的踏面、工作边压痕深度均应小于0.3 mm。(9)轨头踏面轮廓和设计轮廓相差不应大于0.2 mm。

72. 简述铁路客运专线设置竖曲线的要求。

答:(1)高速铁路区间正线最大坡度不宜大于20‰,困难条件下不应大于30‰;线路所的正线坡度不宜大于15‰;困难条件下,不应大于20‰,特殊困难条件下,应经技术经济论证后确定。客货共线铁路应符合设计要求。(2)高速铁路最小坡段长度一般条件下不应小于900 m,且不宜连续使用;困难条件下不应小于600 m,且不应连续使用;列车全部停站的车站两端坡段长度不应小于400 m。客货共线铁路正线最小坡段长度一般条件下不宜小于600 m,且不宜连续使用;困难条件下不应小于400 m,且不应连续使用。(3)高速铁路相邻坡段坡度差大于等于1‰、客货共线铁路大于1‰时,应设置圆曲线型竖曲线连接,最小竖曲线半径按规定选用,最大竖曲线半径不应大于30 000 m,最小竖曲线长度不应小于25 m。(4)竖曲线(或变坡点)与竖曲线、缓和曲线、正线道岔、钢轨伸缩调节器均不得重叠设置。(5)有砟轨道与无砟轨道过渡段不应设置在缓和曲线和竖曲线上。(6)高速铁路的竖曲线起终点(或变坡点)与平面曲线起终点间的最小距离不宜小于20 m。(7)竖曲线与平面圆曲线不宜重叠设置,困难条件下重叠设置时,最小曲线半径应符合规定。

73. 简述使用经纬仪道岔铺设放样的作业方法和步骤。

答:

放样工作的主要内容:在场地上确定道岔中心点桩位,道岔始端、尾端桩位。(1)放样主要数据:①道岔全长 L。②道岔前长 a。③道岔后长 b。④道岔转向角 α。(2)放样步骤(图5-1):①拨正线路方向。②以给定的线路中心线的出岔位置或就近钢轨接头作为道岔始端(可沿一股钢轨丈量出道岔前长 a,并从该点钢轨工作边向线路中心方向垂直量取 $L/2$),定出道岔中心桩1。在道岔中心桩1上安置经纬仪,对中整平仪器后,向道岔始点放直线,从桩1沿直线方向丈量道岔前长 a 定出始端桩2,倒镜放直线,丈量道岔后长 b 定出岔尾桩3。右转 α 角度,在视线上丈量长度 b 定出侧线上岔尾桩4。用钢尺复核道岔全长 L 是否正确。

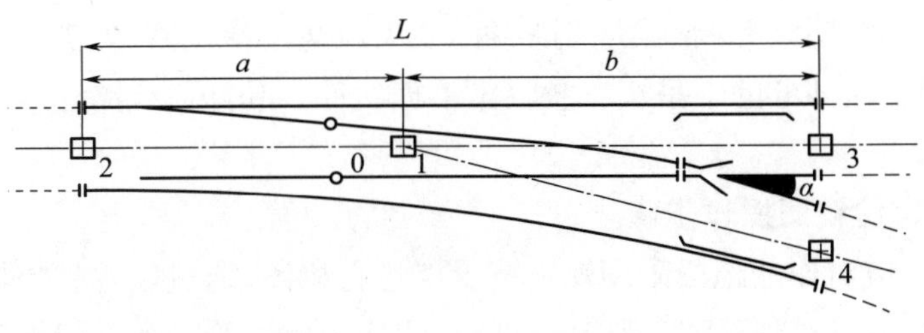

图5-1 单开道岔放样示意

74. 简述检查单开道岔的作业程序。

答:(1)作业准备:核对量具。(2)检查道岔。①目测方向和高低,必要时拉弦线,找出最大位置。②在检查过程中,随时注意结构检查(轨枕、接头、钢轨伤损、联结零件、防爬设备、警冲标、空吊板等)的病害情况,如有超限和其他危及行车安全的处所,填写在“轨向、高低及其他”栏内。③检查轨距和水平:在规定的检查点上按“先轨距,后水平”的顺序逐点检查并记录在“轨距、水平”栏内。④检查支距:轨距、水平检查完后,随即用支距尺在规定检查点上逐点检查支距,填写在记录本支距栏里。⑤检查轮缘槽:用小直尺检查护轨平直部分、辙叉心轨轮缘槽宽度及尖轨动程和尖轨尖端密贴情况。

75. 简述 CRTS Ⅲ型板式无砟轨道自密实混凝土离缝修补的作业方法和注意事项。

答:

作业方法:(1)准备工作:①修补材料:离缝注浆修补材料等。②工机具:钢丝刷、吹风机、注浆器、打磨器等。③对离缝注浆修补材料的性能进行工艺性试验。(2)修补作业:①离缝清理:用钢丝刷对离缝区域自密实混凝土周围进行清理。②设置注浆口:在离缝合适部位设置注浆口。③离缝封边:用离缝封边材料对离缝进行封闭。④离缝注浆:用注浆器从注浆口依次向离缝内部进行注浆,直至整个离缝区域灌注饱满。⑤表面修饰:待低黏度树脂材料固化后,将表面封边材料打磨清理干净即可。

注意事项:(1)作业前应将离缝伤损区域清理干净,且表面干燥无水。(2)环境要求:作业适宜温度 5～30 ℃,雨雪天不得作业。

76. 简述更换道岔尖轨的作业程序。

答:(1)准备作业:①检查需要更换尖轨的状态、型号、长度、左右开。②检查尖轨与各连接杆相连的眼孔位置是否相符,如不符要事先钻孔。③调查尖轨前后轨缝是否均匀,打磨基本轨肥边。④联系电务配合施工。(2)更换尖轨:①办理封锁施工手续,设置停车信号防护。②将尖轨跟端接头螺栓和尖轨耳铁与连接杆的联结螺栓卸掉,涂上油,戴上螺帽,放在规定的位置上。③用撬棍拔出旧尖轨至枕木头上,抬出线路外,以免影响作业。④将新尖轨抬入到位,先穿好尖轨跟端螺栓,上好轨撑、防爬卡及夹板,拧紧螺栓,双头螺栓上好开口销。接头螺栓要达到标准要求。⑤安装连接杆:先在尖轨与基本轨间放 1 根枕木头,以防误动道岔夹伤手脚。将连接杆与耳铁安好,拧紧螺栓,有开口销时上好开口销。⑥对失效配件要及时更换。⑦检查尖轨各部轨距尺寸。⑧会同电务调整第一连接杆,使尖轨与基本轨密贴,尖轨动程及轮缘槽宽度符合要求。⑨捣固转辙部分的空吊板。⑩收集整理轨件。⑪开通线路,撤除防护。

77. 简述高速道岔精调操作步骤。

答:(1)作业前:应对作业地段采用轨道测量仪进行检测,通过软件将数据导出。导出后的精调数据,应派人到现场复核,无误后应向铁路局集团公司主管业务部门提请动道方案。方案审批后,申请天窗进行作业。合理调配人员,根据作业量,准备工(机)具、材料。(2)作业中:作业按照先结构调整、后几何尺寸调整，先整体、后局部，先直股、后曲股，先高低、后水平，先轨向、后轨距，转辙区和辙叉区少动，两端线路顺接方法进行调整，扣件尽量减少反复松紧的原则。①结构调整：a. 全面整治钢轨接头病害。b. 调整转辙部位辊轮位置。c. 保证垫板坐实坐平，无空吊板的现象，如果达不到标准，采用更换胶垫板下不同厚度的胶垫方法进行调整，部分无砟轨道采用的 WJ-8c 型扣件系统。d. 调整轨撑，使其顶面与轨头下颚密贴。e. 调整框架尺寸到位，确保竖切密贴，顶铁间隙满足要求。f. 结合道岔高低、水平的调整，使尖轨或可动心轨轨底与台板间隙不超标。g. 通过调整扣件使尖轨跟端支距、趾跟端开口等尺寸满足要求。②几何状态调整：用单元管理的理念进行道岔状态整治，道岔前后各 200 m 线路纳入道岔单元管理，平纵断面数据一次完成测量采集、分析，在确保单元内平顺性前提下，注意单元与前后线路顺接良好、一致。以直尖轨一侧作为基准股，确保精调时心轨、尖轨轨向、高低的顺直；当整个岔区有两组及以上道岔直尖轨不在同侧时，应根据现场情况，确定一侧作为基准股，对整个岔区进行数据的采集。对采集的数据应及时统计分析，制订道岔整治方案；根据道岔整治方案和安博格小车数据，对高低调整量进行现场人工复核，确保调整数据与现场调整的趋势一致。按先调整高低、水平缺陷，后调整方向和轨距的顺序进行整治。a. 高低、水平调整：先外直股高低调整到位，通过水平调整内直股高低；再以内曲股为基准股通过水平调整曲下股高低，保证整组道岔内高低、水平良好，与前后线路顺接平顺。b. 平面调整：根据测量小车数据，确定整组道岔平面位置、轨向调整量，确定标准股改道 0 点位置现场目视复核后，拉弦线调整直股轨向，使直股顺直，前后顺接良好，确保方向的变化率不大于 0.3‰，可动心轨辙叉，曲股工作边曲线段应圆顺，不允许出现硬弯。c. 轨距、支距调整：轨距不良时，应检查顶铁是否顶死、刨切部位密贴是否良好、框架是否达标、尖轨是否侧弯、电务转换设备参数是否良好，如有结构上导致转辙部位轨距不良问题，应与电务一起整治到位。轨距采用调整小衬铁和偏心套相结合的方法进行调整，保证轨距顺坡率不大于 0.3‰，FAKOP 的位置要结合弦线进行轨距改道作业，确认达到标准后以 300～350 N・m 拧紧垫板螺栓固定垫板。支距调整时应以直基本轨一侧为基准，按照先调支距再调轨距的步骤进行，使尖轨跟端起始固定位置支距、尖轨跟端支距和导曲线支距允许偏差符合设计要求。d. 尖轨心轨密贴调整：通过增减顶铁调整片，调整尖轨、心轨顶铁间隙，并同时与轨距、支距调整相结合，确保尖轨与基本轨密贴，可动心轨在轨头切削范围内应与两翼轨密贴，开通侧股时，叉跟尖轨尖端与短心轨密贴。直、曲尖轨和心轨整个密贴段间隙在 0.5 mm 之间。(3)作业后：几何尺寸各项控制值应在静态容许偏差管理值作业验收范围内，各部间隙、间隔应在容许限值内，各部螺栓扭矩应达标，作业现场应清理干净。

78. 在无缝线路区段，观测与分析钢轨位移时应注意哪些方面？

答：(1)跨区间无缝线路钢轨的位移与列车运营状况及轨温有关，因此在观测时要同时记录当时的轨温数值及列车运营概况。(2)从跨区间无缝线路的受力状况来看，有些观测桩的钢轨是有伸缩位移的，有的观测桩处的钢轨不应有伸缩位移。这要依据观测桩的位置与轨温变化状况来定，这一点在观测与分析数据时一定要注意。应事先制出相应曲线与表格，以便观测与分析时心中有数。(3)对位于本该有伸缩位移的钢轨处所的观测桩,如长轨条端部,即伸缩区始点的观测桩,应分析测得的位移数据是否超过相应的理论数据,若超过应分析检查钢轨接头螺栓是否松动;钢轨扣件是否损坏,螺栓是否松动;道床是否饱满,砟肩是否足够;无缝线路锁定轨温是否改变。发现问题,及时采取措施纠正。(4)对位于不该有伸缩位移的钢轨处所的观测桩,如位于无缝线路固定区的位移观测桩,则主要观测无缝线路钢轨是否有不均匀爬行。不均匀爬行严重时将会改变无缝线路的受力状况。无缝线路固定区出现了应力不均匀状况。这时应检查钢轨扣件是否松动、破损,线路道床是否足够,并采取相应补救措施。

79. 简述高速道岔打磨作业要求。

答:(1)道岔打磨区域包括岔区(含侧向)、道岔间夹直线。道岔大型养路机械打磨的受限区域应及时使用小型打磨机打磨,使道岔打磨贯通。(2)打磨道岔时,应结合两端线路进行一体化廓形设计,使打磨后廓形连续贯通、平顺过渡。(3)尖轨非工作边距基本轨工作边100 mm处与尖轨尖端之间、长短心轨非工作边间距100 mm处与可动心轨尖端前50 mm处之间的钢轨外侧为大型养路机械打磨受限区域。大型养路机械打磨受限区域的钢轨内侧可由打磨车打磨,钢轨外侧可采用小型打磨机打磨。(4)打磨车打磨尖轨、可动心轨顶面宽度小于20 mm区域时应控制打磨角度和打磨量,以防止打伤尖轨、可动心轨。(5)当大型养路机械打磨受限区域的尖轨或可动心轨出现疲劳裂纹时应采用小型打磨机处理,且应沿线路纵向进行打磨,保证圆角光滑过渡。(6)当大型养路机械打磨受限区域因磨耗导致基本轨与尖轨或翼轨与可动心轨降低值超过1 mm、并出现光带异常时,应按目标廓形采用小型打磨机打磨。(7)钢轨伸缩调节器比照道岔尖轨、基本轨打磨方法和标准进行打磨。

80. CRTS Ⅱ型板式无砟轨道道床损坏修复作业如何进行?

答:轨道板或砂浆充填层损坏严重,采取其他措施无法保证无砟轨道稳定性和平顺性时,经论证后,可实施道床修理作业。道床修理作业应选择在接近轨道板施工铺设时的温度条件下进行。

道床修理可按以下工艺进行施作:(1)利用锚固筋将受损轨道结构两端一定数量的轨道板与支承层或底座板进行锚固,锚固筋的数量和布置根据轨道板施工时的纵连锁定温度、维修作业期间的温度计算确定。(2)松开受损部位一定范围的扣件,切断钢轨。(3)使用混凝土切割机,在轨道板宽接缝的接缝处进行切割,采用凿子、风镐等工机具清除板间接缝混凝土,拆除张拉锁件。(4)采用专用索锯,沿线路纵向,水平切割轨道板与砂浆结合面,分离轨道板与砂浆层。(5)将受损轨道板、砂浆层清运出现场,并将支承层或底座板表面清理干净。(6)运输、铺设新轨道板,精调并固定。(7)采用模筑法灌注固化速度较快、力学性能与充填层材料相当的修补材料。(8)用快凝混凝土浇筑窄接缝。(9)安装张拉锁件,按规定扭矩纵向连接轨道板。(10)接缝两侧支立模板,并用夹具固定,防止漏浆。(11)采用C55微膨胀早强混凝土封闭宽接缝,洒水覆盖养护或喷洒养护剂。(12)按设计锁定轨温要求锁定线路。(13)轨道状态精调,恢复线路。

81. 简述高速道岔可动心轨辙叉组装技术要求。

答：(1)钢轨件、弹性铁垫板、联结零件及转换设备应组装成可动心轨辙叉组件。(2)咽喉宽度尺寸极限偏差为－1～＋2 mm。(3)趾、跟端开口距极限偏差为±1 mm。(4)心轨实际尖端至直股翼轨趾端距离极限偏差为 0～＋4 mm。(5)长短心轨支距极限偏差为±1 mm。(6)长短心轨轨底间隙应大于等于 0.5 mm。(7)18 号及以下的辙叉沿直股工作边的长度极限偏差为±4 mm，30 号及以上的辙叉沿直股工作边的长度极限偏差为±6 mm。(8)牵引点处翼轨轨头外侧面与轨底外侧面相对距离极限偏差为±1.0 mm，牵引点处两翼轨轨头外侧非工作边距离极限偏差为±3 mm。(9)可动心轨辙叉直股工作边直线度为 0.2 mm/1 m、1 mm/10 m，心轨尖端向后 1 m 范围内不应抗线。侧股工作边为曲线时，工作边应圆顺，不应出现硬弯。(10)心轨轨头宽度 15 mm 断面至降低值起点断面范围内，各检测断面相对于翼轨的降低值极限偏差为±0.5 mm。(11)可动心轨轨底应与滑床台板接触。滑床台板与轨底的间隙应小于 1.0 mm，且大于等于 0.5 mm 的间隙不应连续出现。(12)转换设备锁闭状态下，可动心轨在轨头切削范围内应分别与两翼轨密贴，密贴间隙应小于 0.5 mm。(13)侧股开通时，叉跟尖轨与短心轨的间隙应小于 1.0 mm。(14)长心轨前端设置防跳间隔铁时，长心轨前端上表面与防跳间隔铁防跳工作面间隙为 2～6 mm。(15)顶铁与心轨轨腰、叉跟尖轨轨腰的间隙应小于 1.0 mm，防跳顶铁与心轨轨肢上表面的间隙为 3～5 mm，安装的顶铁调整片不应多于 2 片，总厚度不应大于 3 mm。(16)相邻铁垫板间距极限偏差为±3 mm，最远两块铁垫板间距极限偏差为±5 mm。(17)长短心轨联结铁与翼轨轨底的距离极限偏差为±3 mm。

82. 双块式轨枕损坏更换作业如何进行？

答：双块式轨枕松动、挡肩失效或扣件调整量用到极限，采取其他措施不能保证无砟轨道稳定性和行车平稳性时，应更换双块式轨枕。

双块式轨枕更换可按以下工艺施作：(1)松开扣件，提升钢轨至一定高度。(2)采用混凝土切割锯或其他措施，将损坏的轨枕从混凝土道床板中取出，轨枕底部应凿出不小于 25 mm 深的空间。(3)对于纵向钢筋穿过双块式轨枕钢筋桁架的无砟轨道结构，切断钢筋并使伸至相邻轨枕盒的连接钢筋裸露出来。(4)对裸露混凝土表面进行凿毛，连接钢筋表面除锈处理后，清理轨枕盒内松散颗粒及灰尘。(5)放入新双块式轨枕，选择合适长度、直径的钢筋，将其焊接到裸露道床板纵向连接钢筋上。(6)用螺杆钢轨伸缩调节器支撑双块式轨枕，钢轨就位，安装扣件。(7)精细调整轨排高程和左右位置，并固定。(8)对裸露混凝土面进行润湿处理，注入低收缩性、早强、粘结性能和流动性较好的砂浆材料。砂浆从轨枕一侧注入，直至填满整个开凿面。(9)将砂浆面刮平，与相邻道床板表面平齐，并打扫干净。(10)灌注砂浆养护，强度达到 30 MPa 及以上后，恢复线路。

83. 简述路基沉降地段注胶抬升 CRTS Ⅱ型无砟轨道的修复程序。

答：(1)根据施工方案提前做好机具及材料准备。(2)线路高程复核。对注胶抬升地段采用轨道测量仪复核抬升量，按照注胶地段轨道顺坡调整方案，完成注胶地段前后的轨道高程顺坡,选取高程观测基准点,完成注胶地段左右股轨面的高程数据采集工作。(3)标定测量点及抬升高度。对每个承轨台的注胶抬升量及顺坡地段的高程调整量进行现场标注,并根据注胶孔的注胶顺序确定注胶地段的轨面高程固定观测点。(4)标定注胶孔位。对钻孔位置及孔位注胶顺序进行标注。(5)钻孔。①注胶管设置。根据轨道板的结构,按首次、二次注胶的方法分别设计五种规格长度的注胶管,按照上部预留 100 mm,首次注胶下部穿过底座板 50 mm,二次注胶穿透一次注胶层(150 mm)进行设计制作,其长度分别为首次注胶线路中心注胶管长 690 mm、两侧注胶管长Ⅱ道侧 850 mm、3 道侧 540 mm。二次注胶线路中心注胶管长 840 mm、两侧注胶管长Ⅱ道侧 1 000 mm、3 道侧 690 mm。②孔位布置。按轨道板注胶抬升方案进行布孔,孔径 25 mm。③注胶孔的精度控制。钻孔机具:钻孔机械采用电锤钻,钻头直径 25 mm。钻孔精度:孔间距±5 mm,孔深±5 mm,倾角 1%。控制措施:用特制的边孔倾斜角度控制架精确控制钻孔角度。钻孔成型后,用特制的软式孔塞进行临时封堵。(6)注胶施工。注胶前准备:进行注胶机组的安装和调试。注胶管安装:将注胶管插入注胶孔内,注胶管露出地面的高度为 80～100 mm,用扳手拧紧注入管一端的螺母,使注入管另一端的橡胶管膨胀卡住孔洞使其固定,然后在注胶管上安装注胶嘴。注胶方法及顺序:按先两侧边孔帷幕注胶,后中心孔抬升注胶,再边孔调姿注胶的原则进行单元作业。每天抬升起终点应根据当日能够完成的作业量、抬升高度的影响范围、抬升点与宽接缝的距离不小于 2 m 的原则进行布置,不得在宽接缝处直接抬升。中心孔隔孔进行抬升作业。如果一次抬升没有达到计划抬高量,可用剩余未注胶孔进行调整或填充。如需继续抬升或调姿时,在需要调整的位置进行二次钻孔调整。注胶机自动注胶:在注胶过程中,要根据计划抬升量,实时测量抬升情况,及时调整注、停时间,以便控制抬升的精确度。每注完一个孔,及时用清洗液对注胶枪进行清洗,以防注胶枪堵塞,影响正常的注胶作业。(7)线路精调。注胶抬升后,按照计算的每日注胶施工后的扣件顺坡调整方案进行高程顺坡调整,确保轨道平顺性满足有关技术要求。(8)注胶孔封堵。注胶后注胶管全部拔出,并用特制的软式孔塞进行临时封堵,清洗设备。(9)清理现场。(10)施工后检查、监测。对注胶地段线路几何尺寸、轨道结构进行定期检查、监测,分析研究变化规律,确保注胶后线路设备处于可控状态。

84. 简述道岔工电结合部整治作业的质量标准。

答:(1)轨距、水平、高低、轨向和三角坑符合《高速铁路线路维修规则》道岔静态几何尺寸对应速度区段的作业验收标准。(2)尖轨、心轨动程按道岔标准图或设计图办理。(3)基本轨横移不超过 2 mm。(4)自由状态下,尖轨或心轨尖端不密靠不大于 0.5 mm,尖轨或心轨与竖切部位不密靠不大于 2 mm。(5)尖轨与基本轨、心轨与翼轨竖切部位肥边不超过 1 mm。(6)结合部钢轨硬弯不大于 0.5 mm。(7)尖轨非工作边与基本轨工作边最小距离不小于 63 mm。(8)绝缘接头轨端肥边不大于 2 mm,其轨缝符合规定。(9)接头错牙:允许行车速度大于 120 km/h 区段不超过 0.5 mm,120 km/h 及以下区段的正线、到发线道岔不超过 1 mm,其他站线道岔不超过 2 mm。(10)尖轨翘头、拱腰或后靠不超过 2 mm。(11)消除尖轨或心轨尖端滑床台连续三块大于 1 mm 缝隙和其他部位大于 2 mm 缝隙,更换或修理失修磨耗滑床板。(12)岔枕间距相邻误差或偏差不大于 40 mm,转辙部位不大于 20 mm,钢岔枕与直股垂线偏差不大于 10 mm。(13)岔枕无吊空、失效,配件无缺少、失效,位置正确。(14)两尖轨同时爬行量不超过《高速铁路线路维修规则》规定。(15)顶铁间隙不大于 2 mm,也不能顶死。(16)道岔间隙尺寸符合道岔设计图要求,并保持在允许误差范围。(17)连杆、顶铁、扣件和螺栓无缺少、松动,扭矩达标。(18)道床丰满、均匀,无严重不洁和翻浆冒泥,标志齐全,位置正确,标记清晰,外观整洁。

85. 路基和隧道地段道床板损坏修理作业如何进行?

答:

道床板结构损坏严重或连续 3 个及以上双块式轨枕伤损失效,采取其他措施无法保证轨道稳定性和行车安全时,应成段更换道床板,道床板更换作业应选择在接近道床板施工时的温度条件下进行,可按以下工艺施作:(1)利用锚固筋,将受损道床板两端的相邻道床板与支承层进行锚固。锚固筋的数量和布置根据伤损情况、维修作业期间温度等确定,锚固筋直径一般为 25 mm(道床板上钻孔直径 40 mm),长度为 400～500 mm,保证伸入支承层的锚固深度不得小于 250 mm。(2)松开受损道床板部位扣件,切割钢轨。(3)利用混凝土切割锯对受损道床板进行切割,从更换部分最后一根轨枕旁切割开,切割深度为道床板厚度。(4)分离道床板与支承层,将受损道床板起吊运走。(5)凿开相邻道床板混凝土,露出纵向钢筋长度不得小于 700 mm,并进行除锈处理。(6)对裸露支承层表面和道床板混凝土进行凿毛,清理松散颗粒及灰尘。(7)根据设计要求布设钢筋,纵向钢筋与两端露出的钢筋焊连,搭接长度不得小于 700 mm,焊接长度不得小于 200 mm,并做好钢筋绝缘处理。(8)利用螺杆钢轨伸缩调节器支撑双块式轨枕,铺设钢轨,安装扣件,精细调整轨排几何状态后固定。(9)支立模板,对支承层及四周混凝土表面进行润湿处理,在新旧混凝土接触面涂刷一层界面剂。(10)根据施工时间要求,浇筑低收缩性、早强和抗裂性好的 C40 混凝土。(11)将混凝土振捣密实后,刮平新浇筑的道床板表面,与相邻道床板表面平齐,并清理干净施工现场。(12)混凝土养护,初凝后拆除支承螺杆。(13)混凝土强度达到 30 MPa 以上后,根据设计锁定轨温,与相邻钢轨焊连,精调轨道状态,拆除模板,恢复线路。

86. 简述更换道岔折断轨枕螺钉及尼龙套管的作业程序、项目、内容及相关标准。

答:(1)作业条件:①作业负责人由工班长及以上职务人员担任。②利用维修或施工天窗作业,车站(调度所)设驻站(所)联络员、现场设现场防护员,使用对讲机或 GSM-R 手机联控。③办理封锁施工手续,设置停车手信号防护。(2)准备工作:①编制、审核作业方案。②打印作业派工单,核对作业地点、作业项目及工机具。③作业工机具准备。内燃钻孔机(适用于混凝土尼龙套钻取)、内燃扳手、活口扳手、起道机、撬棍、尖嘴钳、手锤、钢钎、角向磨光机等。④领取作业门钥匙。(3)作业项目、内容及流程:①召开班前会:a. 点名,布置工作。明确分工、作业项目、内容、时间,提出作业要求。b. 安全预想,提出防控措施,检查防护用品。②上道清点制度:天窗前 30 min 清点人员、工机具、材料数量并记录。③设置防护、发布命令:a. 驻站联络员天窗前 60 min 到达车站运转室(调度所),登记作业计划,做好预报、确报信息,调度命令下达后,立即通知作业负责人及现场防护员。b. 作业负责人核对施工命令、计划、地点,组织作业人员准备进入防护栅栏(或指示运送人员轨道车出库准备进入站场)。c. 打开作业门,作业人员按进场顺序进入防护栅栏(或轨道车进入站场运行到作业地点)。d. 作业负责人确认防护到位后,通知作业人员,上道作业。e. 拆卸扣件系统各部件,取出铁垫板,露出折断轨枕螺钉(尼龙套管)。f. 将钻头对准尼龙套管,先轻轻下钻,待整个钻头加满劲后,再均匀用力下压。g. 清理钉孔,恢复轨枕螺栓孔原有的喇叭形。h. 安装新尼龙套管,尼龙套管上沿与轨枕面平齐。i. 安装扣件系统各部件,螺栓扭矩达标。j. 作业质量回检。新尼龙套管安装正确,尼龙套管上沿与轨枕面平齐。扣件系统各部件齐全、作用良好,螺栓扭矩达标。(4)作业完毕后,清点人员、工机具、材料,确认无误后,锁闭作业门(或人员乘坐轨道车回库)后,作业负责人通知驻站联络员作业完毕销记,驻站联络员办理销记手续。

87. 长轨精调作业前需做好哪些充分的技术准备工作?

答:(1)技术负责人了解轨道测量仪的原理及使用方法,掌握数据采集、分析处理、轨道调整方案制定等知识。(2)轨道精调前 1 个月,应对 CPⅢ网重新复测,复测结果经过评估合格后方可应用于轨道精调。(3)整理各工区管段内平面曲线、竖曲线、超高等线路参数,以满足轨道测量仪参数的输入。(4)换算运营贯通里程,与施工里程结合使用,方便动态检测数据的分析解读。(5)在钢轨放散锁定过程中,要确保所有扣件完整,安装正确,扣件的扭矩均符合标准要求,钢轨轨底外侧与轨距挡块保证密贴。(6)测量前应对钢轨、承轨台面进行清理和检查,确保扣件无污染及缺陷。(7)各工区对轨道板复测数据进行分析。(8)根据轨道测量仪测量结果快速估算调整件的用量,并提前备好各种型号的轨道调整配件。(9)轨道测量仪的工效约为 600 m/d,轨道检查仪(简称轨检仪)的工效约为 3 km/h,各工区需按照节点工期的要求,提前配备轨道测量仪和轨检仪,做好设备检测与标定工作,保证设备正常运转。(10)提前准备好内燃扳手、液压起道器、轨距尺、塞尺、弦线等工具。(11)轨枕用"板号+流水号"形式统一编号,流水号从 0 至 9(如左线板号 812345 上第一个轨枕编号为 8123450)。岔区轨枕号按设计图纸上的流水号编号。补偿板、双块式轨枕、CRTSⅠ型轨道板和有砟区段自行编号。对于板号非连续地段应特别注意。

88. 钢轨焊接修复应满足哪些要求?

答:(1)焊接工艺应符合 TB/T 1632.1~TB/T 1632.4 要求,铝热焊应按生产商提供的工艺手册执行。焊接作业人员和焊接单位应具有相应的资质。(2)应采用经过型式检验的焊接工艺、材料进行焊接,型式检验报告应在有效期内。(3)焊接宜采用具有拉伸、保压功能的焊接设备。(4)焊接环境或轨温应符合 TB/T 1632.1~TB/T 1632.4 要求,并应避免大风和雨雪等不良天气。确需在不良天气进行焊轨作业时,应采取相应措施;推凸后应采用石棉或其他材料覆盖直至轨温降至 300 ℃以下。(5)钢轨的焊接修复,可进行原位焊接或插入钢轨焊复。锯口距离断裂面不少于 20 mm,锯切后的端面应平齐,端面斜度应符合焊接标准要求。插入钢轨的钢种、轨型应与线上既有的钢轨相同;热压印标记、热轧凸起标志应清晰。(6)插入短轨作业后,须对插入短轨进行打磨,使其与线路上的钢轨匹配。(7)钢轨焊接后应按 TB/T 1632.1～TB/T 1632.4 要求在 24 h 内对焊接接头进行探伤。(8)焊接作业结束后,应测量原标记间距离,计算焊接作业范围内锁定轨温,如不在设计锁定轨温范围之内时,应在气温适宜时进行应力放散或调整。(9)保存焊接的全部作业记录和检验报告,包括新焊接头的里程位置、线别、股别、接头编号及施工当日气象资料、施工时间、作业轨温、钢轨拉伸量、无缝线路锁定轨温等关键数据,作业人员信息,焊接过程的视频信息,存储接头平直度的测量图形和超声波探伤可回放的动态图形。

89. 钢轨打磨深度应符合哪些要求?

答:(1)预打磨。轨顶中心区域最小打磨深度不小于 0.2 mm。其中道岔打磨以保证轨头廓形为主,打磨深度可适当减少。(2)预防性打磨。轨顶中心区域不小于 0.1 mm。(3)修理性打磨深度按以下原则确定。①光带修形后轨头达到目标廓形。②波磨钢轨打磨后符合波磨打磨验收标准。③擦伤钢轨打磨后轨面硬度不高于邻近母材轨面硬度 50 HB。④钢轨鱼鳞纹应消除。(4)打磨面粗糙度应不大于 10 μm。(5)打磨平面最大宽度应符合以下要求:a. 轨顶纵向中心线两侧 10 mm 区域为 10 mm,10～25 mm 区域为 7 mm,其余打磨区域为 5 mm。b. 沿钢轨纵向 100 mm 范围内,打磨平面宽度最大变化量不应大于打磨平面最大宽度的 25%。(6)打磨后轮轨接触光带:直线和曲线下股钢轨应基本居中,宽度为 20～30 mm;曲线上股钢轨应偏向内侧。(7)钢轨打磨后应无肥边、无疲劳裂纹、无连续发蓝带。

90. 简述 GLC 系列道岔养护维修注意事项。

答:(1)道岔磨合期内,尖轨、基本轨、心轨、高锰钢辙叉等钢轨出现的飞边,要及时进行打磨,以免剥落掉块。(2)为防止心轨侧磨,应定期检查调整护轨的间隔。查照间隔及护背距离在心轨轨头宽 20～30 mm 处测量。(3)定期检查和拧紧各紧固螺栓。(4)定期检查弹条、弹片是否出现折断或严重变形,并及时更换。(5)定期检查轨距,若发现轨距超限时应及时调整。(6)辊轮的高度和位置变化时,应及时调整。(7)螺纹外露表面应涂防腐蚀油脂。(8)定期检查和维护道岔内的绝缘件,以保证信号系统正常工作。(9)密贴检查器每季度必须检查一次,加强润滑,不得润滑触点,以组件为单位更换。(10)道岔铺设上道后的一周内,应加强道床捣固,使道岔状态尽快处于稳定的状态。(11)GLC 系列道岔失效塑料套管可快速更换。复合缓冲圈的外径为 47 mm,垫板上对应的孔径为 48 mm,因此只需卸下岔枕螺栓、弹簧垫圈、复合盖板和复合缓冲圈,用专用工具即可从垫板岔枕螺栓孔上方将失效塑料套管旋出,再将新的塑料套管旋入即可。(12)金属垫板与混凝土岔枕的岔枕联结螺栓安装前应进行检查,清除套管中的杂物,套管和螺栓上涂覆铁路专用防护脂,防护脂的性能按相关要求执行。用手拧入套管,保持螺栓的垂直度,并注意一定让螺纹入扣,在旋入一定深度后,再改用扭矩扳手将螺栓拧紧,扭矩应控制在 250～300 N·m,在拧紧过程中,绝对禁止“用锤击入”或“先锤后拧”的作业方式。

91. 简述“行车设备施工登记簿”请求施工(慢行及封锁)登记有关要求。

答:(1)“本月施工编号”栏填写本月施工计划(维修天窗作业计划)中该项施工(维修)编号,无月度施工计划号,填记日计划号。(2)“施工项目”栏填写施工计划(维修天窗作业计划)或有关施工电报规定的该项目的简称。(3)“月日时分”栏填写施工单位施工(维修天窗)作业登记完毕时的月日时分。月日为一格(月日间用顿号隔开),时分为一格(时分间用冒号隔开)。(4)“影响使用范围(需要的慢行或封锁条件)、施工负责人签名、设备单位检查人签名、车站值班员签名”栏填写施工计划(有关施工电报)、维修天窗作业计划规定的施工(维修)时间、地点、内容以及停用设备和影响范围,施工计划中注明行车方式时应登记“行车方式按施工日计划执行”并由施工负责人、设备单位检查人按规定签名(注明具体××项目部或××段或××段××车间或××段××工区)。在调度台登记时,由列车调度员核对施工(维修天窗)计划、运行揭示调度命令或有关施工电报内容正确后签认;在车站登记时,由车站行车人员核对施工(维修天窗)计划、运行揭示调度命令或有关施工电报内容正确后签认,并向列车调度员申请。(5)“所需时分”栏填写施工计划(有关电报)、维修天窗作业计划批准停用(封锁)的时分。

92. 简述双块式无砟轨道道床板与支承层分离的整治工艺流程。

答:(1)在病害地点一侧使用钢筋探测仪探测,在道床表面确定相应钻孔点进行标记,然后使用 32 mm 空心钻头钻孔。(2)钻孔完毕后清理孔洞,灌入不少于 2/3 孔深的耐疲劳高强植筋胶,然后植入 M27 抗剪销钉。(3)道床板切槽。使用手砂轮切割机在原道床板施工缝处切槽,利用水磨空心钻在槽上进行钻孔,然后人工利用钢钎对道床板进行凿缝,利用手砂轮切割机和冲击钻清除道床板内侧封闭层。(4)切割伸缩缝贯通后,利用空压机高压风对离缝进行残渣清理。道床板内余留 7 根钢筋,道床板两侧各 1 根、两股钢轨下各 1 根、道床板中间 3 根。(5)预埋注胶管。内侧埋注 11 个、外侧埋注 18 个,道床板伸缩缝中间埋注 3 个。采用封缝胶对离缝、伸缩缝处进行充填并保证密封。(6)采用灌注胶对离缝进行注胶,由外侧注胶嘴注入,内侧注胶嘴有胶流出即可。采用灌注胶对伸缩缝注胶,由中间注胶嘴注入,两侧注胶嘴有胶流出即可。(7)利用角磨机对道床板表面进行打磨。拱起段道床板表面涂抹树脂胶,粘贴碳纤维布,钢轨外侧 1 张、内侧 3 张。(8)在病害地点另一侧道床板钻孔、植筋。(9)使用混凝土填充整平两线间的封闭层。(10)对病害地段轨道几何进行精调,确认状态良好。(11)清理现场。

93. 简述双块式无砟轨道轨枕挡肩破损的修补工艺流程。

答:(1)根据施工方案提前做好设备及材料准备。(2)拆卸扣件,用棉纱堵塞扣件螺栓孔,防止杂物进入。(3)对挡肩破损处边脚进行放线,采用切割机按放线位置进行切割(深度约 20 mm),凿除切割线内的混凝土。(4)确定植筋位置,成梅花形布置,间距 50 mm。采用钻头直径 14 mm 的电锤钻植筋孔,深 55 mm。将植筋孔和处理面的碎渣清扫干净并用电吹风除尘,用丙酮清洗植筋孔和挡肩处理面。(5)准备环氧树脂砂浆。调查挡肩破损处体积,确定树脂砂浆用料数量,并按一定比例拌和环氧树脂砂浆,拌和的环氧树脂砂浆以手轻捏成团不松散、不黏手为宜。(6)植筋。在植筋孔和处理面涂刷环氧树脂液,厚度为 0.2 mm,在植筋孔内灌入环氧树脂砂浆，插入长度为 80 mm 并涂刷环氧树脂液的直径 12 mm 的螺纹钢筋，钢筋外露长度为 25 mm。(7)安装扣件和轨距杆。安装扣件，拧紧螺栓，并采用 Ap20-6 垫板作为挡肩修补的模板。确保模板与轨枕挡肩斜度完全一致。安装绝缘轨距杆，使挡肩不受轨道横向力。(8)挡肩修补。充填环氧树脂砂浆，采用泥抹刀压实抹光，保证结合牢固、平顺、无断道，气温低于 5 ℃时，环氧树脂砂浆强度提高较慢，修补过程中应监测温度和树脂砂浆抗压强度变化情况。(9)拆模。恢复扣件正常安装状态。(10)清理现场。(11)修补后，每天检测环氧树脂砂浆强度，达到 50 MPa 后，拆除轨距杆，恢复常速。

94. 简述利用轨道检查车轨向波形图分析整治现场病害的方法。

答:(1)轨向的波形图分析:在图幅中找到左轨向或右轨向通道图，以基线为 0 mm，在基线上下画出Ⅰ、Ⅱ、Ⅲ、Ⅳ级超限横线，对波峰值超过Ⅰ、Ⅱ、Ⅲ、Ⅳ级超限横线标准又回到基线处所，用直尺测量其实际幅值的高度，按 1∶1 的比例求出超限值，长度按 1∶2.5 的比例计算，然后，核对里程。(2)现场核对病害及整治方法:①检查工具及备品。②按规定设置防护:车站设驻站联络员、现场设现场防护员，对讲机防护联络，移动停车手信号防护。防护设好后方可进行作业。③轨向超限查找，先跨在钢轨上，采用目测上股轨向，查找超限处所。找出疑似病害处所，采用弦线测量，在该处的前后钢轨内侧用 10 m 量取最大的矢度，确定超限处所。曲线地段采用 20 m 弦测量曲线正矢，找出超限处所。④超限处所查出后，对范围较长、矢度较大的采用拨道或改道的方法整治，对范围较短、矢度较小的可采用改道的方法整治。(3)复核完毕，人员、料具撤出限界以外，撤除防护。

95. 简述高速铁路有砟轨道混凝土枕道岔改道作业的程序。

答:(1)作业准备:①对使用的各种量具进行检查核对，上道前按规定设置防护。②作业前测量轨温，确认符合作业轨温条件，严格遵守三测轨温制度。③作业中遵守邻线来车避车规定。(2)调查划撬。(3)改道:①改正直外股轨向。②改正导曲线上股圆顺度。③改正内直股和曲下股轨距和变化率。④改正辙叉。(4)检查调整轮缘槽:辙叉、护轨、尖轨跟端处改道时，对叉心轮缘槽尺寸不符合 45～49 mm、护轨轮缘槽尺寸不符合 41～45 mm、尖轨非作用边与基本轨工作边的最小距离不符合 63～65 mm 的标准，尖轨、可动心轨动程不符合标准的(电务配合)进行调整修理，使其达到规定尺寸。(5)检查调整尖轨、可动心轨密贴。(6)补充扣件，更换垫板。(7)上紧轨距杆。(8)检查、整修。(9)撤除防护。

96. 简述铝热焊接头内部缺陷产生原因。

答:铝热焊接头内部的伤损主要由于焊接工艺控制不良，焊筋边缘溢流飞边引起疲劳断裂，以及焊肉组织异常、疏松、气孔、热裂纹和未焊合等缺陷及引起的疲劳和脆性断裂。当砂模密封不严或焊缝未对正，浇铸时钢水从缝隙处溢流出，在焊筋边缘的钢轨表面形成溢流飞边，与钢轨表面形成类似疲劳裂纹，并发展成横向断裂，钢水的流失，补缩量的不足，还可能导致在接头最后冷却凝固部位出现收缩孔、疏松或夹渣等缺陷，造成钢轨的低周疲劳断裂。当焊剂成分异常有可能导致在焊缝区域出现粗大块状铁素体或在焊缝全断面出现马氏体等异常组织，导致钢轨从内部产生疲劳裂纹，或发生脆性断裂。铝热焊缝处铸造组织在高温状态下及凝固前，受拉应力作用在晶界萌生裂纹并沿晶界或穿晶扩展形成裂纹。热裂纹处组织具有粗晶特征，通常位于焊缝尺寸较大的焊筋中部，沿横向方向扩展，断口有发蓝的氧化色或温度色。铝热焊接过程中，钢轨端面预热温度不够或钢水的温度偏低时，待焊钢轨端面没有完全被融化，未能实现熔化结合，造成未焊合缺陷。

97. 简述高速铁路雨量监测子系统雨量计的设置原则和构成及安装。

答：

设置原则：(1)铁路沿线应设置雨量监测点。(2)雨量监测点应设置于路基地段及艰险山区铁路易发生滑坡、泥石流及危岩、落石或崩塌地段等处所。(3)有砟轨道线路连续路基区段雨量监测点设置间距宜为 15～20 km，无砟轨道线路连续路基区段雨量监测点设置间距宜为 20～25 km。(4)雨量计宜单台配置。(5)雨量计应安装在无遮掩的场所。

雨量监测设备的构成及安装：(1)每处雨量监测点包括 1 台雨量计、1 个现场接线箱(含传输接口设备、电源及防雷设备)。(2)雨量计安装于接触网杆上，距轨面垂直高度 4 m±0.1 m 处。(3)现场接线箱安装于接触网杆上，距接触网杆法兰盘 1.2 m 处。

98. 简述高速铁路地震监测系统工作原理。

答：当牵引变电所防灾机房内设置的加速度报警仪检测到 45 gal 及以上的水平地震加速度时，中心及工区的防灾安全监控系统将发出警报，并通过感震柜控制牵引变电所立即停止供电；显示用地震仪可显示水平地震加速度波形，进一步判断加速度报警仪报警的可靠性，并为震后运行管制提供数据，作为震后决定巡检区间、巡检方式和列车限速要求的依据；同时通过中心防灾安全监控系统与综合调度系统的联网，将报警信息提供给综合维修调度子系统、列调子系统、电调子系统；由列调子系统发布列车限速、停运等运行管制命令；由电调子系统完成相关控制操作。

当 2 个及以上地震监测点检测到地震动加速度≥0.04g 时，及时生成强震报警，并同时联动控制沿线相关的牵引供电控制装置使接触网停电。当分区所、AT 所检测到地震信号时，联动邻近两个牵引变电所所辖区间内的牵引供电控制装置使接触网停电；当牵引变电所检测到地震信号时，联动其自身及邻近两个牵引变电所所辖区间内的牵引供电控制装置使接触网停电。

99. 简述客专线系列高速道岔螺栓标称扭矩和扣件伤损标准。

答：

标称扭矩：(1)T 形螺栓：弹条前部应与轨距宏观接触(缝隙 0～1 mm)，标称扭矩 120～150 N·m。(2)岔枕 M30 螺栓：标称扭矩 300～350 N·m。(3)长短心轨联结螺栓：标称扭矩 540～660 N·m。(4)限位器、转辙器跟端用间隔铁及翼轨间隔铁联结螺栓：标称扭矩 900～

1 100 N·m。(5)防跳卡铁、顶铁螺栓、护轨螺栓、轨撑水平螺栓：以弹性垫圈齐平控制，不宜采用过大扭矩，但不应小于 120～150 N·m。(6)扣板螺栓、轨撑竖向螺栓：标称扭矩 300 N·m。

扣件伤损标准：道岔扣件系统安装与调整应符合铺设图要求，各零部件应保持齐全，作用良好。应使用铁路专用防腐油脂定期对螺栓涂油，螺栓保持润滑状态。扣件有以下伤损情况，应及时更换：(1)岔枕螺栓、T 形螺栓折断或严重锈蚀。(2)调高垫板损坏。(3)弹性铁垫板或弹性基板的橡胶与铁件严重开裂。(4)弹条、弹性夹、拉簧、弹片等损坏或不能保持应有的扣压力。弹性夹、弹片、挡板损坏、弹性夹离缝、弹片与滑床板挡肩离缝、挡板前后离缝大于 2 mm。(5)轨距块、挡板、缓冲调距块、偏心锥等严重磨损。(6)套管失去固定螺栓的能力。(7)垫板、滑床板、护轨垫板的焊缝开裂。(8)滑床板损坏、变形或滑床台磨耗大于 3 mm。(9)弹性垫板静刚度值超过设计上限的 25%。

不得对转辙器滑床台涂油，辙叉滑床台可涂固体润滑剂。各部位螺栓涂油时不得污染橡胶垫板、弹性铁垫板和弹性基板。

100. 简述高速铁路异物侵限监控装置的构成及安装。

答：异物侵限监控子系统主要用于公铁、铁铁立交及其他危险路段落物坠落的监测报警。该系统主要采用双电网传感器或光纤光栅传感器来监测落物。(1)公跨铁立交桥异物侵限监测装置由竖直监测电网(内嵌双电网传感器)、水平承重网、L 形支架、轨旁控制器、安装附件和传输线缆等组成。①L 形支架：利用预埋或植入的化学锚栓安装在公跨铁路桥左右两侧的护栏基座上，用于安装固定监测防护网。②竖直监测电网：公跨铁竖直监测电网(内嵌双电网)由若干个监测防护网组成。架设、固定在 L 形支架上。网与网之间采用航空插头进行连接，接线盒防护。③轨旁控制器：轨旁控制器安装在公路桥下，开门方向背对线路，一端通过专用电缆与公跨铁路桥两侧的监测防护网连接，另一端通过铁路专用信号屏蔽电缆进入基站内的监控单元。(2)监测网设置：竖直监测网高度 2 000 mm±55 mm，每单元宽度为 1 000 mm ±10 mm，双电网传感器内置于竖直监测网，栅格大小 115 mm×115 mm 至 125 mm×125 mm 之间(中心线到中心线)质量不大于 15 kg；竖直监测网在 50 kg/m^2 静荷载作用下不开裂，抗风能力不小于 50 m/s。水平承重网不设置电网传感器，仅起结构支撑、维护检修平台作用；水平承重网每单元平行于公跨铁路桥方向为 1 000 mm±10 mm，垂直于公跨铁路桥方向为 600 mm±100 mm，能够承载不小于 100 kg 的附加荷载。

S1　承轨台破损修复

一、考场准备

待修复承轨台一个;夜间考场内要有充足的照明。

二、材料工具准备

1. 材料准备。

序　号	名　称	规　格	数　量	备　注
1	预涂料		1包	1 kg
2	灌注砂浆		1包	1 kg
3	火烧干燥石英砂	粒径 0.4～0.7 mm	1包	1 kg

2. 工、量、刃、卡具准备。

序　号	名　称	规　格	精　度	数　量	备　注
1	钢丝刷			1把	需贴加反光标记
2	真空吸尘器			1台	需贴加反光标记
3	搅拌机			1台	需贴加反光标记
4	振捣器			1台	需贴加反光标记
5	垫块			1块	需贴加反光标记
6	铲子			1把	需贴加反光标记
7	桶			1个	需贴加反光标记
8	毛刷			1把	需贴加反光标记

三、考核要求

1. 考生按要求穿戴、配备劳动保护用品,夜间戴照明头灯。
2. 材料、工器具准备合理。
3. 承轨台破损修复作业流程规范。
4. 作业后应符合《高速铁路线路维修规则》规定。
5. 计时从考生得到允许作业的命令之时开始,到考生汇报作业完毕之时结束。
6. 规定时间内全部完成,不加分。每超时 1 min,从总分中扣 2 分,总超时 5 min 停止作业。
7. 作业完毕,按规定清理现场。

四、考核评分

1. 考评人员 3 名及以上。

2. 评分程序及规则:考评员根据考生操作情况对照计分标准在评分表上给予记录评分。
3. 评分方法:采用百分制,满分 100 分,60 分及以上为及格。

五、铁道行业职业技能认定高速铁路线路工高级技师实作技能考核评分记录表

单位:________　姓名:________　性别:________　准考证号:________　工种:________　级别:________

试题名称:承轨台破损修复

考核时间:35 min

操作开始时间:　　时　　分　　　　　　　　操作结束时间:　　时　　分

序号	考核内容	考核要点	配分	评分标准	扣分	得分
1	作业工具及使用	(1)根据需要一次带够所有工具、材料。 (2)正确使用各种工具	10	(1)工具、材料不全,少一件扣 5 分。 (2)使用方法不当或工具损坏,扣 5 分		
2	作业程序	(1)作业准备: ①清点工具、材料。 ②确认工具使用状态。 ③确认作业条件。 ④在天窗点内作业按规定设置现场防护,方可上道作业。 (2)清理承轨台表面。 (3)涂抹预涂料。 (4)撒石英砂。 (5)架模板。 (6)拌制灌注砂浆。 (7)拆模。 (8)修整表面。 (9)撤除防护:作业完毕,清点人员,工、机、量具,材料并撤出限界以后,撤除防护	40	(1)作业准备: ①未清点或工、机、量具,材料不全,少一件扣 5 分。 ②未确认工具使用状态扣 5 分。 ③未确认作业条件扣 5 分。 ④未在天窗点内作业或未按规定设置现场防护,扣 41 分。 (2)未清理承轨台表面扣 5 分。 (3)未涂抹预涂料扣 5 分。 (4)未撒石英砂扣 5 分。 (5)未架模板扣 5 分。 (6)未拌制灌注砂浆扣 5 分。 (7)未拆模扣 5 分。 (8)未修整表面扣 5 分。 (9)人员,工、机、量具,材料遗留现场扣 41 分,未清点扣 5 分,未按规定撤除防护扣 5 分		
3	作业质量	(1)作业条件为自然环境 5～30 ℃进行,禁止在雨雪天气进行。 (2)破损范围内的松散部分及灰尘和污染物被清除,修补面清洁干燥。 (3)按产品说明配制修补材料。 (4)装好的模板尺寸误差符合规定要求。 (5)砂浆配比和当时气温相匹配。 (6)修补密实、无空响、表面平整	40	(1)作业条件不符扣 10 分。 (2)未清除杂物或修补面不清洁干燥扣 10 分。 (3)未按产品说明配制修补材料扣 10 分。 (4)尺寸误差不符合规定要求扣 5 分。 (5)砂浆配比和当时气温不匹配扣 5 分。 (6)修补不密实、有空响、表面不平整扣 10 分		

续上表

序号	考核内容	考核要点	配分	评分标准	扣分	得分
4	作业安全	(1)损坏工具、量具等。 (2)人身安全。 (3)工、机、量具均贴加反光标记	10	(1)若有工(量)具损坏,每次扣5分。 (2)作业中发生滑倒、碰手碰脚等扣10分。 (3)未贴加反光标记,每件扣5分		
5	作业时间	在规定的时间内完成作业内容		规定时间内全部完成,不加分。每超过1 min,从总分中扣2分,总超时5 min停止作业		
合计			100			

考评员签字:　　　　　　　　认定人签字:　　　　　　　　年　　月　　日

S2　客专线系列18号道岔精调作业

一、考场准备

待精调的18号客专线系列道岔1组;夜间考场内要有充足的照明。

二、材料工具准备

1. 材料准备。

序　　号	名　　称	规　　格	数　　量	备　　注
1	石笔		2支	
2	轨距块	9~11号、10~12号	若干	根据精调方案需要配置
3	缓冲调距块	4~11号、5~10号 6~9号、7~8号	若干	根据精调方案需要配置
4	调高垫板	1 mm/2 mm/5 mm/8 mm	若干	根据精调方案需要配置
5	专用防护油脂		若干	根据精调方案需要配置

2. 工、量、刃、卡具准备。

序　　号	名　　称	规　　格	精　　度	数　　量	备　　注
1	电子道尺	0级	±0.25 mm	1把	需贴加反光标记
2	轨温计			1个	需贴加反光标记
3	弦线	20 m		1盒	需贴加反光标记
4	钢板尺	150 mm		1把	需贴加反光标记
5	内燃扳手			1台	需贴加反光标记
6	扭矩扳手			1把	需贴加反光标记
7	改道器			1台	需贴加反光标记

续上表

序　号	名　称	规　格	精　度	数　量	备　注
8	起道器			2台	需贴加反光标记
9	塞尺			1把	需贴加反光标记
10	毛刷			1把	需贴加反光标记
11	线路检查记录本			1本	需贴加反光标记

三、考核要求

1. 考生按要求穿戴、配备劳动保护用品，夜间戴照明头灯。
2. 材料、工器具准备合理。
3. 道岔精调作业流程规范。
4. 作业后应符合《高速铁路线路维修规则》规定。
5. 计时从考生得到允许作业的命令之时开始，到考生汇报作业完毕之时结束。
6. 规定时间内全部完成，不加分。每超时 1 min，从总分中扣 2 分，总超时 5 min 停止作业。
7. 作业完毕，按规定清理现场。

四、考核评分

1. 考评人员 3 名及以上。
2. 评分程序及规则：考评员根据考生操作情况对照计分标准在评分表上给予记录评分。
3. 评分方法：采用百分制，满分 100 分，60 分及以上为及格。

五、铁道行业职业技能认定高速铁路线路工高级技师实作技能考核评分记录表

单位：________ 姓名：________ 性别：________ 准考证号：________ 工种：________ 级别：________

试题名称：客专线系列 18 号道岔精调作业

考核时间：60 min

操作开始时间：　时　分　　　　操作结束时间：　时　分

序号	考核内容	考核要点	配分	评分标准	扣分	得分
1	作业工具及使用	(1)根据需要一次带够所有工具、材料。 (2)正确使用各种工具	10	(1)工具、材料不全，少一件扣 5 分。 (2)使用方法不当或工具损坏，扣 5 分		
2	作业程序	(1)作业准备： ①清点工具、材料。 ②确认工具使用状态。 ③在天窗点内作业按规定设置现场防护，方可上道作业。	40	(1)作业准备： ①未清点或工、机、量具，材料不全，少一件扣 5 分。 ②未确认工具使用状态，扣 5 分。 ③未在天窗点内作业或未按规定设置现场防护，扣 41 分。		

续上表

序号	考核内容	考核要点	配分	评分标准	扣分	得分
2	作业程序	④提前通知电务配合人员到位。 ⑤测量轨温,确认作业条件。 (2)轨距和轨向调整: ①选定道岔直基本股作为基准股,先对基准股钢轨方向进行精确调整,固定基准股钢轨后,再调整另一股钢轨轨距、方向。 ②根据轨道精调作业方案调查划撬,确认调整范围,在轨枕上标注调整方向和调整量。 ③松开轨枕螺栓。 ④通用扣件部位轨距和轨向调整:通过调换不同规格的轨距块和缓冲调距块,调整级差为 1 mm,可实现单股钢轨$^{+4}_{-8}$ mm 的轨距调整。 ⑤滑床板和护轨垫板部位轨距和轨向调整:通过移动滑床板或护轨垫板,并配以不同号码的缓冲调距块来进行轨向、轨距的调整。 ⑥确认轨向或轨距合适,按规定扭矩拧紧螺栓。 (3)高低和水平调整: ①选定尖轨作为基准股,对基准股钢轨高低进行精确调整。 ②根据轨道精调作业方案调查划撬,确认调整范围,在轨枕上标注调整方向和调整量。 ③调整量为$^{+26}_{-4}$ mm 范围高低位置时,松开需调整钢轨里外口垫板与轨枕的固定螺栓,取下预压盖及螺栓,用起道压机抬起钢轨,根据调整量,在弹性铁垫板下加入 1 mm、2 mm、5 mm、8 mm 四种厚度调高垫板进行调整,垫板螺栓分为 A 型、B 型两种型号,调高量不超过 15 mm 时采用 A 型螺栓,调高量大于 15 mm 时采用 B 型螺栓。 ④符合高度要求后,落下钢轨,确认轨向符合标准,按规定扭矩拧紧螺栓。 ⑤水平调整时固定基准股钢轨,再调整另一股钢轨高低,并校核水平,调整顶铁离缝,同时确认轨向、轨距符合标准,拧紧螺栓。 ⑥卸下轨枕螺栓时,要注意避免泥污掉入绝缘套管内。预埋套管中缺油或无油时,应在预埋套管中注入或在锚固螺栓螺纹部分涂专用防护油脂。 ⑦将更换情况做好记录存档待查。 (4)清理现场。 (5)撤除防护:作业完毕,确认线路达到放行列车条件,清点人员、工机具、材料并撤出限界以后,撤除防护	40	④未提前通知电务部门配合,扣 5 分。 ⑤未测量轨温,确认作业条件,扣 5 分。 (2)轨距和轨向调整: ①基准股选择错误,扣 5 分。 ②未根据轨道精调作业方案调查划撬,确认调整范围和标注,扣 10 分。 ③超松一个螺栓,扣 2 分。 ④调换错误一处,扣 5 分。 ⑤调换错误一处,扣 5 分。 ⑥未确认,扣 5 分。 (3)高低和水平调整: ①基准股选择错误,扣 5 分。 ②未根据轨道精调作业方案调查划撬,确认调整范围和标注,扣 10 分。 ③调换错误,一处扣 5 分。 ④不符合高度要求或未确认轨向,扣 5 分。 ⑤未固定基准股钢轨、未校核水平或未确认轨向、轨距,扣 5 分,未调整顶铁离缝,扣 5 分。 ⑥未清理污泥或未涂油,扣 5 分。 ⑦未做存档记录,扣 5 分。 (4)未清理现场,扣 5 分。 (5)未确认线路达到放行列车条件,放行列车扣 41 分,人员,工、机、量具,材料遗留现场,扣 41 分,未清点,扣 5 分,未按规定撤除防护,扣 5 分		
3	作业质量	(1)道岔精调几何尺寸调整满足高速道岔静态几何尺寸容许偏差管理标准作业验收标准。 (2)道岔精调各部位密贴满足作业验收标准。 (3)弹条前部应与轨距块宏观接触(缝隙 0～1 mm)。 (4)T形螺栓扭矩为 120～150 N·m,岔枕锚固螺栓 300～350 N·m。 (5)最多连续松开扣件个数满足无缝线路作业轨温条件	40	(1)超作业验收标准,每处扣 2 分,超经常保养标准,每处扣 5 分。 (2)密贴超限,一处扣 5 分。 (3)间隙大于 1 mm,一处扣 5 分。 (4)扭矩不满足规定标称扭矩要求,每根扣 5 分。 (5)不满足无缝线路作业轨温条件,每处扣 10 分		

续上表

序号	考核内容	考核要点	配分	评分标准	扣分	得分
4	作业安全	(1)损坏工具、量具等。 (2)人身安全。 (3)工、机、量具均贴加反光标记	10	(1)若有工(量)具损坏，每次扣5分。 (2)作业中发生滑倒、碰手碰脚等，扣10分。 (3)未贴加反光标记，每件扣5分		
5	作业时间	在规定的时间内完成作业内容		规定时间内全部完成，不加分。每超时1 min，从总分中扣2分，总超时5 min停止作业		
合计			100			

考评员签字：　　　　认定人签字：　　　　年　月　日

S3　道岔综合病害分析

一、考场准备

选取含有综合病害的道岔1组，提供该道岔及前后线路的轨检车动态检测数据(图纸)；夜间考场内要有充足的照明。

二、材料工具准备

1. 材料准备：书写笔、计算纸。
2. 工、量、刃、卡具准备。

序　号	名　称	规　格	精　度	数　量	备　注
1	道尺			1把	或万能道尺1把
2	超高板			1块	
3	测量正矢工具			1套	
4	检查记录	A4纸		2张	
5	钢板尺、方尺			各1把	钢板尺1 m
6	石笔			若干	
7	钢卷尺	50 m		1把	

三、考核要求

1. 考生按要求穿戴、配备劳动保护用品，夜间戴照明头灯。
2. 材料、工器具准备合理。
3. 正确熟练的分析动态检测数据，并在图纸上准确标出综合病害处所，无遗漏。
4. 清楚准确地写出综合病害的位置、峰值、长度。

5. 现场复核综合病害,各项作业熟练规范。

6. 根据实际情况提出合理的整治方案。

7. 计时从考生得到允许作业的命令之时开始,到考生汇报作业完毕之时结束。

8. 规定时间内全部完成,不加分。每超时 1 min,从总分中扣 2 分,总超时 5 min 停止作业。

9. 作业完毕,按规定清理现场。

四、考核评分

1. 考评人员 3 名及以上。

2. 评分程序及规则:考评员根据考生操作情况对照计分标准在评分表上给予记录评分。

3. 评分方法:采用百分制,满分 100 分,60 分及以上为及格。

五、铁道行业职业技能认定高速铁路线路工高级技师实作技能考核评分记录表

单位:________ 姓名:________ 性别:________ 准考证号:________ 工种:________ 级别:________

试题名称:道岔综合病害分析

考核时间:60 min

操作开始时间: 时 分 操作结束时间: 时 分

序号	考核内容	考核要点	配分	评分标准	扣分	得分
1	在图纸上标出综合病害处所	综合病害处所无错漏	10	综合病害处所漏一处扣5分		
2	写出每处综合病害的位置、峰值、长度	综合病害的位置、峰值、长度与实际相符	15	综合病害的位置、峰值、长度每错一项扣2分		
3	现场复核综合病害处所、峰值	现场病害与图纸对应	30	综合数据误差与标准数据比较,每超过 1 mm 扣2分;综合病害处所位置不对,每项扣5分		
4	结合《高速铁路线路维修规则》标准规定写出整修方案	整修方案正确	20	无整修方案此项不得分;整修方案不合理每项酌情扣1~10分		
5	工量具数量符合要求,使用方法正确	工量具使用方法正确	15	工量具使用方法不正确,扣5分;磕、碰、扔工量具,扣10分;摆放工、量具不整齐,扣2分		
6	作业安全	无磕碰摔倒	10	磕碰摔倒,每次扣5分		

续上表

序号	考核内容	考核要点	配分	评分标准	扣分	得分
7	作业时间	在规定的时间内完成作业内容		规定时间内全部完成，不加分。每超时 1 min，从总分中扣 2 分，总超时 5 min 停止作业		
合计			100			

考评员签字：　　　　　　　　认定人签字：　　　　　　　　年　　月　　日

S4　画 60 kg/m 提速道岔钢轨配置图

一、考场准备

教室。

二、材料工具准备

1. 材料准备：书写笔、计算纸。
2. 工、量、刃、卡具准备：提速道岔总布置图 1 份。

三、考核要求

1. 考生按要求穿戴、配备劳动保护用品，夜间戴照明头灯。
2. 材料、工器具准备合理。
3. 道岔钢轨配置齐全、长度准确。
4. 图纸比例合理、清楚准确、画法符合规定，道岔参数标记齐全。
5. 各部几何尺寸、道岔前后的过渡轨及轨枕型号、数量准确无误。
6. 计时从考生得到允许作业的命令之时开始，到考生汇报作业完毕之时结束。
7. 规定时间内全部完成，不加分。每超时 1 min，从总分中扣 2 分，总超时 5 min 停止作业。
8. 作业完毕，按规定清理现场。

四、考核评分

1. 考评人员 3 名及以上。
2. 评分程序及规则：考评员根据考生操作情况对照计分标准在评分表上给予记录评分。
3. 评分方法：采用百分制，满分 100 分，60 分及以上为及格。

五、铁道行业职业技能认定高速铁路线路工高级技师实作技能考核评分记录表

单位：________　姓名：________　性别：________　准考证号：________　工种：________　级别：________

试题名称：画 60 kg/m 提速道岔钢轨配置图

考核时间:60 min

操作开始时间:　　时　　分　　　　　　　　　　　　操作结束时间:　　时　　分

序号	考核内容	考核要点	配分	评分标准	扣分	得分
1	画 60 kg/m 提速道岔钢轨配置图	配置图清晰、准确	30	配置图不清晰、不准确,酌情扣 5～10 分;错、漏,每项扣 5 分		
2	标明道岔主要参数	道岔主要参数齐全	30	主要参数错、漏,每项扣 5 分		
3	标明各钢轨长度、道岔全长及前后长	各项尺寸正确	20	尺寸错、漏,每项扣 5 分		
4	确定轨枕配置根数及长度	轨枕配置根数及长度正确	20	轨枕配置根数及长度错、漏,每根扣 2 分		
5	作业时间	在规定的时间内完成作业内容		规定时间内全部完成,不加分。每超时 1 min,从总分中扣 2 分,总超时 5 min 停止作业		
合计			100			

考评员签字:　　　　　　　　　　认定人签字:　　　　　　　　　　年　　月　　日

S5　读无砟轨道线路、道岔设备图

一、考场准备

教室。

二、材料工具准备

1. 材料准备:A4 纸,工务设备图 1 册(无砟轨道)。
2. 工、量、刃、卡具准备:直尺、三角尺、铅笔、橡皮等绘图工具。

三、考核要求

1. 考生按要求穿戴、配备劳动保护用品,夜间戴照明头灯。
2. 材料、工器具准备合理。
3. 正确确定比例尺及里程,准确识别各种设备示意图。
4. 正确指出道岔主要结构及主要参数,要求各项要素表达完整。
5. 计时从考生得到允许作业的命令之时开始,到考生汇报作业完毕之时结束。
6. 规定时间内全部完成,不加分。每超时 1 min,从总分中扣 2 分,总超时 5 min 停止作业。
7. 作业完毕,按规定清理现场。

四、考核评分

1. 考评人员 3 名及以上。

2. 评分程序及规则：考评员根据考生操作情况对照计分标准在评分表上给予记录评分。

3. 评分方法：采用百分制，满分 100 分，60 分及以上为及格。

五、铁道行业职业技能认定高速铁路线路工高级技师实作技能考核评分记录表

单位：________　姓名：________　性别：________　准考证号：________　工种：________　级别：________

试题名称：读无砟轨道线路、道岔设备图

考核时间：60 min

操作开始时间：　　时　　分　　　　　　　　　　操作结束时间：　　时　　分

序号	考核内容	考核要点	配分	评分标准	扣分	得分
1	读设备图所列各项内容	确定比例尺及里程，准确识别各种设备示意图	50	漏、错，一项扣 5 分		
2	读单开道岔各要素参数	指出道岔主要结构及主要参数，要求各项要素表达完整	50	漏、错，一项扣 5 分		
3	作业时间	在规定的时间内完成作业内容		规定时间内全部完成，不加分。每超时 1 min，从总分中扣 2 分，总超时 5 min 停止作业		
合计			100			

考评员签字：　　　　　　　　　　认定人签字：　　　　　　　　　　年　　月　　日

S6　更换胶接绝缘接头作业

一、考场准备

待修复胶接绝缘接头 1 头；夜间考场内要有充足的照明。

二、材料工具准备

1. 材料准备：石笔、记号笔、记录笔各 1 支，砂轮片、抛光片、棒式打磨机磨头若干，记录纸 1 张。

2. 工、量、刃、卡具准备。

序　号	名　称	规　格	精　度	数　量	备　注
1	电子道尺	0 级/1 级	±0.25 mm	1 把	需贴加反光标记
2	扭矩扳手			1 把	需贴加反光标记
3	轨温计			1 个	需贴加反光标记

续上表

序　　号	名　　称	规　　格	精　　度	数　　量	备　　注
4	1 m 平直尺	1 m		1把	需贴加反光标记
5	万用表			1台	需贴加反光标记
6	钢轨拉伸机			1台	需贴加反光标记
7	发电机及电缆			1套	需贴加反光标记
8	氧气乙炔			1套	需贴加反光标记
9	角磨机			1台	需贴加反光标记
10	倒棱器			1把	需贴加反光标记
11	棒式打磨机			1台	需贴加反光标记
12	胶接绝缘夹板			1套	需贴加反光标记
13	灰刀			1把	需贴加反光标记
14	活口扳手	450 mm		1把	需贴加反光标记
15	撬棍			1根	需贴加反光标记
16	加力扳手	1.5 m		1把	需贴加反光标记
17	八磅锤			2把	需贴加反光标记
18	小锤			1把	需贴加反光标记
19	起拨道器			2台	需贴加反光标记
20	内燃扳手			1台	需贴加反光标记
21	扁铲			1把	需贴加反光标记

三、考核要求

1. 考生按要求穿戴、配备劳动保护用品，夜间戴照明头灯。
2. 材料、工器具准备合理。
3. 更换胶接绝缘接头作业流程规范。
4. 作业后应符合《高速铁路线路维修规则》规定。
5. 计时从考生得到允许作业的命令之时开始，到考生汇报作业完毕之时结束。
6. 规定时间内全部完成，不加分。每超时 1 min，从总分中扣 2 分，总超时 5 min 停止作业。
7. 作业完毕，按规定清理现场。

四、考核评分

1. 考评人员 3 名及以上。
2. 评分程序及规则：考评员根据考生操作情况对照计分标准在评分表上给予记录评分。
3. 评分方法：采用百分制，满分 100 分，60 分及以上为及格。

五、铁道行业职业技能认定高速铁路线路工高级技师实作技能考核评分记录表

单位：________　姓名：________　性别：________　准考证号：________　工种：________　级别：________

试题名称：更换胶接绝缘接头作业

考核时间：65 min

操作开始时间：　时　分　　　　操作结束时间：　时　分

序号	考核内容	考核要点	配分	评分标准	扣分	得分
1	作业工具及使用	(1)根据需要一次带够所有工具、材料。 (2)正确使用各种工具	10	(1)工具、材料不全，少一件扣5分。 (2)使用方法不当或工具损坏，扣5分		
2	作业程序	(1)作业准备： ①清点工具、材料数量。 ②校对道尺，确认工具使用状态。 ③在天窗点内作业按规定设置现场防护，方可上道作业。 ④提前通知电务配合人员到位。 ⑤测量轨温，测试绝缘，确认作业条件。 (2)更换胶接绝缘接头： ①拆除失效接头：一是拆卸夹板处扣件和电务连接导线，复紧接头两端50 m范围内的扣件；二是采用火烤、大锤振动强力卸掉接头螺栓，撬掉夹板，放置在限界以外。 ②清理接头：一是用火烤、扁铲铲除钢轨两侧轨腰上的粘胶；二是用角磨机安装打磨片或钢丝轮对轨缝两侧450 mm范围的胶接面进行打磨除锈，胶接面无锈斑、无油污、无毛刺；三是用砂轮机将轨端肥边和毛刺清理干净。 ③检查：检查钢轨、螺孔及轨缝状态，调查前后焊缝位置，检查新绝缘夹板状态。 ④倒棱：使用倒棱器对螺栓孔逐个进行倒棱，用棒式打磨机对螺栓孔逐个进行清理，用角磨机对两轨端进行45°倒棱。 ⑤调整轨缝，试装接头：用拉伸机将轨缝调整为6 mm，插入绝缘轨端片。试装绝缘夹板，螺栓套入绝缘套管后穿入夹板试拧紧。夹板与轨腰间的缝隙，夹板与钢轨螺栓孔位置符合要求后，拆下夹板。 ⑥涂胶：按说明要求比例调制粘胶后，均匀地涂抹在两块绝缘夹板的作用面上。 ⑦胶接： a. 夹板中心线与轨缝中心线对准后，底部先行靠贴装入两侧夹板，穿入螺栓，按2、5、3、4、1、6的顺序用活口扳手逐条拧紧螺栓。 b. 用大锤适度敲击螺栓尾部后，再用加力扳手按2、5、3、4、1、6的顺序逐条拧紧螺栓，按此方式重复三次复紧，使螺栓扭矩达到1 100～1 400 N·m。 c. 清除余胶，用角磨机对轨面和轨端片打磨清理。 d. 检查线路轨距、接头状况，安装电务连接线，复紧扣件。	40	(1)作业准备： ①未清点或工、机、量具，材料不全，少一件扣5分。 ②未检查有效期，扣5分，未校准，扣5分，未确认工具使用状态，扣5分。 ③未在天窗点内作业或未按规定设置现场防护，扣41分。 ④未提前通知电务部门配合，扣5分。 ⑤未测量轨温、未测试绝缘或未确认作业条件，扣5分。 (2)更换胶接绝缘接头： ①未复紧扣件，扣5分，放置混乱无序，扣5分。 ②清理不彻底或方法不正确，每项扣5分。 ③漏检，每项扣5分。 ④未倒棱或倒棱方法不正确，每项扣5分。 ⑤缝隙、空位存在偏差，每项扣5分。 ⑥比例错误或涂抹不均匀，每项扣5分。 ⑦胶接： a. 复紧顺序颠倒，扣10分。 b. 复紧顺序颠倒，扣10分，复紧次数少一次扣5分，粘胶固化前未完成螺栓紧固，扣10分。 c. 余胶清除不干净，扣5分，轨面和轨端片未打磨清理，扣5分。 d. 漏项扣5分。		

续上表

序号	考核内容	考核要点	配分	评分标准	扣分	得分
2	作业程序	(3)质量回检。 (4)清理现场。 (5)撤除防护:作业完毕,确认线路达到放行列车条件,清点人员、工机具、材料并撤出限界以后,撤除防护	40	(3)未进行质量回检,扣10分。 (4)未清理现场,扣5分。 (5)未确认线路达到放行列车条件,放行列车扣41分,人员,工、机、量具,材料遗留现场,扣41分,未清点,扣5分,未按规定撤除防护,扣5分		
3	作业质量	(1)胶接后接头平顺无错牙,用1 m平直尺测量焊缝矢度,焊缝顶面凸出+0.2~0 mm,焊缝内侧工作边凹进+0.2~0 mm。 (2)轨距允许偏差不大于±1 mm,轨距变化率不大于1/1 500。 (3)接头螺栓扭矩达到1 100~1 400 N·m。 (4)电务部门测试绝缘性能符合要求。 (5)将作业后的回检数据标注于轨底顶面上,做好记名修标记	40	(1)焊缝矢度超限,每处扣5分。 (2)轨距及其变化率超限,每处扣5分。 (3)接头螺栓扭矩不达标,每处扣5分。 (4)绝缘性能不符合要求,扣20分。 (5)未标注或未做好记名修标记,扣5分		
4	作业安全	(1)损坏工具、量具等。 (2)人身安全。 (3)工、机、量具均贴加反光标记	10	(1)若有工(量)具损坏,每次扣5分。 (2)作业中发生滑倒、碰手碰脚等,扣10分。 (3)未贴加反光标记,每件扣5分		
5	作业时间	在规定的时间内完成作业内容		规定时间内全部完成,不加分。每超时1 min,从总分中扣2分,总超时5 min停止作业		
合计			100			

考评员签字: 认定人签字: 年 月 日

S7 竖曲线设置计算

一、考场准备

教室。

二、材料工具准备

材料、设备准备:书写笔,计算纸5张/人,科学计算器1部(备用)。

三、考核要求

1. 已知:一凹形竖曲线 $i_1=-4‰$,$i_2=+2‰$,$\Delta i=-6‰$,变坡点的里程为K235+165,标高为56.40 m,$R=15\ 000$ m,计算竖曲线上各20 m点的设计标高。

2. 正确计算出各桩点标高，并画出示意图。

3. 口述各桩点高程测设方法、步骤。

4. 计时从考生得到允许作业的命令之时开始，到考生汇报作业完毕之时结束。

5. 规定时间内全部完成，不加分。每超时 1 min，从总分中扣 2 分，总超时 5 min 停止作业。

6. 作业完毕，按规定清理现场。

四、考核评分

1. 考评人员 3 名及以上。

2. 评分程序及规则：考评员根据考生操作情况对照计分标准在评分表上给予记录评分。

3. 评分方法：采用百分制，满分 100 分，60 分及以上为及格。

五、铁道行业职业技能认定高速铁路线路工高级技师实作技能考核评分记录表

单位：________ 姓名：________ 性别：________ 准考证号：________ 工种：________ 级别：________

试题名称：竖曲线设置计算

考核时间：60 min

操作开始时间：　时　分　　　　操作结束时间：　时　分

序号	考核内容	考核要点	配分	评分标准	扣分	得分
1	作业程序	(1)作业准备。认真审题并收集数据。 (2)按步骤计算出相邻坡度代数差、竖曲线长度、竖曲线切线长，并列表计算出各桩点里程、坡度线标高、纵距、竖曲线标高等(要求写出必要的原始计算公式)。 (3)作图并标出各桩位里程和高程。 (4)口述各桩点高程测设方法、步骤	50	(1)审题收集数据不全，缺一个扣 2 分。 (2)每漏一项扣 5 分，每错一结果扣 5 分。无原始公式，缺一个扣 2 分。 (3)作图不规范，扣 2 分；标注数据不全，缺一个扣 2 分。 (4)口述方法、步骤，缺一步扣 2 分		
2	作业质量	(1)收集数据齐全。 (2)计算步骤严密，计算结果准确无误。 (3)作图规范，各桩位位置正确，标记清楚准确。 (4)口述各桩点高程测设方法、步骤准确合理	40	(1)数据收集不全或不准确，扣 5 分。 (2)计算步骤不合理或结果出错，一处扣 2 分。 (3)作图不规范、不准确，扣 10 分。 (4)口述表达不清，或方法、步骤错误，扣 5 分		
3	卷面质量	卷面清洁，字迹清楚无涂改	10	卷面不清洁，字迹模糊等酌情扣分		
4	作业时间	在规定的时间内完成作业内容		规定时间内全部完成，不加分。每超时 1 min，从总分中扣 2 分，总超时 5 min 停止作业		
合计			100			

考评员签字：　　　　认定人签字：　　　　年　月　日

S8 场地抄平作业

一、考场准备

视野开阔的广场,面积约 100 m×50 m 或更大些。

二、材料工具准备

1. 材料准备:书写 A4 纸、笔。
2. 设备设施准备:水准仪(S3 型)1 台。
3. 工、量、刃、卡具准备:
(1)塔尺 2 把。
(2)5 cm×5 cm×30 cm 的木桩,12 根。
(3)锤子(4 磅)1 把。
(4)红漆 0.5 kg。
(5)毛笔 1 支。

三、考核要求

1. 考生按要求穿戴、配备劳动保护用品,夜间戴照明头灯。
2. 材料、工器具准备合理。
3. 作业程序正确、规范。
4. 规定时间内全部完成,不加分。每超时 1 min,从总分中扣 2 分,总超时 5 min 停止作业。
5. 作业完毕,按规定清理现场。

四、考核评分

1. 考评人员 3 名及以上。
2. 评分程序及规则:考评员根据考生操作情况对照计分标准在评分表上给予记录评分。
3. 评分方法:采用百分制,满分 100 分,60 分及以上为及格。

五、铁道行业职业技能认定高速铁路线路工高级技师实作技能考核评分记录表

单位:________ 姓名:________ 性别:________ 准考证号:________ 工种:________ 级别:________

试题名称:场地抄平作业

考核时间:55 min

操作开始时间: 时 分 操作结束时间: 时 分

序号	考核内容	考核要点	配分	评分标准	扣分	得分
1	工具、仪器使用	熟练掌握工具、仪器使用	10	水准仪使用不正确扣 10 分		

续上表

序号	考核内容	考核要点	配分	评分标准	扣分	得分
2	作业程序	作业程序颠倒、漏项	30	作业程序颠倒、漏项，每项扣5分		
3	作业质量	(1)正确安置水准仪。 (2)正确读数。 (3)相对标高计算正确。 (4)计算最大、最小标高差	40	(1)水准仪安置不正确，扣10分。 (2)读数不正确，扣10分。 (3)相对标高计算不正确，扣10分。 (4)计算结果错误，扣10分		
4	作业安全	无不安全因素	20	未按规定穿戴劳保用品，每件扣2分；碰手碰脚，擦伤，每次扣5分		
5	作业时间	在规定的时间内完成作业内容		规定时间内全部完成，不加分。每超时1 min，从总分中扣2分，总超时5 min停止作业		
合计			100			

考评员签字：　　　　认定人签字：　　　　年　月　日

S9　线路复合病害检测分析

一、考场准备

选取1 km含有复合病害的线路，提供该段线路轨检车(图纸)、添乘仪、车载动态检测数据；夜间考场内要有充足的照明。

二、材料工具准备

1. 材料准备：书写笔、计算纸。
2. 工、量、刃、卡具准备。

序　号	名　称	规　格	精　度	数　量	备　注
1	道尺			1把	或万能道尺1把
2	超高板			1块	
3	弦线			1盒	
4	检查记录	A4纸		4～5张	
5	钢板尺、方尺			各1把	
6	石笔			若干	
7	钢尺	50 m		1把	
8	计算器			1部	

三、考核要求

1. 考生按要求穿戴、配备劳动保护用品,夜间戴照明头灯。
2. 材料、工器具准备合理。
3. 正确熟练的分析动态检测数据,并在图纸上准确标出综合病害处所,无遗漏。
4. 清楚准确地写出综合病害的位置、峰值、长度。
5. 现场复核综合病害,各项作业熟练规范。
6. 计时从考生得到允许作业的命令之时开始,到考生汇报作业完毕之时结束。
7. 规定时间内全部完成,不加分。每超时 1 min,从总分中扣 2 分,总超时 5 min 停止作业。
8. 作业完毕,按规定清理现场。

四、考核评分

1. 考评人员 3 名及以上。
2. 评分程序及规则:考评员根据考生操作情况对照计分标准在评分表上给予记录评分。
3. 评分方法:采用百分制,满分 100 分,60 分及以上为及格。

五、铁道行业职业技能认定高速铁路线路工高级技师实作技能考核评分记录表

单位:________ 姓名:________ 性别:________ 准考证号:________ 工种:________ 级别:________

试题名称:线路复合病害检测分析

考核时间:60 min

操作开始时间: 时 分　　　　操作结束时间: 时 分

序号	考核内容	考核要点	配分	评分标准	扣分	得分
1	在图纸上标出三处最大复合病害处所	病害处所无错漏	10	病害处所错、漏,一处扣5分		
2	量化每处最大复合病害的位置、峰值、长度	病害的位置、峰值、长度与实际相符	15	病害的位置、峰值、长度,每处每项错、漏扣 2 分;复合数据误差与标准数据比较,每超过 1 mm 扣 2 分		
3	现场复核病害处所、峰值	现场病害与图纸对应	30	病害处所位置不对,每处扣 5 分		
4	结合《高速铁路线路维修规则》标准规定,写出整修方案	整修方案正确	20	无整修方案此项不得分;整修方案不合理每项酌情扣 1~10 分		

续上表

序号	考核内容	考核要点	配分	评分标准	扣分	得分
5	工量具、防护备品数量符合要求,使用方法正确	工量具使用方法正确,轻拿轻放,摆放整齐	15	工量具使用方法不正确,扣5分;摆放工量具不整齐,扣2分		
6	作业安全	无磕碰摔倒	10	磕碰摔倒,每次扣5分		
7	作业时间	在规定的时间内完成作业内容		规定时间内全部完成,不加分。每超时1 min,从总分中扣2分,总超时5 min停止作业		
合计			100			

考评员签字: 认定人签字: 年 月 日

S10 道岔可动心轨打磨作业

一、考场准备

待打磨钢轨10 m。

二、材料工具准备

1. 材料准备:石笔、记号笔、记录笔各1支,砂轮片2片,记录纸1张。
2. 工、量、刃、卡具准备。

序 号	名 称	规 格	精 度	数 量	备 注
1	电子道尺	0级/1级	±0.25 mm	1把	需贴加反光标记
2	游标卡尺			1把	需贴加反光标记
3	塞尺			1把	需贴加反光标记
4	电子平直尺	1 m		1把	需贴加反光标记
5	心轨降低值测量尺			1把	需贴加反光标记
6	角向砂轮机			1台	需贴加反光标记
7	发电机			1台	需贴加反光标记
8	道岔侧面打磨机			1台	需贴加反光标记
9	平面打磨机			1台	需贴加反光标记
10	口罩			4只	需贴加反光标记
11	手套			4副	需贴加反光标记
12	护目镜			1副	需贴加反光标记

三、考核要求

1. 考生按要求穿戴、配备劳动保护用品,夜间戴照明头灯。
2. 材料、工器具准备合理。

3. 作业准备无漏项。

4. 道岔可动心轨打磨作业流程规范。

5. 作业后应符合《高速铁路线路维修规则》规定。

6. 计时从考生得到允许作业的命令之时开始，到考生汇报作业完毕之时结束。

7. 规定时间内全部完成，不加分。每超时 1 min，从总分中扣 2 分，总超时 5 min 停止作业。

8. 作业完毕，按规定清理现场。

四、考核评分

1. 考评人员 3 名及以上。

2. 评分程序及规则：考评员根据考生操作情况对照计分标准在评分表上给予记录评分。

3. 评分方法：采用百分制，满分 100 分，60 分及以上为及格。

五、铁道行业职业技能认定高速铁路线路工高级技师实作技能考核评分记录表

单位：________　姓名：________　性别：________　准考证号：________　工种：________　级别：________

试题名称：道岔可动心轨打磨作业

考核时间：35 min

操作开始时间：　时　分　　　　操作结束时间：　时　分

序号	考核内容	考核要点	配分	评分标准	扣分	得分
1	作业工具及使用	(1)根据需要一次带够所有工具、材料。 (2)正确使用各种工具	10	(1)工具、材料不全，少一件扣 5 分。 (2)使用方法不当或工具损坏，扣 5 分		
2	作业程序	(1)作业准备： ①清点工具、材料数量。 ②确认工具使用状态。 ③在天窗点内作业按规定设置现场防护，方可上道作业。 (2)调查划撬：检查心轨降低值，根据现场降低值数据确定打磨范围及打磨量，对超过整治限度需要打磨的处所，将打磨位置和深度标记在钢轨头部外侧。 (3)打磨准备：戴好口罩、手套、护目镜，将打磨机抬上线路，启动发动机打磨。 (4)可动心轨打磨： ①心轨顶面打磨，利用平磨机逐步调整进给量试打磨，进给量调好后从 −2°开始进行逐角度打磨与道岔侧磨机打磨角度进行顺接。 ②长、短心轨打磨，使用平磨机对长心轨进行打磨，打磨时长短心轨要分开、分段进行打磨，在长心轨顶面宽 73 mm 至辙叉后打磨角度从 10°向 −6°每 2°转换一次，长心轨顶面宽 73 mm 至心轨尖端打磨时要与短心轨同时打磨，打磨机角度在 0°时，打磨至长短心轨密贴处时打磨收刀，在短心轨尖端起刀进行打磨，打磨短心轨时方法与长心轨相同。	40	(1)作业准备： ①未清点或工、机、量具，材料不全，少一件扣 5 分。 ②未确认工具使用状态，扣 5 分。 ③未在天窗点内作业或未按规定设置现场防护，扣 41 分。 (2)调查划撬：未检查降低值或未标注打磨位置和深度，扣 5 分。 (3)准备不充分，每项扣 3 分。 (4)可动心轨打磨： ①方法不正确，每项扣 5 分。 ②方法不正确，每项扣 5 分。		

续上表

序号	考核内容	考核要点	配分	评分标准	扣分	得分
2	作业程序	③检查心轨相对于翼轨降低值,掌握打磨进度。 ④打磨时接触要轻,走行要稳,返回要快,用力要均匀,不可在同一段停留时间过长而造成钢轨局部淬火或伤损。 (5)找细打磨:用电子平直尺测量钢轨顶面不平顺度,目测轨头两顶角,进行精细打磨,使轨面光滑平顺,轨头形状与原形相仿。 (6)质量回检。 (7)清理现场。 (8)撤除防护:作业完毕,确认线路达到放行列车条件,清点人员、工机具、材料并撤出限界以后,撤除防护	40	③未掌握进度,扣5分。 ④方法不正确,每项扣5分,造成钢轨局部淬火或伤损,扣15分。 (5)方法不正确,每项扣5分。 (6)未进行作业回检,扣10分。 (7)未清理现场,扣5分。 (8)未确认线路达到放行列车条件,放行列车扣41分,人员,工、机、量具,材料遗留现场,扣41分,未清点,扣5分,未按规定撤除防护,扣5分		
3	作业质量	(1)心轨相对于翼轨降低值偏差在1 mm以内。 (2)电子平直尺测量钢轨矢度,钢轨顶面凸出+0.2～0 mm,钢轨内侧工作边凹进+0.2～0 mm。 (3)轨面平整光滑,无明显凹凸。 (4)轨头打磨范围内不得出现蓝色、黑色氧化层,尖楞现象。 (5)将作业后的回检数据标注于轨枕面上,并做好记名修标记	40	(1)降低值超限,每处扣5分。 (2)钢轨矢度超限,每处扣5分。 (3)轨面不平整光滑,有明显凹凸,扣10分。 (4)出现蓝色、黑色氧化层,尖楞现象,每处扣10分。 (5)未标注或未做好记名修标记,扣5分		
4	作业安全	(1)损坏工具、量具等。 (2)人身安全。 (3)工、机、量具均贴加反光标记	10	(1)若有工(量)具损坏,每次扣5分。 (2)作业中发生滑倒、碰手碰脚等,扣10分。 (3)未贴加反光标记,每件扣5分		
5	作业时间	在规定的时间内完成作业内容		规定时间内全部完成,不加分。每超过1 min,从总分中扣2分,总超时5 min停止作业		
合计			100			

考评员签字: 认定人签字: 年 月 日